책 · 어린이 · 어른

SEOUL, 1999

햇살과나무꾼은 어린이책을 사랑하는 사람들이 모여 만든 기획실로, 세계 곳곳에 묻혀 있는 좋은 작품을 찾아 우리말로 소개하고 어린이의 정신에 지식의 씨앗을 뿌리는 책을 집필하고 있다. 지금까지 《나니아 나라 이야기(전 7권)》, 《세라 이야기》, 《세드릭 이야기》, 《워터십 다운의 열한 마리 토끼》, 《나는 선생님이 좋아요》 등 많은 책을 번역하였으며, 직접 쓴 책으로는 《우리 땅에서 사라져 가는 생명들》, 《내 친구 개》, 《위대한 발명품이 나를 울려요》 들이 있다.

책·어린이·어른

초판 제1쇄 발행일 1993년 3월 30일
초판 제12쇄 발행일 2018년 2월 5일
지은이 폴 아자르 옮긴이 햇살과나무꾼
발행인 이원주 발행처 (주)시공사
주소 서울시 서초구 사임당로 82
전화 영업 2046-2800 편집 2046-2821~4
인터넷 홈페이지 www.sigongjunior.com

LES LIVRES LES ENFANTS ET LES HOMMES
by Paul Hazard.
Copyright ⓒ HATIER, Paris, 1967

HATIER 출판사에서 1967년에 출간된
Les Livres Les Enfants et Les Hommes를 번역 원전으로 사용하였습니다.

ⓒ (주)시공사, 1993
이 책의 한국어판 저작권은 (주)시공사에 있습니다. 저작권법에 의해
한국 내에서 보호받는 저작물이므로 무단 전재와 무단 복제를 금합니다.

ISBN 978-89-7259-998-2 03860

*시공주니어 홈페이지 회원으로 가입하시면 다양한 혜택이 주어집니다.
*잘못 만들어진 책은 구입하신 서점에서 바꾸어 드립니다.

책 · 어린이 · 어른

폴 아자르 지음 · 햇살과나무꾼 옮김

시공주니어

서문 — 어린이들이 책을 삶의 일부로 받아들이게 해야 한다

정말이지 천번 만번 옳은 말이다. 작가와 편집자, 어린이책 판매인, 독자 모두가 정신의 권리를 수호하기 위해 하나로 뭉쳐야 한다. 인쇄비와 제본비는 현기증이 날 정도로 나날이 상승하고 있다. 과중한 세금이나 기타 부수적인 비용이라도 줄여서, 적어도 책을 진열장 너머로만 바라보는 사치품이 되지 않도록 해야겠다.

책의 판매를 늘릴 수 있는 가능한 모든 방법을 찾아보아야 한다. 서점 직원은 독자들을 올바르게 안내할 수 있는 엄격한 충고자가 되어야 한다. 그리고 초콜릿이나 꽃처럼 책을 선물하는 습관을 갖도록 하자. 영국인들처럼 매년 크리스마스 무렵이면 친구들에게 도서 교환권을 선물하는 것도 한 가지 방법이다. 더러 그들이 당신에게 권하는 책이 마음에 들지 않을 수도 있으니, 당신에게 선택의 여지를 남겨 둔다면 즐거움은 두 배가 될 것이다.

실제로 책을 읽기 위한 노력을 기울이지 않는다면 아무런 효과도 거둘 수 없다. 이런 노력이 없다면 책에 대한 흥미가 반감되거나 어른들의 마음 속에 여전히 간직되어 있는 책에 대한 경외감이 사라질 수도 있다. 모든 것이 노력 여하에 달려 있다. 풍요로운 결실을 노력 없이 곧바로 가을에 얻을 수 있다고 생각하는가? 절대로 그렇게 할 수는 없다. 아름다운 꽃을 기대한다면 봄부터 준비를 해야 한다.

젊은이들과 어린이들이 책을 삶의 일부로 받아들이게 해야 한다. 문제의 핵심은 바로 여기에 있다. 모든 사람들이 이용하는 장소가 있다. 한 예로, 지금 내가 이 글을 쓰고 있는 이 작은 마을의 읍사무소에 대하여 얘기해 보겠다. 어른들은 지방 소식이나 범죄 사건이 실린 신문만 뒤적거릴 뿐 책은 한 권도 읽지 않는다. 물론 책이 눈에 띄지 않는 건 아니다. 나는 낡은 책꽂이에서 오래된 책 몇 권을 찾아냈다. 예산이 부족하다는 이유로 오래 전부터 신간 구입이나 장서 확충은 유보되었다. 게다가 초등학교 학생들이 이 책을 대출하는 일은 극히 드문 일이고, 청소년들도 먼지 속에 방치해 두고 있다. 물론 이것은 극단적인 경우라는 걸 나도 인정한다. 그러나 이것은 이

나라 교육자들이 반드시 되짚어 보아야 할 부분이다.

나는 이들의 노력이 결실을 맺어 어린이들이 자기 집에 있는 것처럼 편하고 즐겁게 지낼 수 있는 어린이 도서관이 많아지는 걸 상상해 본다. 모든 시립 도서관이 더 이상 어린이들을 내몰지 않고 끌어들이는 공간으로 자리매김하는 걸 꿈꾸어 본다. 또한 우리의 학교 도서관이 공공기관이라기보다 학생들의 책임하에 운영되는 사교 클럽 같은 곳으로 변모하는 걸 꿈꾸어 본다. 우리도 하버드 대학에서 시행하고 있는 것과 비슷한 방식의 프로그램을 도입했으면 한다. 그것은 이른바 '독서 기간'이라는 것으로, 이 기간 동안에는 모든 강의가 중단되며 학생들은 오로지 책을 읽고 그 책에서 얻은 감상을 기록할 뿐이다.

하지만 내가 이런 식으로 실현 가능한 바람직한 예들을 들어, 제아무리 이상적인 전망을 제시한다고 해도 그것은 부차적인 것일 뿐이다. 내가 이런저런 방법을 나열한다고 해도 근본적인 정신이 따르지 않는 한 모든 게 무익할 따름이다. 책에 대한 사랑은 편안하고도 세심한 즐거움과 즉각적인 선택, 일정한 품성, 노력, 마음의 평정, 성찰, 그리고 우리 삶이 흔들릴 때 저항하는 힘, 즉 도덕적인 태도 등을 전제로 한다. 바로 그런 이유로 책을 수호하는 문제는 바로 교육 문제라 하겠다.

*이 글은 1937년 4월 17일자 〈누벨 리테레르〉지에 실린 것이다.

차례

작가 서문   4

제1장 어른은 오랫동안 어린이를 억압해 왔다
1. 우리에게 날개를 주세요   11
2. 상쾌한 페로의 등장   17
3. 요정 이야기의 후퇴   22
4. 흐려지는 새벽 하늘   27
5. 어린이를 위한 서점   45
6. 좋은 책이란   55

제2장 어린이는 어른으로부터 스스로를 지켜 왔다
1. 어린이는 스스로의 힘으로 차지한다   67
2. 로빈슨 크루소   72
3. 걸리버와 돈 키호테   83
4. 어른에 대한 어린이의 승리   95

제3장 남쪽 나라에 대한 북쪽 나라의 우월성

1. 어린이 문학이 부족한 남쪽 나라   105
2. 영국의 전래 동요   110
3. 미국의 도서관   119
4. 동화의 왕 안데르센   125

제4장 민족적인 특색

1. 이탈리아   149
2. 프랑스   161
3. 영국   169
4. 모든 나라들   186

제5장 인류 의식

1. 어린이들의 세계 연방   191
2. 그림 형제와 민화   199
3. 동화, 아름다운 거울   205
4. 피터 팬   210
5. 어린이가 바라는 이야기   215
6. 영웅들   221

옮긴이의 말   224
참고 문헌   226
찾아보기   232

제1장
어른은 오랫동안 어린이를 억압해 왔다

1. 우리에게 날개를 주세요

    인간은 중년이 되면 그 모습이 많이 변한다. 자신을 가꾸는 데 조금이라도 소홀해지면 어느덧 아름다운 모습은 사라져 버리고, 얼굴은 단번에 10년은 더 늙어 보인다. 주름이 생기고, 잡티가 생기고, 눈은 충혈되며, 눈빛도 흐려진다. 피부는 누렇게 뜨고 목에도 주름이 생기며, 갑상선종에 걸리기도 하고, 몸이 쇠약해지며 다리도 뻣뻣해진다. 이처럼 잔혹한 변화 앞에서 인간은 자연이 더 이상 자신을 필요로 하지 않으며, 이제 자신의 시대는 지나가고 죽을 날이 가까워졌다는 사실을 깨닫게 된다.

    인간의 영혼도 육체처럼 영원히 젊음을 유지할 수는 없다. 영혼은 너무나도 많은 영상을 받아들여왔기 때문에 이미 감광판도 낡아 버렸고 감도도 완전히 둔해졌다. 상상력이 하늘을 날고자 할 때마다 영혼은 죽음의 고통을 느끼고 이제는 더 이상 상상의 나래를 펼 기운조차 없다. 왜 그럴까? 이성이 지각을 지배하기 때문일까? 아니면 혈액순환이 나빠졌기 때문일까? 어쨌든 이미 이성의 포로가 된 어른들에겐 자유로운 상상력이 없다. 물론 어른들도 놀 때는 즐거워한다. 그러나 어른들은 생활의 피로를 풀고 인생의 근심을 잊은 채 얼마 남지 않은 시간을 끙끙대고 고민하지 않기 위해서이지, 결코 놀기 위해서 놀지는 않는다.

어린이들의 세계는 그것과는 거리가 멀다. 어린이는 마치 어른과는 다른 인종인 것 같다. 지칠 줄 모르는 어린이들의 유별나고 풍부한 생명력은 그저 놀라울 따름이다. 어린이들은 아침부터 밤까지 소리지르고, 싸우고, 화해하고, 폴짝폴짝 뛰면서 돌아다닌다. 그들이 잠을 자는 것은 다음날 일어나 전날과 같은 일을 되풀이하기 위해서이다. 어린이들의 연약하고 미숙한 육체는 이미 미래를 향한 성숙을 갈구하고 있다. 또한 어린이들은 아직 소유하지 않은 온갖 것들을 소유할 수 있는 풍부한 가능성을 지니고 있다. 그들은 무한한 가능성이 잠재된 마법의 세계에서 살고 있다. 상상은 어린이들에게 최고의 즐거움일 뿐만 아니라 자유의 상징이며 생명의 도약인 것이다. 어린이들은 이성에 얽매이는 일도 없다. 옹색한 이성의 포로가 되는 것은 한참 뒤의 일이다. 그들은 구름 위로 꿈을 날려 보내고 아무런 근심이나 사심, 부담 없이 행복하게 뛰어논다.

하지만 상상력은 영혼과 마찬가지로 저절로 길러지는 것이 아니라 양식을 원한다. 인간은 빵만으론 살 수 없기 때문이다. 그럴 때면 어린이들은 집과 옷과 사랑뿐 아니라 필요한 모든 것을 제공해 주는 사람에게 무엇인가 이야기해 달라고 조른다. 이때 이야기를 들려 주는 사람은 어린이들에겐 낯선 세계라고 할 수 있는 드라마나 만화 속에 등장하는 도깨비나 밤, 늑대로부터 그들을 지켜 주는 믿음직스런 보호자가 된다. 그러므로 어린이들은 안심하고 이야기를 듣는다. 어린이들은 최초의 이미지를 부수고 변형하여 다시금 새롭고 아름다운 것으로 만들어 낼, 숱한 이미지를 들려 달라고 졸라댄다. 아무리 많은 이미지가 있어도 모자란다. 이런 점에서 어린이들은 몹시 까다롭다. 그들은 끊임없이 "더 얘기해 줘……."라고 졸라서 상대방의 입이 쉴 틈을 주지 않는다. 어린이들은 글을 읽을 수 있게 되면, 눈 밑에서 살아 움직이는 작고 검은 글자들을 쫓으며 '무엇이 튀어나올까?' 하는 기대감으로 가슴 부푼다. 예쁘고 흥미진진한 책을 본다는 것은 얼마나 기쁜 일인가! 또 어린이들의 세계는 얼마나 더 커질 것인가! 어린이들은 분명히 지금까지와 똑같이 놀 테지만, 그 놀이는 전보다 한층 의미 있을 것이다. 지금까지는 어머니가 어린 시절에 할머니를 졸라 즐겨듣던 이야기를, 그들도 똑같이 어머니의 기억에 매달려 들었지만 이제 그럴 필요가 없다. 어린이들은 스스로 책장을 넘기면서 아름답고 굉장한 이야기를 몇 편이고 만날 수 있다. 여기에서 오랫동안 계속된 오해의 역사가 시작되는 것이다.

　새의 말을 알아듣는 요정처럼 신에게서 특별한 재능을 선사받아 어린이들의 말을 이해할 수 있는 천재나 미치광이, 혹은 시인 같이 극히 제한된 사람을 제외하면, 어른들은 오랫동안 어린이들의 소원을 들어 주지 않았다. 자기 자신에게 지극히 만족스러워하는 어른들은 어린이에게 자신의 이야기를 쓴 책을 주어왔다. 말하자면 실리적인 감각이라든가 지식, 위선, 절름발이 같은 어른들의 속성을 난삽하게 털어놓은 책들을 주어왔다. 어린이들이 싫증만 내고 지혜를 얻는 일을 괜히 지겹게 만드는 책, 쓸모없고 공허한 책, 현학적이고 음침한 책, 영혼의 자발적인 힘을 짓뭉개 버리는 책, 봄에 내리는 우박처럼 어린 싹을 다치게 하는 어리석은 책. 어른들은 그런 책을 수십 권, 수백 권씩 주어왔다. 또한 어린이들의 싱싱한 마음을 목졸라 죽이는 것도, 정신을 마멸시켜 자유로운 감각과 놀이의 즐거움을 빼앗는 것도, 한계나 규칙이나 구속 따위를 강요하는 것도 빠르면 빠를수록 좋다고 생각해 왔다. 그럴수록 어린이들이 어른들만큼 성숙해진다고 보고 흡족해한 것이다.

　옛날에는 지금보다 훨씬 강압적이었다. 더욱더 편견에 사로잡혀 스스로 진리를 소유하고 있다고 확신했고 완고했으며 독선적이었다. 그러나 결코 악의가 있어서 그런 것이 아니라 생각이 짧았기 때문이다. 시야가 좁고 유연성이 결핍되었기 때문이다. 어른들은 스스로 인생의 모든 비밀을 훤히 꿰뚫고 있고, 훌륭한 지혜를 지니고 있다고 생각하여 어린이들에게 배우는 것은 체면이 상하는 일이라고 믿었다.

어른과 어린이가 서로에게 외치는 소리가 거의 통하지 않는, 그러한 비극적인 상황에서 모든 잘못이 초래되었다. 어른들은 어린이를 조금도 이해할 수 없었고, 서로 보조를 맞추지 못한 채 선의의 전달이나 이해의 창구도 없이 사랑하는 어린이들과 오해의 역사로 일관해 온 것이다. 이러한 상황은 처음부터 악의에서 비롯된 것은 아니었다. 그러나 사실 어른들은 어린이들이 도움을 요청하는 소리가 들리는데도 그들에게 필요한 책을 주기를 거부하고, 오히려 싫어하는 책을 제공해 왔다. 어린이들의 영혼을 맑게 하는 이야기 대신에 답답하고 제대로 소화할 수도 없는 지식이나 터무니없고 권위적인 도덕이 담긴 책을 나눠 주었다. 더구나 그것이 외부에서 억지로 강요된 것이고 보니, 어린이들도 진심으로 받아들일 수 없었다. 결국 서로 상대방의 얘기를 듣고 있다고 믿지만 사실은 둘이 동시에 떠들고 있는 셈이었다. 확실히 어린이도 어른도 이야기를 하고 있기는 하다. 그렇지만 상대방의 말을 전혀 알아듣지 못한다.

어린이들은 이렇게 말한다. "우리에게 책을 주세요. 날개를 주세요. 당신들은 힘이 세고 강하니까, 우리가 더 멀리까지 날아갈 수 있도록 도와 주세요. 마법의 정원 한가운데에 새파란 궁전을 지어 주세요. 달빛을 받으며 한가로이 거니는 요정들을 보여 주세요. 우리도 학교에서 가르쳐 주는 걸 모두 배우고 싶어요. 하지만 제발 우리에게 꿈도 남겨 주세요."

한편 어른들은 이렇게 말한다. "어린이들은 이제 글도 읽을 수 있고 조금 자라기도 했다. 그리고 책을 달라고 졸라대니 그들의 호기심과 독서욕을 이용하자. 어린이들이 즐거워하니까 어쨌든 성을 만들어 주자. 하지만 그 성은 우리 방식대로 짓는 거다. 어린이들은 우리가 모든 지혜를 지닌 걸로 알고 있으니까 모든 걸 우리한테 맡기면 된다. 궁전에는 교묘하게 위장한 공부방을 만들어 주자. 정원에는 야채를 심어 두자. 그럼 어린이들은 그것을 꽃이라고 생각할 것이다. 뒷골목 모퉁이에는 분별이라든가, 질서, 지혜, 온갖 지식, 물리나 화학 같은 것들이 나타나도록 계획해 두자. 겉으로는 줄곧 유모가 재미있는 옛날 이야기를 들려 주는 척하면서 사실은 수준 높은 학문 이야기를 들려 주는 거다. 어린이들은 천진난만하니까 그런 사실은 꿈에도 알아차리지 못할 것이다. 그렇게 하면 어린이 자신은 놀고 있는 줄 알지만, 사실은 아침부터 저녁까지 공부하는 셈이다."

어른들은 이처럼 인간이 생활의 무게에 짓눌리지 않고 살아갈 수 있는 감미로운 몇 년을, 단지 성장할 뿐 아니라 인생에서 가장 행복한 순간을 맛보는 이 풍요로운 시간을 무참히 짓밟아 버리려고 한다. 거인들이 성큼성큼 가로질러 가는 정원 한구석의 나무 둥치 밑에는 난쟁이들이 살고 있다는 어린이 세계의 정경, 주변을 적시며 흘러가는 강이 들판과 사이좋게 이야기하거나, 구름 사이로 요정들이 날아갈 길을 열어 주는 하늘의 모습을 보여 주는 옛이야기의 세계, 어른들은 이러한 것을 한 귀퉁이에서부터 파괴해 간다. 어른들은 숲을 개간하고 샘을 파괴하고는 그 자리에다 곧장 공장을 지으려고 한다. 그뿐 아니라, 어린이들을 교묘하게 속이기까지 한다. 그들은 어린이들에게 목장에 데려가겠다고 말한다. 하지만 그것은 측량을 가르치기 위해서이다. 또 어른들은 "루이 아저씨한테 데려다 줄게. 거기에는 네 또래 친구도 많고 맛있는 간식도 잔뜩 있단다." 따위의 달콤한 말을 건넨다. 그런데 막상 가 보면, 루이 아저씨는 아마추어 물리학자로서 전기나 물체의 무게에 대해 한바탕 강의를 늘어놓는다. 더욱이 어른들은 어린이들의 상상력을 올바로 평가하지 않고, 부당한 압박을 가하며 그들의 꿈에 싸움을 걸려고 할 뿐이다. 또한 어린이들이 다음과 같이 맹세하기를 바란다. "나는 공부하고 있습니다. 하지만 그런 티를 내지 않죠. 나는 노는 시간에도 공부에 매달립니다. 그러면서도 한 번도 공부하고 있다고 생각한 적은 없습니다. 그러니까 나로서는 놀고 싶은데도 공부하고 있는 건데, 다른 아이들은 어떨지 모르지만 나는 상관없습니다. 나는 하품을 합니다. 그건 내가 열중하고 있다는 증거죠. 나는 지쳤습니다. 그건 내가 즐겁게 지냈다는 증거입니다……."

2. 상쾌한 페로의 등장

 미술관에 가면 소녀의 초상을 그린 옛 그림을 볼 수 있다. 거북스러워 보이는 단화, 묵직한 벨벳 치마, 코르셋 속에 갇힌 몸, 목을 꽉 조인 리본, 머리를 내리누르는 듯한 깃털 달린 모자, 목걸이와 반지, 팔찌와 브로치. 소녀들은 분명히 고통스러울 것이다! 우리는 어떻게든 그 소녀들을 해방시켜 주고 싶다. 나이에 걸맞게 자유로이 뛰어다닐 수 있도록 가벼운 옷을 입혀 주고 싶다. 또 소년의 초상을 봐도 마찬가지다. 갑옷 속에 갇혀 가죽 장비를 친친 두르고 장화 속에 빠져 있다. 어른 같은 모습을 하고 있지만, 그들의 영웅 같은 포즈는 오히려 우스꽝스럽고 가련하기 짝이 없으며 고통스러워 보인다. 그래서 그 모습을 보는 사람은 소년들을 해방시켜 주고 싶은 기분에 사로잡힌다. 몇 세기 동안 어른들은 어린이에게 어울리는 옷조차 입혀 줄 생각을 하지 않았으니, 어떻게 그들에게 맞는 책을 줄 생각을 할 수 있었을까?
 물론 책이라고 해도 지금처럼 오락물이 아니고, 더구나 필사본에 의존했던 시대는 봐주기로 하자. 책을 읽는 일 자체가 성직자들의 특권이었던 시대도 역시 어쩔 수 없다. 그러나 인쇄술이 발명되고 르네상스 시대가 열려 모든 사람들이 해방되었을 때에 어린이들을 위해서는 도대체 무엇이 이루어졌는가? 아무것도 이루어지지 않았다. 어른들은 높은 탁자 위에서 빵 부스러기를 조금 떨어뜨리고는 그것으로 충분하다고 생각했다. 그것은 바로 신앙과 예법에 관한 책이었다. 또 설령 가엾은 어린이들이 거기에 만족하지 않았다 해도 아무런 발언권도 주어지지 않았다. 어린이들은 유모나 하인, 그 밖의 하층 계급 사람들에게 이야기를 조를 수는 있었다. 그러나 인쇄된 이야기는 어른을 위한 것이지 어린이를 위한 것은 아니었다. 인쇄술은 어린이를 위해 발명된 것이 아니었다. 물론 어린이를 위한 것이 아주 없지는 않았지만 그것은 단지 성서나 모세의 십계명, 알파벳을 가르치기 위한 방편일 뿐이었다. 어린이들이 어떻게든 책을 읽고 싶다면 집 안에 있는 것들을 읽을 수밖에 없었다. 어른들은 오비디우스 Ovidius나 베르길리우스 Vergilius, 스타티우스 Statius와 같은 라틴 작가의 작품이 재미있으니까, 당연히 어린이들이 읽어도 재미있을 것이라고 멋대로 생각했다.

 어린이들이 학교에서 읽는 것과는 다른 책을 원하고, 교리 문답이나 문법책이 아닌 책을 원할지도 모른다고 생각한 것은 언제부터였을까? 어린이들의 존재를 인식하고, 나아가 그 존재를 축복하려 했던 혁신가는 과연 누구였을까? 눈을 낮추어 주위에 있는 어린이들에게 주목한 것은 과연 어떤 안목 있는 관찰자였을까? 어린이들에게 그들만의 책을 갖는다는 무한한 기쁨을 안겨 준 친절한 이는 과연 누구였을까?

 프랑스에는 그와 같은 인물이 많이 등장했다. 물론 그때까지 오랜 사전 준비나 노력이 없었던 것은 아니었다. 사람들에게 주의를 끌지는 못했지만 숱한 이야깃거리가 될 만한 씨줄을 짜서 옷감을 만드는 기나긴 시간이 필요했다. 일대 변신을 하기 위해서는 무용담에도 물리고 고전주의에도 물려서, 거기서 멋지게 탈출한 루이 14세의 시대가 필요했다. 콩트의 유행이 살롱에 침투하여 살롱을 풍미할 필요가 있었다. 친한 남자친구나 여자친구에게 이야기를 들려 준 뒤에 그것을 책으로 묶어 출판했던 드 오느와 부인 Madame D'Aulnoy이나 레리티에 Lhéritier,

베르나르 Bernard처럼 누구보다도 정열적인 사람들이 필요했다. 그러나 가장 중요한 인물은 역설과 스캔들을 좋아하며 무슨 일에든 손대고 싶어했던 학술원 회원, 샤를 페로 Charles Perrault였다. 그는 《그리젤리디스의 인내 La Patience de Grisélidis》나 《바보 같은 소원 Les Souhaits ridicules》, 《당나귀 가죽 Peau d'Ane》 같은 작품을 운문으로 쓰려고 생각했다. 이것이 여러 차례 프랑스의 시인이자 비평가인 부알로 Boileau의 분노를 샀고, 결국 격분한 부알로는 '프랑스 학술원 회원 페로 씨가 운문으로 쓴 당나귀 가죽과 소시지 코 여자 이야기'를 비난했다. 이에 부끄러움을 느낀 페로는 아들 피에르 다르망쿠르 Pierre Darmancourt를 핑계삼아 변명하면서 마지못해 운문에서 산문으로 옮겨가야 했다. 설령 학술원 회원이었다 해도 자신이 그렇게 하고 싶었다면 익살스러운 해학시를 지어도 상관없고, 고대인보다 근대인을 좋아하여 폭탄 성명을 발표할 수도 있었다.[1] 그러나 그가 어린이를 위한 콩트를 출판한 일은 전대미문의 사건이었다.

1697년 그는 결의를 굳히고 바르반 서점에 《교훈을 동반한 옛날 이야기, 또는 짧은 이야기집 Histoires ou contes du temps passé, avec les moralités》을 손수 전달하여 출판했다. 우리의 거위 아줌마가 하인 방이나 곳간에서 뛰쳐나와 파리 시내를 활보하게 된 것은 이때부터이다. 이렇게 해서 먼저 프랑스 어린이들이, 그 뒤를 이어 온 세계의 어린이들이 비로소 손에서 놓고 싶지 않을 만큼 아름답고 신선한 책을 얻게 되었다. 어린이들은 늑대에게 먹혀 버린 가엾은 빨간 모자 이야기와 엄지동자 이야기를 결코 잊지 못할 것이다. 또 생기발랄하게 힘이 솟고, 한창 감수성이 약동하는 나이에 그들의 영혼을 뒤흔들었던 감동도 결코 잊지 못하리라. 가련함—아, 가난한 나무꾼은 아이들에게 먹일 게 아무

---

1) 페로는 17세기 후반부터 18세기 초까지 벌어진 신구 논쟁에서 근대문학의 고대문학에 대한 우월성을 주장하며 부알로, 라 퐁텐 등과 논쟁했다.

것도 없다. 아무리 열심히 일해도 어쩔 도리가 없다. 결국은 아이들과 헤어져야 한다. 두려움—아, 숲 속에서 길을 잃은 가엾은 아이들은 먹을 것이 하나도 없다. 밤이 찾아온다. 나뭇가지 사이로 바람이 윙윙 울고 있다. 불안과 희망의 엇갈림—가엾게도 아이들이 도망쳐 들어간 곳은 사람을 잡아먹는 식인귀의 집이었다. 아이들을 돕고 싶어하는 식인귀의 아내, 살아 있는 아이들의 살냄새를 맡고서 잡아먹으려고 하는 굶주린 식인귀, 요리조리 꾀를 짜내어 식인귀가 실수로 제 아이들을 죽여 버리게끔 만드는 엄지동자. 공포—식인귀는 식칼을 갈아 들고서 눈 깜짝할 사이에 30km를 가는 구두를 신고 집을 뛰쳐나와, 강을 건너고 숲을 뛰어넘어 동굴 위에까지 찾아와 으르렁댄다. 그 동굴 안에는 도망쳐 나온 아이들이 잠자고 있다. 기쁨—나무꾼의 아내는 아이들을 되찾고 얼마나 기뻐했던가! 얼마나 꽉 껴안았던가! 아이들 또한 엄마한테 얼마나 열렬하게 키스를 퍼부었던가! 《엄지동자 le Petit Poucet》를 읽은 어린이들은 자라서 많은 구경거리를 보고 무대 위에서나 실제 인생에서 여러 광경을 목격하겠지만, 평생 이보다 더 격렬하게 가슴을 뛰게 하는 사건을 만나지 못할 것이다.

지금 안은 필사적으로 지평선 너머를 응시하고 있다. 마침내 그녀는 자기를 구하기 위해 말을 타고 전속력으로 달려오는 두 형제의 모습을 포착했다. 한 사람은 사수, 한 사람은 갑옷을 입고 총을 든 용기병인 이 형제는 각각 구원과 생명을 상징한다. 그때 그들의 등 뒤로 녹색 평원에 금가루를 흩뿌린 듯 태양이 찬란하게 빛나고 있었다. 언젠가 어린이들이 이 세상에서 가장 아름다운 곳에 선다고 해도 이때의 태양만큼 감동스러운 광경은 없을 것이다.

그리고 얼마나 우스운 일인가! 자기 주인의 재산을 자랑하여 마침내 임금의 딸과 결혼시키고야 마는 장화 신은 고양이의 말재주는 얼마나 교활한가! 또 참으로 장난기 넘치지 않는가! 먹감기, 산책, 방문 무엇이든 이용한다. 어린이들이 단 한 번이라도, 작은 발에 장화를 신고 전속력으로 논밭을 뛰어다니며 백성들을 붙잡고 포도밭도, 보리밭도, 목장도, 주인님 카라바스 후작의 것이라고 말하지 않으면 머리를 싹둑 잘라 버리겠다고 위협하는 고양이를 본다면, 결코 그 모습을 잊지 못할 것이다. 두려움도 없이 식인귀의 궁전에 뛰어들어 식인귀에게 생쥐로 둔갑해 달라고 부탁하는 고양이. 어리석은 허풍쟁이 식인귀는 고양이의 소원을 들어 준다. 그러자 장화 신은 고양이는 느닷없이 달려들어 식인귀를 산 채로 잡아먹어 버린다. 우리는 평생 그 이야기를 떠올릴 때마다 박장대소할 것이다.

페로는 새벽처럼 상쾌하다. 우리는 그의 특성을 완벽하게 파악하지는 못한다. 장난스러운 유머. 저 상쾌한 우아함. 그는 억지로 허세를 부리거나 대중의 갈채를 노리지 않는다. 오히려 자신이 앞장서서 즐기고 단지 스스로의 즐거움을 위해 멋진 이야기를 한다는 식이다. 이따금 얼굴을 내밀며 대화에 끼여들지만 한마디만 하고는 곧 고개를 움츠린다. 그는 지나치게 나서는 것만큼 사람을 질리게 하는 일은 없다는 사실을 잘 알기 때문이다. 움직이는 것은 등장인물 자신이며, 페로의 역할은 단지 등장인물들이 생각대로 행동할 수 있도록 도와 주고, 그들의 말을 하나하나 써두는 일뿐이다. 그리고 그 명확한 단어 구사! 나아가 프랑스의 시인이자 평론가인 생트뵈브 Sainte-Beuve도 말했듯이 그는 "아무리 칭찬해도 모자라는 인간의 미덕 가운데 하나"인 만인의 영혼을 거세게 뒤흔드는 소박함을 지니고 있다.

3. 요정 이야기의 후퇴

첫 작품은 너무나 걸작이었다. 그러나 얼마 가지 않아 월계수는 베어져 쓰러지고 축전도 막을 내려야 했다. 곧 요정이 적으로 간주되었기 때문이다. 요정들이 군림했던 것은 한 시기, 그것도 아주 짧은 한 시기에 불과했다. 요정들이 차지한 시간은 권위를 잃어가는 세기와 거기에 비판적이지만 아직 제 권리를 확립하지 못한 세기 사이의 짧은 휴지기뿐이었다. 마침내 정신과 이성이 시대를 장악하게 되었다. 어떤 타협도 받아들이지 않는 이 힘에 어떻게 요정들이 저항할 수 있었겠는가. 요정들은 이성의 빛을 피하기 위해 몸을 숨기지 않을 수 없었다. 그 빛은 삼라만상을 비췄을 것이고, 요정들은 더 좋은 시대가 올 때까지 몸을 숨길 만한 은신처를 찾느라 몹시 고생했을 것이다.

위대한 작가가 하필이면 어린이책을 쓰는 바보 같은 짓을 하느냐는 분위기가 팽배해지고, 놀이의 즐거움을 교육에 이용해야 한다는 새로운 인식이 생겨났다. 그러한 인식은 그 자체로는 그다지 나쁜 것이 아니었다. 그러나 문제는 교육이 곧 놀이의 즐거움을 억압하기 시작했다는 사실이다. 어린이들에게 내밀어진 것은 꿀을 살짝 바른 쓰디쓴 약이었다.

르프랭스 드 보몽 부인 Madame Leprince de Beaumont은 스스로도 그렇게 표현하듯이 아주 '현명한 가정교사'였다. 그녀는 결혼에 환

3. 요정 이야기의 후퇴

멸을 느껴 교육에 일생을 바쳤다. 보몽 부인은 도버 해협을 건너가 영국에서 교사가 되었고, 놀랄 만한 정력을 보이며 70권에 이르는 역작을 썼다. 그 중에서도 가히 획기적인 의의를 지닌 것은 1757년에 간행된 〈어린이들의 잡지 Magasin des enfants〉이다. 제목만 봐도 정말 대단하지 않은가!

> 어린이들의 잡지 혹은 현명한 여교사와 우등생들의 대화. 이 대화를 통해 소년들은 각자 천성과 기질, 기호에 따라 생각하고 말하고 행동하도록 교육받는다. 또한 나이에 따른 여러 가지 결점이 분명해지고, 어떤 방법으로 교정할 수 있는지 알 수 있다. 나아가 소년들의 생각을 계몽하고 심정을 알 수 있도록 세심하게 배려되어 있다. 이 대화에는 성서의 역사와 우화, 지리, 그 밖의 것들이 간단하게 요약되어 있고, 전권이 유익한 의견과 어린이들이 재미있게 즐길 수 있는 교훈적 이야기로 가득 차 있다. 더구나 대화는 한결같이 어린이들의 천진난만한 마음에 어울리는 쉬운 문체로 쓰여져 있다. *르프랭스 드 보몽 부인 지음.*

여기서 상상력이나 감수성은 더 이상 가치 있는 것이 아니라 하나의 수단으로만 여겨진다. 현명한 여교사가 어린이들에게 지식을 주입하기 위해서는 그것이 최고의 방법이라고 생각됐기 때문이다. 이렇게 해서 무시무시한 시대가 찾아온다. 어린이들에게 단 한 순간도 쓸데없이 보내서는 안 되며, 가능한 한 빨리 애늙은이가 되도록 노는 시간에도 공부를 해야 한다고 단언하는 시대가 찾아온 것이다.

사실 보몽 부인도 망설이기는 했다. 왜냐하면 그녀의 마음에는 시정만이 아니라 인간다움도 있었기 때문이다. 그녀는 요정 이야기를 쓸 정도의 사람이라면 뿌리가 착한 사람이므로 일부러 거짓말을 하여 어린이를 속이는 짓 따위는 하지 않는다고 말했다. 요컨대 보몽 부인은 그런 사람들의 죄를 조금이라도 덜어 주려고 변명하고 있다. 자신도 무척 아름다운 이야기를 썼으니까 이것은 또한 자기 변호이기도 한 셈이다. 어쨌든 보몽 부인은 《미녀와 야수 la Belle et la Bête》를 썼다. 이 작품을 봐서 그녀의 죄를 용서해 주어도 좋으리라. 자, 여기서 우리는 추억의 실마리를 더듬어 보자. 먼 옛날의 아름다운 이야기, 알기 쉽고 깊은 뜻을 지닌 이야기의 실마리를! 여러분은 '미녀'를 기억하고 있을 것이다. 이 세상에서 가장 사랑스럽고 마음씨 고운 소녀였던 만큼 질투심 강한 언니들에게 지독히 미움을 받던 그 미녀를. 그리고 '야수'도 기억할 것이다. 자상하고 상냥하지만 사랑하는 여인을 만날 희망마저 포기해 버릴 수밖에 없을 정도로 추악한 몰골의 야수를. 야수의 성에 찾아온 미녀는 여왕보다도 귀한 대접을 받았다. 소원은 입 밖으로 내뱉기가 무섭게 이루어졌다. 황금 접시에 담긴 맛있는 음식이 나오고, 천상의 음악이 흘러나온다. 그녀를 맞이한 정원의 장미도 천국의 장미처럼 향기로운 냄새를 풍긴다. 야수는 미녀가 다정한 배려에 감사해 자기를 사랑해 줄지도 모른다고 생각하고 가슴 졸이며 모습을 드러낸다. 그러나 그럴 때마다 미녀는 야수의 추악한 모습에 소름이 끼쳐 약간의 호의를 보일 뿐이었다. 연민의 정에 흔들려 사랑이 싹트지 않았더라면, 야수는 미친 듯이 몸부림치다가 절망하여 끝내 숨이 끊어졌을지도 모른다. 하지만 사랑이 싹트자, 야수의 추악했던 모습은 어느새 흔적없이 사라지고 만다.

"아뇨, 당신은, 당신은 절대로 죽으면 안 돼요. 살아서 제 남편이 되어 주세요. 지금 이 순간부터 당신이 말씀하시는 대로 하겠어요. 당신의 사람이 되겠다고 맹세할게요. 아! 저는 그저 우정만 느끼고 있는 줄 알았어요. 하지만 지금 느끼는 이 고통은, 당신의 얼굴을 보지 않고서는 살아갈 수 없으리란 사실을 절실히 깨닫게 해 주었어요." 미녀가 이 말을 마치기가 무섭게 성은 밝은 빛으로 빛났다. 불꽃이 하늘을 수놓고 음악이 흘러나오며 축하의 기운이 넘쳐났다. 하지만 미녀는 이렇게 아름답고 화려한 장관에는 눈길조차 주지 않고, 슬픔에 잠긴 채 죽어가는 야수를 바라보았다. 그 순간 깜짝 놀랄 일이 벌어졌다. 야수의 모습은 어디론가 사라지고, 발 밑에는 사랑의 신보다 더 아름다운 왕자가 있었다. 왕자는 미녀에게 마법을 풀어 준 것을 감사했다……

이런 글을 쓸 수 있는 사람이라면 다소 잘못을 범했다 해도 너그럽게 용서해 줘도 괜찮지 않을까? 오히려 칭찬하고 싶은 마음이 들지 않는가?

그렇지만 이 '현명한 여교사' 보몽 부인은 이렇게 아름다운 이야기를 쓰면서도 묘하게 거드름을 피우는 경향이 있었다. 그녀는 요정 이야기에는 어린이들에게 수학적 사고를 철저히 가르치지 못하는 단점이 있다고 말하며, '수학적 사고'나 '이성의 왕국' 같은 단어를 강조했다. "어린이들에게 말하고, 어린이들을 위해 쓰고, 어린이들에게 보여 주는 모든 사항은 전부 이런 목적을 가져야 한다. 그리고 숙련된 교사의 손으로 인도되어야 한다." 숙련된 교사가 아니라면 현명한 여교사의 손으로. 이렇게 되면 언성을 높이고 있는 듯한 느낌이며, 요정의 마법 지팡이를 채찍으로 바꾼 듯한 기분이 든다. 보몽 부인은 자신의 작품 속에 등장하는 인물들의 성격을 오해하지 않도록 '선량' 부인이라든가, 여교사 '상식' 양 같은 이름을 붙였다. '상식' 양은 12세, '재치' 양은 12세, '장난감' 양은 7세, '폭풍' 양은 13세로 설정되어 있다. 그리고 등장 인물들에게는 다음과 같이 성격에 어울리는 재미있는 역할을 부여해 주었다.

> 재치 양 : 저지방(네덜란드)이란 정확하게 어떤 곳이죠?
> 선량 부인 : 북해와 프랑스, 독일 사이에 있는 지방을 말합니다. 그 지방은 바다에 접해 있고 땅은 높은 곳이 거의 없이 평평하기 때문에 그렇게 불리는 거죠. 저지방은 북부 저지방, 즉 신교도 저지방과 남부 저지방, 즉 구교도 저지방으로 나뉩니다…….

조금이라도 손댈 곳이 있으면 이런 식으로 어린이들을 즐겁게 해주려고 했다. 보몽 부인은 역사나 신화를 재료삼아 작은 파이를 만드는 데 대단한 자신감을 갖고 있었다. 어디 그뿐인가. 성서 이야기까지도 재료로 삼아 참으로 묘한 요리를 만들어 어린이들에게 먹여댔다. 덕분에 오락적 요소는 점차 줄어들다가 어느 순간엔 완전히 모습을 감추고 말았다. 반면 교육적 요소는 날로 늘어나 마침내 전부가 되었다. 한편 보몽 부인은 한층 높은 교육열로 스스로를 높이 평가하더니 결국 자기 만족에 빠지고 말았다.

무척 우울한 이야기가 되고 말았는데, 사실 페로, 드 오느와 부인, 그 밖의 사람들의 시대는 바야흐로 봄이었다. 꽃이 막 아름답게 피려던 참이었다. 그러나 슬프게도 미래를 약속받았던 아름다운 화원은 시들어 버렸고, 너무나도 빨리 황량해지고 말았다.

4. 흐려지는 새벽 하늘

 루소J. J. Rousseau가 그 우렁찬 목소리를 떨친 시대가 왔다. 그는 온갖 의식을 혼란시키고 예술, 정치, 사랑 등 모든 문제를 다시 생각하게 만들었다. 루소는 인간을 되살리려고 했다. 하지만 그러기 위해서는 아무래도 모든 일의 근본부터 시작해야 했고, 당연히 교육 문제를 다루지 않을 수 없었다. 루소가 《에밀 Emile》에서 《로빈슨 크루소 Robinson Crusoé》 한 권밖에 언급하지 않은 점만 보아도 어린이를 위한 책에는 거의 관심이 없었던 것이 명백하다. 그러나 그는 기계적인 것에 대하여 자발적인 것의 권리를, 인위적인 것에 대하여 자연적인 것의 권리를 회복했다. 그것은 분명 하나의 혁명이었다.
 그의 말에 열심히 귀기울이고 그의 계율을 충분히 음미했음에도 불구하고, 그 이후로 어린이 독자를 고려하여 책을 쓴 작가들은 사실상 루소가 원했던 바와는 정반대되는 일을 저지르고 만다. 그들이 칭찬하는 자연스러운 것이나 자발적인 것이 단순한 공염불에 지나지 않는다는 사실은 그들이 펜을 드는 순간 드러난다. 그들이 보여 준 솜씨는 아주 인위적인 것에 불과했다. 입으로는 어린이들의 영혼을 해방시켜 준다고 하면서도 사실상 더욱더 억압하고 있었다. 이런 교육가들은 입만 열었다 하면 어린이들이 들판에서 자유롭게 숨쉬고 태양이나 비, 바람의 은혜를 받게 해야 한다고 주장했다. 그러나 그들이 실제로 한 일은 어린 나무들을 온실에 가둬놓고 속성 재배하며, 가지를 자르고 교묘하게 미리 정해 놓은 방향으로 가꾸려는 것과 다름없었다. 이 점에서 그들은 베르사유 및 그 밖의 궁전 정원을 만든 프랑스의 조원가 르 노트르 Le Nôtre 보다 훨씬 독선적이었다. 적어도 르 노트르는 있는 그대로 자연 법칙을 따른다고 떠벌리지는 않았다.

이렇게 된 원인은 아마 그들이 스승으로 모시는 루소에게 있을 것이다. 루소는 3보 전진하는가 싶으면 3보 후퇴하고, 불쑥 대담한 짓을 하는가 싶으면 갑자기 겁에 질려 혁신가에서 보수주의자로 되돌아가는 인물이었다. 그는 구속 없는 교육을 야단스럽게 떠들어놓고서도, 학생 옆에 교사를 붙여 24시간 내내 따라다니게 하고, 학생의 행동을 하나하나 감독하게 하고, 더구나 필요하다면 인위적인 체험을 무리하게 강요하여 무조건적으로 진리를 인식시키려고까지 했다.

루소 이후의 어린이 교육가들이 비장해진 것도 아마 그의 영향일 것이다. 루소는 모든 일을 비극적으로 해석하는 습관을 유행시켰다. 그가 그린 인간은 생 프뢰든 쥘리든,[2] 남녀노소를 막론하고 격정적이지 않은 사람이 없었다. 그들은 소박함이나 편안함은 말할 것도 없고, 오락이나 유희와도 거리가 멀었다. 이제는 로마의 웅변가 이상으로 열변을 토하고, 가슴 속에 감정을 숨겨놓지 않고 대담하게 드러내며, 결국에는 사물에 대해 열광적으로 생각할 필요성이 절대적으로 대두되었다. 세월따라 변해 가는 시대는 저마다의 특징을 지닌 채 과거 어떤 시대보다도 지금이 영원하고 훌륭하다고 믿고 있다. 그러나 지금 문제가 되고 있는 루소의 시대가, 세계의 영광스러운 무대로 나아가기를 기다리고 있는 어린이들에게 주려고 한 것은 사실 그 시대의 결점이었던 것 같다. 어린이들

---

[2] 생 프뢰 Saint-Preux와 쥘리 Julie는 루소의 《신엘로이즈 Julie ou la Nouvelle Héloïse》의 주인공이다.

에게 도움이 되고 즐겁게 해주려는 선의를 갖고 있었지만, 오히려 해를 끼치고 억압하는 결과를 낳고 말았다.

장리스 부인 Madame de Genlis은 나름대로 루소의 제자이다. 그녀는 자신이 여성으로서는 처음으로 서재를 두고 글을 쓴 인물이란 점을 자랑스럽게 여기고 있다. 그녀 이전의 여류작가들은 작품을 쓸 수 있는 곳이면 어디서든 아주 즐겁게 썼다. 그러나 마침내 여성들도 엄숙한 자세로 서재에 앉아 빼기면서 글을 쓰게 된 것이다. 장리스 부인은 자그마한 몸을 화려하게 꾸미고, 머리에는 장식가루를 뿌린 가발을 썼다. 최대한 당당하게 보임으로써 권위를 내보이고 싶었을지도 모른다. 겉으로 보이는 것은 그렇다 치고, 장리스 부인의 내면에는 두 가지 정열이 타오르고 있었다. 첫째는 눈에 띄는 존재가 되어 사람들의 이목을 집중시키고 싶어하는 것이었다. 그녀의 소녀 시절은 결코 불운하지 않았다. 아버지는 자기가 가진 재산보다 일을 크게 벌이는 유형의 사람으로, 줄곧 외상으로 영지를 사들였다. 그런 까닭에 별장 비용으로 지불할 돈을 벌기 위해 일생을 보냈고, 사업 밑천을 만들기 위해 산토도밍고까지 나갔을 정도였다. 그는 영국인에게 붙잡혔다가 석방되었지만 고향으로 돌아오는 길에 죽었다. 이런 사람은 절대로 가족을 궁색하게 하지 않는 법이다. 따라서 스테파니 펠리시테 뒤 크레스트 Stéphanie-Félicité du Crest(장리스 부인의 이름)는 구입은 했지만 아직 돈도 지불하지 않은 생 토뱅쉬르루아르 성의 정원에서 뛰어다니기도 하고, 나무에 오르기도 하고, 수풀에서 옷을 찢기기도 하는 등 기분 내키는 대로 마음껏 설치고 다닐 수 있었다. 그녀의 어머니는 사교계를 좋아했다. 당시에는 지방 사람들이 파리 사람 이상으로 사교계를 좋아했다. 파리에서는 사교계를 좋아한다고 해도 회의적이었지만, 지방에서는 신앙에 가까울 만큼 사랑했다. 그녀가 사교계의 연극 무대에 서서 스타가 된 것은 일곱 살 때였는데, 그 무렵부터 사람들의 이목을 끌고 싶다는 소망을 품게 되었다. 한번은 이런 일이 있었다. 어느 날 여행을 마치고 돌아온 아버지를 위해 집에서 연극을 벌였는데 장리스 부인은 사랑의 신 역할을 맡았다. 그녀는 그때 입었던 화려한 무대의상이 마음에 들었던지 그 후로는 산책하러 나갈 때에도 장밋빛 비단옷을 입고 어깨에 화살통을 멘 채 등에 파란 날개를 달곤 했다.

장리스 부인은 새로운 운명을 개척하려고 어머니와 함께 파리로 진출하여 음악 연주가가 되었다. 음악 연주가라고 해봐야 살롱에서 하프를 연주하고 그때마다 적당한 겉치레 인사와 함께 하룻밤 연주료로 25루이를 받는 것이 고작이었다. 그리고 다음날이면 언제 그랬냐는 듯이 까맣게 잊혀진 채 다음 기회가 올 때까지 눈길조차 끌지 못하는 숱한 소녀들 가운데 하나였을 뿐이었다. 그러나 늘 남의 이목을 집중시키는 대상이 되기를 바랐다. 그녀는 장리스 백작과 결혼하고 나서도 사람들의 눈길을 끌기 위해 튀는 행동을 계속했다. 가령 남편이 군대에서 돌아오기를 기다리는 동안 지내고 있던 수도원에서 한밤중에 정숙한 수녀의 얼굴에 입술연지를 마구 칠해 놓는다든가, 마을 사람들을 놀래 주려고 악령 흉내를 낸다든가, 남장을 하고 말을 타고 거리를 돌아다닌다든가, 외과의사의 의료 기구 가방을 마련하여 피를 뽑아내는 등 기이한 행동을 일삼았다.

장리스 부인의 두 번째 정열은 어린이 교육에 있었다. 그녀는 소녀 시절에 거의 배운 것이 없었다. 가정교사 역시 그녀와 거의 비슷한 수준으로 배우지 못한 여자였기 때문이다. 둘은 서로 짜고 뷔피에 신부 Père Buffier의 《연대기 Chronologie》 같은 책은 던져 버리고, 스퀴데리 Scudéry의 《클레리 Clélie》라든가 바르비에 Barbier의 희곡집을 읽었다. 장리스 부인은 아무것도 확실히 아는 것이 없었다. 사람을 교육하기 위해서는 뭔가 알 필요가 있다고 생각하지도 않았다. 성의 테라스에서 마을 아이들에게 강의를 했지만, 정작 아이들은 강의가 끝나면 비스킷이나 다른 여러 가지 신기한 물건들을 얻을 수 있기 때문에 그것만 바라고 얌전히 듣고 있었다. 그러나 교육자인 동시에 사랑의 신이기도 한 이러한 새로운 역할을 수행하는 그녀의 모습은 자못 아름다웠다.

마침내 그녀는 샤르트르 공작의 눈에 들어 공작 딸들의 가정교사로 일하게 되었다. 급기야 공작 아들들의 교육까지 맡음으로써 가정교사가 아니라 양육 책임자가 되었다. 이로써 장리스 부인은 두 가지 목표를 모두 충족하고는 무척이나 기뻐했다. 그러나 이 사건으로 조소의 대상이 되고 말았다. 궁정이나 파리의 입방아꾼들은 가는 곳마다 그녀의 흠을 보고 다녔다. 그녀도 그 사실을 몰랐을 리 없겠지만, 어쨌든 사람들에게 자기 역할을 성실하게 수행하고 있다는 인상을 주려고 애썼다. 그녀는 이미 1779년에 《소년소녀용 희곡집 Théâtre à l'usage des jeunes personnes》을 출간했는데, 거기에는 딸 카롤린과 퓔셰리에게 연기하게 했던 자작 희극도 몇 편 들어 있었다. 그러나 1782년에는 그것과는 전혀 다른 책을 세상에 내놓았다. 그것은 《아델과 테오도르, 또는 교육에 대한 서간집 Adèle et Théodore, ou Lettres sur l'éducation》이라는 두툼한 책으로, 놀랍게도 프랑스뿐 아니라 전 유럽에 걸쳐 대성공을 거두었다.

어린이들은 무엇을 읽어야 할까? 옛날처럼 요정 이야기를 읽으면 좋을까? 당치도 않다. 우선 요정 이야기는 교훈적이지 않다. 게다가 장리스 부인은 교훈에 대해서는 적당히 넘어가지 않는 사람이다. 또 요정 이야기가 교훈적이었다 해도 즐거움을 갈망하는 어린이들이 훈계 따위를 돌아보았을 리 없다. 요정 이야기에서 어린이들의 주의를 끄는 것은 단지 마법의 정원이나 다이아몬드 궁전뿐이고, 어린이들은 마치 그것이 실제로 있는 것처럼 상상하며 읽었을 게 틀림없다. 이런 환상적인 상상은 어린이들에게 잘못된 관념밖에 심어 주지 않을 것이고, 이성의 진보를 늦출 것이다. 나아가 정말로 이익이 되는 책을 읽는 데 대한 혐오감을 일으키는 결과를 초래할지도 모른다. "나는 내 아이들에게 요정 이야기도, 《천일야화 The Arabian Nights》도 읽히지 않을 것이다. 그 또래의 아이들을 위해 드 오느와 부인이 썼던 이야기조차 내 아이들에게는 적합하지 않다."

가엾은 어린이들! 장리스 부인은 그들의 목덜미를 붙잡고 놓아 주지 않으려 했다. 우선 집 전체가 교실로 바뀌고 만다. 식당은 벽화풍으로 오비디우스의 괴물들로 장식된다. 매일 점심과 저녁 식사 시간에는 주피터가 한 일을 듣는다. 정사각형의 살롱 벽은 로마 연대기를 그린 커다란 유화로 꾸며져 있다. 그 그림을 들여다보면 로마 시대의 제왕이나 로마 공화국의 이름을 드높인 영웅들을 비롯하여 콘스탄티누스 대제에 이르기까지 수많은 황제들의 원형 초상화도 볼 수 있다. 클레리아, 코르넬리아, 포르시아 같은 로마의 귀부인이나 황후들의 초상은 맞은편에 걸려 있다. 그리고 나머지 두 벽에는 적당히 뽑은 역사적 장면이 그려져 있다. 또 문 위쪽 벽에도 로마인이 한 말이 쓰여 있어서 보는 사람에게 말을 거는 듯하다. 로마의 역사가 그 방에 복잡하게 얽혀 있다. 다른 방이나 지도가 걸린 계단은 접어두고라도, 어쨌든 집 전체가 모두 이런 식이다. 모든 놀이는 학습의 도구가 될 운명에 처했다. 마법의 램프는 이미 해님도, 달님도, 몰래 빼돌린 술을 마시는 하녀도, 악마의 꼬리를 잡아당기는 빵집 꼬마도 보여 주지 않고, 역사에서 골라낸 400~500가지의 장면에 적당한 주석을 달아 어린이들 앞에 내보일 뿐이다. 상상을 자극하는 마분지 성 대신에 건축학을 배운다. "아델과 테오도르도 보통 아이들처럼 소꿉놀이를 무척 좋아합니다. 이 놀이는 내가 충분히 배려한 탓인지 훌륭한 도덕 교육이 되었습니다." 이 얼마나 대단한가! 그녀의 가르침에 따르면 산책은 길가의 나무나 테라스의 화분 수를 셈으로써 진정한 의미가 있고, 인형놀이는 어머니가 딸을 위해 했던 일을 되풀이함으로써 의미가 있다. 장리스 부인은 틈만 나면 놀고 싶어하는 어린이들에게서 놀이의 즐거움을 빼앗지 않기 위해서는 공부하라는 말만 하지 않으면 된다고 확신하고 있었다. 어린이들이 만약 이 치명적인 말을 듣는다면 만사는 수포로 돌아가고, 계략은 간파당하고 만다. 그러나 이 점만 주의한다면, 어린이들은 로마 황제의 연대기나 계단에서 하는 지리 공부를 포함하여 완벽하게 자연의 법칙에 맞는 생활을 하게 되어, 이후로는 아침부터 밤까지 줄곧 웃는 얼굴로 지낼 수 있으리라는 것이다.

장리스 부인은 "어린이들이 읽을 만한 책은 한 권도 없다. 영국에도 없고 프랑스에도 없다."라고 선언한다. 적어도 그때까지는 그런 책이 없었다고 말하고 싶었으리라. 세월이 흘러 마침내 프랑스인들은 그런 보물을 장리스 부인에게서 선사받게 되었다. 그녀는 《아델과 테오도르》를 세상에 내놓은 지 2년 만에 다시금 어린이들을 위해 《성에서 지샌 밤 Les Veillées du Château》이라는 책을 펴냈다. 전3권에 무려 2천 페이지, 정말 대단한 노력이 아닐 수 없다.

제목만 보면 재미있을 것 같기도 하고 읽고 싶다는 생각도 들게 한다. 이건 분명히 옛날 판화에서 볼 수 있는 장면과 비슷할 것이다. 온 가족이 난로 앞에 모인 겨울 밤, 하인들도 허락을 받아 주인 옆에 앉으면, 나이 지긋한 하녀가 들려 주는 옛날 이야기 같은 게 아닐까. 그러나 그런 기대를 품은 사람이 잘못이다. 장리스 부인은 예전과 비교해서 조금도 달라지지 않았다. 클레미르 후작 부인은 아들 세자르, 딸 카롤린, 퓔세리와 함께 부르고뉴 성에 칩거한다. 그리고 아이들에게 여러 가지 이야기를 들려 준다. 하지만 이 부인이 장리스 부인 자신이라는 사실은 대번에 알 수 있다. 부인은 아이들이 얌전하게 있으면 그 대가로 서랍에서 원고를 꺼내어 읽어 준다. 그런데 그 이야기가 너무나 재미있어서 아이들이 맛있는 음식을 기대하듯 그때가 오기만을 애타게 기다린다고 생각하면 그야말로 큰 오산이다. 이야기는 지루하기 짝이 없을 뿐만 아니라 비인간적이기까지 하다. 그것은 등장인물들이 단지 꼭두각시에 불과하기 때문이 아니라, 어린이들에게 미덕 대신 시대에 맞는 예의범절을, 자비심 대신 그릇된 소박함과 오만함을 가르치기 때문이다. 이야기 속에서는 권력가나 부자만 중시되고 나머지는 무시당하고 있다. 가령 아버지가 후작이나 백작이 아니고, 별장도 없고, 사제인 가정교사도 없고, 또 많은 고용인들이 우러러 받들지 않는 집안의 어린이는 결코 사람들의 주의를 끌지 못한다. 선행을 베푸는 일은 과장된 몸짓으로 관객을 즐겁게 하고 의기양양해 하는 희극배우가 되는 일이다. 분명히 인간은 평등하다. 이 원리는 그리스도에 의해 확립되었다. 하지만 장리스 부인은 인간이 교육받는 방식은 각자의 환경에 따라 달라지므로 이 세상이 불평등한 것은 당연하다고 보았다. 즉 평등에는 한계가 있다고 본 것이다. 교육을 받지 못한 하인들은 천한 인간에 불과하기 때문에 그들과는 친분을 맺을 수가 없다. 양갓집 자제가 품위를 잃지 않으면서 사귈 수 있는 사람은 농민뿐이다. 영주의 자녀들이 산책을 하다가 끼니를 거른 것 같으면 농민들은 곧 빵이나 우유를 대접한다. 게다가 농민들은 겸손하여 주인이 말을 걸기라도 하면 기뻐서 얼굴을 붉힌다. 또 자기 신분을 잘 알고 주제넘은 흉내 같은 건 결코 내지 않는다. 그뿐인가. 어린 주인들이 주인공으로 나서고 싶어하는 시덥잖은 전원시극에서 기꺼이 단역으로 만족한다.

그러나 무엇보다도 중요한 것은 상상력에 대한 도전이었다! 궁지에 몰린 상상력은 그대로 항복해 버렸을까? 아니다. 상상력도 가만히 있을

4. 흐려지는 새벽 하늘

수만은 없었다. 때로는 반항도 시도하고 머뭇거리며 자기 존재를 주장할 방법을 찾아내기도 했다.

만찬이 끝나자, 클레미르 부인은 편지를 쓰기 위해 아이들을 신부와 함께 객실에 두고 나갔다. 마침 휴식 시간이었다. 클레미르 부인은 15분 뒤에 돌아왔다. 카롤린과 퓔셰리는 구석에 앉아 뭔가를 읽고 있었다.
클레미르 부인이 물었다.
"너희들, 거기서 뭘 읽고 있니?"
"어머니, 예전에 쥐스틴이 주신 책이에요."
"쥐스틴은 너희들이 책 읽는 걸 지도해 주시는 분이 아니잖니? 게다가 내 허락 없이 다른 사람한테 책을 빌려 읽으면 안 돼."
"저도 아가씨들한테 그렇게 말씀드렸지만 듣지 않으셨습니다. 세자르 도련님은 제 말대로 체스 게임 결과를 보시고 나서 〈파리 신문〉을 읽고 계십니다……."
방의 한쪽 구석에서 주임 사제와 체스를 두던 신부가 말했다.
클레미르 부인이 딸들에게 물었다.
"그건 무슨 책이지?"
"어머니……이건……《페르시네 왕자와 그라시외즈 공주 le Prince Percinet et la Princesse Gracieuse》라는 책이에요."
"요정 이야기로구나! 그런 책이 뭐가 재미있을까?"
"어머니, 제가 잘못하고 있다는 건 알아요. 하지만 요정 이야기는 정말 재미있어요."
"어째서?"
"신비하고 희한한 얘기들이 들어 있잖아요. 전 그런 게 너무 좋아요. 수정이랑 금이랑 다이아몬드로 된 궁전과 신기한 것들이 자꾸자꾸 나오고……정말 근사해요."

이런 식이니, 아무리 어린이를 야단쳐 봤자 별 도리가 없다. 아무리 훌륭한 교육을 받은 어린이라도 부모가 잠시라도 눈을 떼면 하녀가 들려주는 요정 이야기에 빠져들고 만다. 발각되어 야단을 맞으면 얼굴을 붉히기는 하지만, 그래도 역시 재미있다고 고백하는 것이다! 그러나 장리스 부인은 적한테 묵묵히 승리를 넘겨 줄 여자가 아니다. 그녀는 그에 대항하기 위해 강력한 무기를 생각해 낸다. 어린 독자들은 기발한 것을 바라고 있다. 좋아, 그렇다면 그런 것을 주도록 하자. 장리스 부인은 재빨리 젊은 모험가의 이야기를 지어 내어, 그 속에 어린이들이 깜짝 놀랄 만한 것을 가득 담아놓는다. 이를테면 공중에 나타났다가 두 개의 무지개로 나눠지는 유성, 지나가던 사람을 졸지에 뿌리라도 박힌 듯 꼼짝 못하게 만드는 바위, 피의 비, 바늘 끝에 아주 살짝 발라놓기만 해도 사납게 날뛰는 소를 번개 맞은 것처럼 쿵 쓰러뜨리는 강력한 독약, 그림을 그리거나 노래를 부르는 자동 인형, 몸에 닿으면 찌릿찌릿한 전기가 통하는 열쇠, 거대한 회오리바람과 지진, 피를 흘리는 나무. 이런 식으로 신비로운 것들이 꼬리에 꼬리를 물고 나온다. 하지만 잠깐만! 잘 생각해 보면 이런 것은 하나도 신비롭지 않다. 설명해 달라고 우기면 금방이라도 설명할 수 있는 지극히 당연하고 단순한 것에 지나지 않는다. 우선 이런 내용은 이미 많은 작가들이 써 왔고, 장리스 부인은 단지 여기저기서 그것을 빌려왔을 뿐이다. 그래서 인사치레로 하는 말이라도 신비롭다고는 할 수 없다. 여행을 해 본 사람이라면 누구나 하늘에 나타난 유성을 본 적이 있다. 지나가던 사람을 뿌리가 박힌 듯 움직이지 못하게 하는 바위는 자력을 갖고 있는 것이다. 단지 그뿐이다. 과거에는 상상력이 유유히 날개를 펴고 하늘 높이 날고 있었다. 그런데 장리스 부인은 그것을 붙잡아 날개를 똑 부러뜨리고 말았다. 날개를 잃은 상상력은 그로부터 오랫동안 지상을 떠나지 못했다.

프랑스 어린이들에게는 이런 시대가 오래 지속되는 것이 좋을 게 전혀 없었다. 《아델과 테오도르》나 《성에서 지샌 밤》으로 부족했는지,

1782년 1월부터 아르망 베르켕 Armand Berquin은 〈어린이의 벗 L' Ami des Enfants〉을 발간하기 시작했다. 어린이를 위한 작은 책으로 희극과 대화, 이야기, 편지 따위가 포함되어 있는데, 매달 초에 한 권씩 발간되어 파리뿐 아니라 지방에서도 잘 팔렸다. 이 잡지의 성공 덕분에 그는 안정된 생활을 누리고, 위니베르시테 거리와 바크 거리의 한 귀퉁이에 사무실을 낼 수 있었다. 이에 힘을 얻은 베르켕은 다시 〈청년의 벗 L'Ami des Adolescents〉을 발행하여 똑같은 성공을 거두었다. 그 뒤로 베르켕은 잡지 내용 중 일부만을 발췌하여 책으로 만들거나 각종 크기의 판형, 금테에 삽화를 곁들인 호화판, 염가판까지 만들어 19세기 말엽까지 프랑스 전역에 해독을 퍼뜨렸다.

마침내 시대의 조류가 다시 바뀌어 단순히 합리적인 것만으로는 통하지 않는 시대가 찾아왔다. 합리적인 동시에 사람을 감동시키는 일이 필요했다. 당시의 사람들은 결코 감동 같은 것과는 인연이 없다고 생각했다. 그런데 전혀 그렇지 않았다. 스스로 감동하고자 한다면 충분히 감동할 수 있다는 사실을 알고 사람들은 몹시 기뻐했다. 그러자 이번에는 무턱대고 과시하려 들었다. 선량함, 천진난만함을 내보이며 자신의 겸손을 자랑했다. 일부러 과장스러운 짓을 하여 이목을 끌기까지 했다. 또 다른 사람의 선행을 듣거나 이야기꾼을 만나면 금방이라도 눈물을 흘릴 듯이 감동했다. 그들은 스스로 도덕심이 강한 도덕가로 자처하고 나섰다. 그래서 남들이 보고 있을 때는 물론이고 보고 있지 않을 때에도 자신의 생활을 파란만장하고 극적인 것으로 꾸며내지 않으면 직성이 풀리지 않았다. 요컨대 공과 사, 전반에 걸쳐 자신의 생활을 극적인 것으로 꾸며냄으로써 흡족해했다.

베르켕은 아주 고상한 아버지나 연인인 척하면서 '어린이의 벗'이 되었다. 결국 그는 비장함을 좋아하는 달콤한 허영꾼이었다. 베르켕의 친구이자 후계자였던 부이 Bouilly는 한 사건을 예로 들며 그의 생활 방식을 다음과 같이 의기양양하게 전해 준다.

> 우리는 같은 호텔에서 살고 있었다. 몽마르트 거리 근처였는데 뜰이 있는 외진 곳이었다. 어느 날 우리는 나무 그늘에 앉아 담소를 나누었는데, 그는 새로 준비중인 작품에 대해 이야기했고, 나는 그의 재능을 동경하는 마음을 털어놓았다. 그때 그의 친구 쟁그네가 헐레벌떡 달려와서 프랑스 학술원이 그에게 공로상을 수여하기로 했다고 알렸다. 사전 운동 같은 걸 전혀 하지 않았던 베르켕도 무척이나 기뻤던지, 평소의 침착성을 잃고 기쁨을 감추지 못하는 모습이었다. 그는 감격에 젖어 사람을 감동시키는 아름다운 표정을 지으며 빰에 홍조를 띠었다. 베르켕은 솔직하게 사전 운동을 전혀 하지 않았는데도 상을 받게 되어서 뜻밖이라고 말했다. 그래서 더욱 무엇과도 바꾸기 어려운 귀중한 명예라고. 이것이야말로 스스로의 재능을 잘 아는 인물만이 할 수 있는 말이리라. 참으로 천진난만한 태도가 아닌가. 그가 자신의 미덕을 자인하는 발언을 하더라도 아무도 그걸 허영심에서 나온 것이라곤 생각하지 않을 것이다……

여기에 인용된 글이 그 시대의 풍조를 고스란히 반영하고 있어 참으로 재미있지 않은가! 마침내 베르켕은 루이 16세의 황태자의 가정교사로 선정되었는데, 그는 소식을 전해 듣고 무척이나 잘난 척했다고 한다. "베르켕은 얼굴이 창백해져서 자기도 모르게 소리쳤다. '큰일났어. 나는 분명 전하를 사랑하게 될 거야.'" 그때까지 베르켕은 자신이 황태자를 사랑해서는 안 되는 입장에 놓여 있어 가정교사로 뽑히지 못한 점을 유감스러워했다. 그러면서도 한편으로는 지롱드 당원으로 간주되어 의심받고 있는 점을 유감스럽게 생각했다. 그 때문에 민중한테 버림받고 어린이들에게 인기를 잃을까 봐 몹시 두려워했다. 바로 그런 모호한 태도 때문에 베르켕은 단두대에 오르는 영광도 얻지 못하고 관객에게 버림받은 배우처럼 불우하게 죽어갔다.

베르켕은 처음에는 전원시, 연애시 같은 글을 썼다. 그후에도 계속 그런 글을 썼지만 그의 재능은 이 방면에서 이류에 불과했다. 그는 물론 감동을 노렸다. 시대의 풍조가 낙천적인 탓도 있었지만, 어린이들에게 최선을 다하는 세계에서는 모든 것이 훌륭하다는 사실을 가르치려고 했다. 그래서 봄은 기분 좋은 계절이며, 여름은 매혹적인 계절이고, 가을은 나무랄 데 없이 완벽한 계절이며, 겨울은 더할 나위 없이 좋은 계절이므로 손발이 얼 정도로 춥다고 불평하거나 비가 와서 우울하다고 푸념하는 것은 잘못이라고 자랑스레 말했다. 게다가 지금 시대가 사심 없고 욕심 없는 마음을 존중하고 청빈을 사랑하며 부자를 경멸하고 있으므로 토지 같은 건 소유하지 않는 편이 훨씬 좋다. 별장이나 정원 손질에 돈을 들이거나 수확이 잘 되는 포도밭 일 따위로 골치를 썩는 일은 어리석다. 멋진 금시계를 갖고 있어 봤자 아무런 쓸모도 없으며 오히려 그런 걸 갖고 있다는 사실만으로도 불쾌하다, 어린 소녀가 낡은 은시계를 갖고 있다면 그것으로 만족해야 한다는 식의 말을 천연덕스럽게 서술했다. 또 희극 작품에는 자유로운 것보다 억압받는 편이 훨씬 좋다고 써놓았다. 말하자면 어린이에게 24시간 내내 좋아하는 일을 하게 하거나, 좋아하는 음식을 양껏 먹게 하거나, 좋아하는 짓을 하면서 놀게 하면 아주 큰일이다. 어린이들은 여러 가지 재난에 휩싸일 것이다. 당장 이웃집 아이와 싸움을 시작하거나, 너무 많이 먹어 배탈이 나서 괴로워하거나, 강에 빠지거나, 죽음에 대해 생각할 것이다. 그래서 나중에 부모가 아이들에게 "자, 좋을 대로 해도 돼."라고 말하면 부들부들 떨게 될 것이다.

그는 대체로 성선설의 입장을 취했다. 그러나 장리스 부인보다도 더 귀족에게 존경심을 갖고 있어서, 그가 말하는 인간이란 지극히 일부에 지나지 않는 귀족이었다. 따라서 그의 작품에 등장하는 인물들은 무슈 드 밀포르, 무슈 드 발쿠르, 무슈 드 쿠르시, 마드무아젤 아가트 드 생 펠릭스, 마드무아젤 도로테 드 루브뢰유[3] 등 전부 귀족의 이름을 갖고 있다. 어린 신사들은 어린 귀부인들 앞에서 정중하게 몸을 굽혀 인사하며 손등에 입을 맞춘다. 인정 많은 부자는 곤경에 처한 가난뱅이에게 돈을 적선한다. 가난뱅이는 부자가 자비심이 많다는 걸 보여 주기 위해 등장한다. 그래서 가난뱅이한테만 모든 재앙이 찾아오는 것이다. 아버지는 죽고, 어머니는 병으로 몸져 눕고, 아이들은 다리를 절뚝거린다. 온 가족이 굶주림과 혹독한 추위에 시달린다. 가난뱅이들은 추위에 떨고 있다. 눈이 내리고 얼음이 두껍게 얼면 더욱더 그럴듯한 가난뱅이가 완성된다. 그곳으로 마치 신처럼 후광을 받으며 서서히 부잣집 아이들이 나타난다. 그들은 거드름을 피우며 구호품을 내민다. 프랑스의 화가 그뢰즈 Greuze의 그림에서처럼 은혜를 베푸는 자와 은혜를 받는 자가 하나가 된다. 실로 감동적인 순간이다.

    베르켕의 작품을 읽으면 아주 낡고 가락이 맞지 않는 노래를 듣고 있는 듯한 기분이 든다. 그것은 전혀 소박하지도 자연스럽지도 않으며 진실되지도 않다. 그는 성격을 지나치게 과장한다. 가령 심술궂은 아이가 있다면, 그는 그 아이가 심술궂을 뿐만 아니라 먹보에다 오만하고 비겁하며 싸움꾼이고 도벽까지 있다는 식으로 이야기를 꾸며낸다. 또 싫증을 잘 내는 아이가 있다면, 데생도 이탈리아어도 스페인어도 영어도 독일어도 춤도 바이올린도 플루트도 잠깐 했다가 금방 집어치우는 식으로 끔찍하게 싫증을 잘 내는 어린이로 묘사해 버린다. 이것은 사소한 예에 지나지 않는다. 성격이 변하는 경우에도 그의 손에 들어가면 순식간에 하나부터 열까지 다 돌변해 버린다. 예를 들어 아가트는 모든 사람을 업신여기고, 누가 자기한테 조금이라도 격의없이 대하면 무시당했다고 생각할 만큼 오만하고 성미가 까다로운 아가씨였다. 그러던 여성이 마치 딴 사람처럼 솔직하고 호감이 가며 친절한 아가씨로 돌변하여 결국에는

---

3) 성 앞에 '드'가 붙어 있으면 귀족 출신임을 나타낸다.

모든 이들의 마음을 사로잡고 만다. 그는 그렇지 않아도 과장스러운 말을 더욱더 허풍스럽게 말한다. 가령 《술래잡기 Colin Maillard》라는 작품에서는 레오노르가 심술궂은 로베르에게 이런 말을 한다.

> 네 변명이나 아첨을 듣고 있으면 어쩐지 야유를 받는 것 같아서 싫어. 그야 뭐, 때에 따라서는 진심으로 그렇게 말하는지도 모르고, 또 나쁜 말을 했으니까 그걸 고치려는 생각에서 그러는지도 몰라. 하지만 내가 농담으로 받아들였으니 망정이지, 안 그랬으면 그냥 끝나지 않았을 거야. 농담치곤 너무 심하지 않았을까. 앞으로는 절대 그런 농담 안 하겠다고 약속하지 않으면 싫어. 안 그러면 진짜로 같이 있지 않을 테니까……

이 글을 통해서도 알 수 있듯이 베르켕이 우리에게 보여 주는 어린이들은 눈물을 흘리면서도 이렇게 말하니 도저히 당해낼 재간이 없다.

여교사들은 장난스런 여학생한테 애를 먹고 눈물을 흘린다. 하지만 그 쓸쓸한 눈물은 이윽고 감미로운 기쁨의 눈물로 변한다. 머지않아 그 학생이 다시 원래의 얌전하고 착한 모습으로 돌아가기 때문이다. 사관학교 기숙생인 어린 에두아르 드 벨콩브는 다른 건 잘 안 먹고, 아무것도 들어 있지 않은 맨빵만 먹으려고 한다. 교관들은 이 사실에 놀라 어떻게든 에두아르를 다른 학생들과 똑같이 만들려고 하지만 뜻대로 되지 않는다. 그에게 이유를 말해 보라고 해도 눈물만 글썽일 뿐이다. 눈물이란 전염되는 성질이 있다. 가령 지도교관이 사령관에게 보고하러 온다.

사령관: 뭐라고? 그런 학생이 있다니! 꼭 스파르타에서 태어난 것 같군!
지도교관: 글쎄요. 하지만 여기는 군대니까 엉뚱한 행동은 허락할 수 없고, 또 일반 규칙에 복종해야만 군인 수업을 한다고 할 수 있으니까, 그런 학생이 한 사람이라도 있다면 다른 학생들에게 악영향을 주지 않을까 겁이 납니다. 지금까지 벌써 몇 번이나 여기서 내주는 음식을 먹으라고 권유도 해 보고, 억지로 먹이려고도 해 보았습니다. 하지만 그때마다 사람의 마음을 뒤흔드는

눈빛으로 눈물을 글썽이며 쳐다보니……용서하십시오, 각하. 이렇게 말하는
제 자신도 자꾸 눈물이 나와서…….
사령관: 음, 자네 이야기를 듣고 있으니 나도 눈물이 나오는군.

결국 사정이 밝혀지고 에두아르가 무엇 때문에 아무것도 없는 맨빵만
먹는지 알려졌다. 그의 아버지는 예전에 근위 장교였다. 퇴역 후 연금을
받지 못했기 때문에 몹시 가난했고, 아무것도 넣지 않은 맨빵밖에 먹을
수 없을 정도로 비참한 지경에 놓였다. 모든 것이 그 때문이었다. 마침
내 에두아르의 아버지는 연금을 받게 되었는데, 그 말을 듣고 다들 얼마
나 기쁨의 눈물을 흘렸는지는 각자의 상상에 맡기겠다. 《선량한 마음을
갖고 있으면 실수를 해도 너그러이 봐줄 수 있다 Un bon coeur fait
pardonner bien des étourderies》는 작품 속에서도 바르쿠르 씨와 같
은 인물은 두 눈이 따로따로 눈물을 흘리는 능력을 지니고 있을 정도여
서, 어떤 때는 오른쪽 눈에 눈물이 글썽이고 어떤 때는 왼쪽 눈에 눈물
이 글썽인다. 또 《영원히 시들지 않는 꽃다발 Le bouquet qui ne se
flétrit jamais》이라는 작품 속에 나오는 다음과 같은 장면은 어떻게 받
아들여야 할까!

나는 더 이상 아무 말도 할 수 없었다. 하지만 그녀는 내 마음에 일어나고 있
는 변화를 간파하고 있었다. 그녀는 떨리는 손으로 나를 상냥하게 감싸안았
다. 그때 얼마나 감동적이었는지 도저히 말로 표현할 수가 없다. 그녀는 하늘
을 우러르고 있었는데, 그녀의 눈물이 내 얼굴을 타고 흘렀다.

베르켕은 어린이들을 잘 모르는 것일까? 아니, 그렇지도 않은 것 같
다. 그는 어린이들을 그리기 전에 이따금 그들을 관찰했다. 다만 그의
관찰 능력은 어린이들이 처음 태어났을 때는 온몸이 빨갛고 까닭없이
울어대며 건드리면 부서질 듯한 연약한 손발과 솜처럼 부드러운 머리를

갖고 있다. 어린이들이 걷거나 말하거나 혼자서 밥을 먹을 수 있을 때까지는 상냥하게 보살펴 주어야 한다고 말하는 정도였다. 그는 또 어린이들의 장점과 단점, 생활도 알고 있었다. 여자아이들도 곧잘 요염한 태도를 보이고, 남자아이들이 걸핏하면 싸우려 드는 것도 알고 있었다. 어린이들은 어른과는 전혀 다른 세계, 어른들이 파고들 여지가 거의 없는 특별한 세계에 살고 있다는 것도 알고 있었다. 그가 쓴 글 속에는 어린이들의 생태를 극적으로 포착하여 생생하게 그리고 있는 것도 있다. 만일 그가 어린 독자의 급소를 어느 정도 파악하지 못했다면 그가 거둔 성공을 어떻게 설명할 수 있을까?

그러나 베르켕은 자신이야말로 모든 인간 가운데 가장 우수한 사람이라고 믿었다. 따라서 그가 어린이들에게 가르쳐 준 도덕은 하느님에게 모든 사람을 자신과 같이 완전하게 해 달라고 기도한 바리새인의 도덕, 바로 그것이었다. 그가 인기 절정을 달리던 당시 사회는 이미 쇠퇴의 징조를 보이고 있었다. 따라서 베르켕은 어린이들이 그런 사회에서 고생하지 않고 살아갈 수 있도록 정신을 바꿔 주려고 했다. 그러나 근시안적이었던 그는 지나가 버리는 것과 영속적인 것을 구별하지 못했고, 일시적인 것과 영원한 것을 혼동하고 말았다.

"성장하는 젊은 세대 가운데 나를 기억해 주는 이가 수두룩하다고 생각하면, 나는 내 일에서 한층 즐거운 의욕을 느낀다……"고 베르켕은 말했다. 그 말은 과장없는 진실이었으리라. 수많은 어린이들이 그의 책을 읽고 그 내용 때문에 은근히 압박당하고 있었다. 이것이 단지 예외적인 경우라거나, 두세 작가의 소행이라거나, 한 나라만의 예에 지나지 않는다고 생각하면 당치도 않다. 원래 딱 잘라서 결론짓기를 좋아하는 프랑스인들은 여차하면 독선적인 결론을 내리기 쉽다. 그러나 그런 식으로 이 문제를 생각하여 어차피 프랑스 한 나라로 끝나는 문제라고 일축해 버리면 큰 실수를 범하는 것이다. 좁은 해협을 건너 영국에 가 보면 거기에서도 똑같은 역사가 되풀이되고 있음을 발견할 수 있다. 모처럼 새날이 밝기 시작하는 동쪽 하늘도 금세 흐려지고, 어린이들이 손꼽아 기다리던 축전도 시작된 지 얼마 되지 않아 중단되고, 대신에 따분한 수업이 시작된다. 게다가 벌로 주어지는 끔찍한 공부까지 해야 한다. 바다로 둘러싸인 영국이란 나라에서도 참으로 많은 부인들이 이빨을 드러내고 어린이들에게 덤벼들고 있었다!

5. 어린이를 위한 서점

 어른들을 위한 서점은 어디에나 있지만 어린이들을 위한 서점은 없다. 그렇다면 그런 서점을 하나쯤 만들면 어떨까. 어린이라면 누구나 자유롭게 들어가 손님이 되고, 직접 책꽂이에서 좋아하는 책을 찾기도 하고, 무엇을 살까 망설이기도 한다. 어린이를 위해 특별히 그려진 그림이 들어간 책도 있고, 읽고 싶으면 누구든지 자유롭게 가져갈 수 있도록 되어 있다. 이런 서점이 만들어진다면 정말로 근사하지 않을까! "어린이 도서관―여기는 바로 어린이 여러분을 위한 도서관입니다." 런던의 존 뉴베리 John Newbery는 어느 날 편견이나 소문에 용감하게 도전하며 대담하게도 가게 앞에 이런 간판을 내걸었다.
 1750년 무렵의 일이다. 이미 오래 전부터 영국에는 기초 학습장이란 것이 있었다. 이것은 알파벳이나 1부터 10까지의 숫자, 기도문 따위가 인쇄되어 있는 낱장짜리 종이라고 생각하면 된다. 외형은 싸구려 식당에 있는 메뉴판처럼 틀 속에 들어 있고, 단단하고 얇은 커버가 씌워져 있다. 따라서 종이에 손자국이 날 염려도 없고, 더구나 커버가 투명하기 때문에 글자를 읽는 데는 조금도 방해가 되지 않았다. 기초 학습장의 원형은 대략 그러했다. 그런데 시간이 지남에 따라 이 학습장의 외관도 근사하고 세련되게 변하고, 중간중간에 그림까지 곁들이게 되었다. 알파벳도 이야기 속에 적절히 집어넣어 절묘하게 학습시킬 묘안을 짜내었기 때문에, 억지로 주입시키려는 촌스러움은 사라졌다. 싸구려 같은 틀 속에 갇힌 알파벳을 배우다 보면 알파벳도 불쌍해 보인다. 요컨대 알몸의 알파벳에 옷을 입힌 학습장이 된 셈이다.

그 밖에 챕북 chapbook이라는 것도 있었다. 등짐 장수들은 이 책을 등짐 속에 넣고 다니며 팔았다. 사는 사람은 물론 글을 읽을 수 있는 사람들이었다. 그 점에서 보면 챕북은 프랑스에서 행상인들이 팔던 파란 표지의 기사 이야기책과 똑같다. 사람들은 고대나 중세의 전설 같은 건 몇 번이나 읽어도 싫증이 나지 않는 모양이다. 이 극적인 소재들은 조악한 활자와 형편없는 종이를 가지고 책으로 만들어져 팔려 나갔는데, 체재가 너무나 궁상스러워 소재가 아까울 정도였다. 이 밖에도 챕북 중에는 지방색이 짙은 《토머스 히커스레프트 전 The History of Thomas Hickerthreft》이라든가 《숲 속의 아기들 The Babes in the Wood》, 《사우샘프턴의 베비스 Bevis of Southampton》 등이 있었는데, 이것들 역시 더 책다운 책으로 만들어질 수 있는 여지가 많았다.

유아를 위한 시도 있었다. 요람 곁에서 만들어진 이들 시는 남자아이든 여자아이든 엄마한테 배워서 기억하고 있으며, 모두의 마음 속에 언제까지나 간직되어 있다. 그러나 이런 시들도 한 권의 책으로 모아 엮어 주면, 그때까지 숨어 있던 시구도 햇빛을 보게 될 것이다.

존 뉴베리는 낡은 것으로부터 새로운 것을 만들어 내려고 노력했다. 따라서 그는 낡은 이야기를 손질하여 더 단순하고 순화된 것으로 만들었다. 그는 이야기 재료를 모으는 조수와 작가를 고용했는데, 그들은 낡은 유산을 찾아내거나 독특한 자기 식의 이야기를 창조했다. 뉴베리는 또한 양질의 종이, 재미있는 그림, 깨끗한 장정, 금테 등으로 책을 아름답게 꾸몄다.

가게 양쪽에는 작은 유리를 끼운 진열창이 있고, 가운데에 난 문은 언제나 활짝 열려 있었다. 어린이 도서관 관장인 뉴베리는 어린이들이 오면 설명을 하거나 소개해 주려고 책 앞에 서서 기다렸다. 사람들의 의표를 찌른 이 새로운 장사가 경제적으로 성공을 거둘지 확신이 서지 않았으므로 그는 책을 파는 한편 약도 팔았다. 해열제, 복통약, 강장제 등을 팔다가 결국에는 불로 장수약까지 팔았다. 약을 파는 일이야 누구든지 할 수 있지만 어린이책을 파는 것 같은 엉뚱한 일은 당시 아무도 생각해 내지 못했다. 뉴베리는 어린이책을 1페니, 2펜스, 6펜스, 1실링이라는 싼 가격으로 가게에 비치해 놓았다. 그는 많은 책을 모아놓았다. "갈색 머리의 톰 소년이나 금발 곱슬머리의 메리 양이 읽고 싶은 것은 지그재그 아저씨와 아저씨가 새나 짐승, 물고기, 벌레의 이야기를 들으려고 가지고 있던 뿔피리 이야기일까? 아니면 《키가 1미터인 어린이를 위한 귀여운 시 Pretty Poems for Children Three Feet High》일까? 〈난쟁이 나라의 잡지 Lilliputian Magazine〉일까? 아니면 우화일까, 요정 이야기일까? 무엇이든 갖춰져 있으니 마음대로 골라라." 어린이들은 집에 있는 것처럼 편안한 마음으로 서가에서 책을 꺼내기만 하면 되었다. 존 뉴베리는 자신이 마련해 놓은 책을 어린이들에게 권했고, '지혜로운 어린이에게 친구가 이 책을 바친다…….' 라는 헌사를 써 주었다.

그러나 주소를 혼동하면 안 된다. 세인트 폴스 처치야드와 러드게이트 가의 모퉁이에서도 또 한 명의 뉴베리라는 사람이 서점을 운영하고 있었다. 그는 존 뉴베리와는 아무 상관이 없는 사람이었다. 어린이들도 그 사실을 잘 알고 있어서 결코 가게를 혼동하는 법이 없었다. 존 뉴베리야말로 어린이들을 위한 진짜 단 한 사람의 서점 주인이었다. 또 한 사람의 뉴베리는 어른들이 읽는 책을 팔았다. 아마 그 가게는 벌이가 잘 되었을 것이다. 어쨌든 세인트 폴스 처치야드 65번지에 '성서와 태양' 이라는 간판을 내건 곳이 진짜 존 뉴베리의 서점이었다.

어린이들이 주소를 착각하고 다른 서점으로 갔다면 그야말로 배은망

덕한 짓이라 하겠다. 아무튼 이때부터 무슨 일에든 보수적이던 영국에도 어린이 문학이 생겨나 자유롭게 발전할 것처럼 보였다. 동화 삽화에 그려져 있는 주인공들은 마음씨 좋은 주인 아저씨의 서점에서 살짝 빠져나와 거리마다 그들의 꿈을 가득 채웠다. 어린이들을 즐겁게 하는 일이 그들이 맡고 있는 유일한 역할이었다. 그런 어린이들 가운데 한 명인 자일스 진저브레드는 책을 너무 좋아해 책 이야기만 나오면 쉴새없이 떠들어댔다.

그리고 난쟁이 톰 섬보다 몸집이 크지는 않지만 훨씬 선량한 토미 트립[4]이 있었다. 그는 기초 학습장에서 익힌 글자로 이야기를 쓰고 그것을 다른 사람들에게 가르쳐 주려고 한다. 토미 트립은 외출할 때면 반드시 충실한 애견 줄러의 등에 올라탄다. 그는 런던 거리를 돌아다니며 집집마다 문 앞에 멈춰서서 어린이들의 모습을 살핀다. 그리고는 어린이가 얌전하게 있으면 상으로 사과나 귤, 사탕을 놓고 얼른 사라진다. 그는 용감하기도 하다. 거인 위글로그가 어린이를 괴롭히고 있으면 당장 달려가 때려눕히고는 의기양양하게 돌아오기도 한다. 아마 《구디 투 슈즈 Goody two shoes》 외에는 토미 트립만큼 영국 어린이들이 진정으로 그리워하는 인물도 없을 것이다.

"철학자도, 정치가도, 마법사도, 세상만사에 능통하신 분도 부디 조심하십시오. 1월 1일, 새해의 첫날을 맞이하여 아, 새해 복 많이 받으시기를! 뉴베리 씨가 귀중한 책을 예쁜 표지로 제본하여 계속 간행한다는 사실을 알려 드립니다. 따라서 평소 똑똑한 어린이 친구들은 부디 이 책을 찾으러 '성서와 태양' 서점까지 와 주기 바랍니다. 단, 나쁜 어린이들한테는 나눠 줄 수 없습니다."

이는 박애주의자인 서점 주인 뉴베리가 1765년에 《구디 투 슈즈》, 즉

---

4) 《토미 트립과 애견 줄러의 모험 Adventures of Tommy Trip and his Dog Jouler》은 1752년 〈난쟁이 나라의 잡지〉에 실렸다.

《마저리 투 슈즈 Margery two Shoes》를 간행한다는 예고문이다. 그런데 이 작품에 특이한 제목이 달린 유래는 다음과 같다. 마저리는 찢어지게 가난하여 구두도 한 짝밖에 없었다. 그런데 어느 날 구두 한 켤레를 얻고는 너무나 기쁜 나머지, 집 밖으로 뛰쳐나가 마을 사람들에게 구두를 보여 주며 돌아다녔다. 그때 그녀가 외친 "두 짝 구두야! 두 짝 구두!"가 그대로 책 제목이 된 것이다.

이 책은 대성공을 거두었다. 《구디 투 슈즈》의 출처에 대해서는 꽤나 논란이 일었지만, 뉴베리 자신은 로마 바티칸 궁전에 있는 필사본의 원전과 미켈란젤로의 데생을 기초로 한 작품이라고 밝혔다. 어쨌든 그건 그렇고, 여기서 시대를 건너뛰기로 하자. 물론 뉴베리는 이미 죽었지만 그의 서점은 여전히 문을 열고 있었다. 어느 날 그 서점에 찰스 램 Charles Lamb[5]이 찾아왔다. 그는 매력적인 정신의 소유자로 신랄하기도 했지만 다정한 성격이었다. 누나인 메리 램 Mary Lamb도 함께였다. 영혼의 고뇌와 기쁨에 떨고 있던 두 남매는 어린이책을 찾아다니다가 그 유명한 서점에 가봐야겠다고 생각한 것이다. 두 사람은 서점 안으로 들어가 점원에게 《구디 투 슈즈》가 있느냐고 물었다. 점원은 가게 안을 뒤지며 돌아다닌 끝에 간신히 한구석에서 그 책을 찾아왔다. 그런데 바볼드 부인 Mrs. Barbauld이나 트리머 부인 Mrs. Trimmer이 쓴 책은 가게 안에 산더미처럼 쌓여 있었다. 찰스 램은 1802년에 콜리지 D. H. Coleridge에게 보낸 편지에서 이 일에 대해 언급하면서 바볼드 부인과 트리머 부인을 맹렬히 비난했다. 그는 "이런 여자들은 악마에게나 잡혀

---

5) 영국의 수필가로 《엘리아 수필집》, 누나인 메리와 함께 쓴 《셰익스피어 이야기》 등의 작품이 있다

가 버려라!" 하고 욕설을 퍼부었고, 페스트에 걸려 버리라고도 했다. 도 대체 그는 무엇 때문에 그렇게 화가 났을까? 또 어째서 존 뉴베리의 서점이 램을 화나게 만들었을까?

그것은 어린이 문학이 편향되어 버렸기 때문이다. 어린이 문학에도 로크 John Locke나 루소 류의 관념이 침투하고, 청교도적인 감정도 약간 들어갔다. 아니, 많이 들어갔을지도 모른다. 또 합리주의적인 요소도 첨가되었다. 이 기묘한 혼합물이 모태가 되어 많은 작품을 낳았고, 그것이 이 세기가 저물어 갈 무렵에 이제는 고인이 된 뉴베리의 서점 진열창에서 으스대고 있었다. 그 작품들은 한결같이 어린이의 생활에서 실용적이지 않은 시간은 한 순간도 있어서는 안 된다는 기본 개념을 바탕에 깔고 있었다. 프랑스의 장리스 부인과 비슷하다고 할 수 있다. 다만 프랑스와 영국의 차이는 영국인이 더 완고하고 집요하며 상대하기 어렵다는 점이다. 프랑스인은 무슨 일을 시작해도 도중에 그만두는 경우가 허다하지만, 영국인은 일단 일을 시작하면 끝장을 보기 때문이다. 영국인은 느리지만 결코 도중에 꺾이는 일은 없다.

옛날 책에서 떡갈나무는 순전히 아름다운 모습 때문에 사랑을 받았다. 그런데 이 시대의 책에 등장하는 떡갈나무는 어린이들에게 그것을 재목으로 만들었을 때 어떤 이익이 발생할지를 생각하게 하는 소재에 불과하다. 이와 같은 방법은 어린이들을 상상할 수도 없을 정도로 타산적으로 만든다. 예를 들면 어느 초여름 아침, 정원에서 딸기를 따던 귀여운 소년과 소녀가 있다고 하자.

> 식사를 끝내고 잠시 후, 해리와 루시는 어머니를 따라 정원으로 갔습니다. 루시는 딸기를 6개 따려고 했고, 해리는 4개 따려고 했습니다. 나중에 두 사람이 딴 딸기를 모았을 때 해리는 그것을 세어 모두 10개라는 사실을 알았습니다. 루시는 셀 필요가 없었습니다. 왜냐하면 6 더하기 4는 10이라는 사실을 외워서 알고 있었기 때문입니다. 그 다음에는 둘 다 딸기를 5개씩 땄습니다.

루시는 그들이 맨 처음에 딴 딸기와 나중에 딴 딸기를 모두 합하면 20개가 된다는 사실을 알고 있었습니다. 이번에는 한 아이가 3개, 다른 아이가 7개의 딸기를 땄는데, 앞의 것과 합치자 30개가 되었습니다. 두 아이는 딸기를 더 따서 다시 10개만 어머니한테 가지고 갔습니다. 이번에는 8과 2를 더해 10이 되었는데, 그전의 것과 모두 합하자 10 더하기 30으로 40이 되었습니다.[6]

어른들은 이런 식으로 시치미를 뚝 떼고 어린이들에게 수학을 가르칠 작정이었다. 이 교묘한 방법은 나름대로 재미있고 즐거운 면도 있다. 아마 이와 같은 문학을 접하며 자라난 어린이들은 가장 실리적이고 타산적인 사람이 될 것이다. 또한 사람이 갖고 있는 풍부한 정신적 양식까지도 주판알을 튕기며 득실을 계산하는 부류의 인간이 되고 말 것이다.

어른들은 어린이들에게 도덕심을 불어넣고 싶어한다. 어린 시절부터 세상의 일반적인 도덕을 소중히 여기는 습관을 길러 주지 않으면 안 된다. 그러려면 엄하고 모질게 가르칠 필요가 있다. 잘못을 하면 당장에 가차없이 벌을 내린다. 어린이들은 나무딸기의 가시에 찔리고 나서야 비로소 나무딸기가 가시를 갖고 있다는 사실을 알게 되며, 녹아내린 촛농에 화상을 입은 다음에야 비로소 초가 탄다는 사실을 알게 된다. 어린이가 구둣방 진열창을 들여다보며 유행하는 구두를 갖고 싶어한다면 사 준다. 그 구두를 신고 발이 아파봐야 비로소 튼튼한 단화가 낫다는 사실을 알게 될 테니까. 어린이를 실용적인 사람으로 길러내기 위해서는 몸소 쓰라린 경험을 맛보게 해야 한다. 선행의 경우도 마찬가지다. 다른 사람에게 선행을 베풀면 일류 은행보다 높은 이윤을 얻을 수 있다는 사실을 알려 줄 필요가 있다. 어떤 어린이가 호두를 잃어버렸다면 호두를 가져다 주도록 한다. 그러면 우리가 앵두를 잃어버렸을 때 그 어린이는

---

6) 이 인용문은 마리아 에지워스 Maria Edgeworth의 《쉽게 배우기 Easy Lessons》 중 '해리와 루시 Harry and Lucy'에서 발췌한 것이다.

전에 받은 친절에 대한 보답으로 앵두를 가져올 것이다. 이것이 결국 주고받는 법칙이다. 가련한 모습의 굴뚝 청소부 소년을 만난다면 선뜻 뭔가를 주도록 한다. 혹시 말을 타고 그 소년이 사는 마을을 지나다가 말이 난폭하게 뒷발로 일어서서 우리를 강물에 내동댕이쳤을 때, 그 소년이 달려와 구해 줄지도 모르는 일 아닌가! 요컨대 2, 3펜스만 베풀어 주면 생명을 구할 수 있으니 이 거래는 결코 손해가 아니다. 매사에 이런 식으로 어른들은 어린이에게 이익을 염두에 두게 한다.

이런 종류의 것으로 선구적인 역할을 했던 책을 몇 권 살펴보자. 그런 책들이 자극이 되어 갖가지 어리석기 짝이 없고 유해한 책들이 태어났으니까. 아무튼 참고삼아 몇 권 읽어보도록 하자. 우선 이런 장르의 창시자 가운데 한 사람인 토머스 데이 Thomas Day의 걸작을 읽어보자. 비평가들이 생전에 그가 웃는 걸 본 사람이 없었다고 얘기할 만큼 그는 진지하기 짝이 없는 남자였다. 비록 사후에 그에 대해 이야기하며 웃지 않는 사람이 없었다고 하지만 말이다. 그는 또 항상 무언가를 생각해 내는 남자였다. 그 중에서도 걸작이라고 할 수 있는 것은 그가 자기 나름대로의 어린이 교육학 원리에 따라 두 소녀를 교육하려 했던 일이다. 한 소녀는 고아이고 또 한 소녀는 버려진 아이였는데, 그 중에서 이상적인 소녀를 아내로 맞이하겠다는 생각이었다. 그러나 결국 둘 중 어느 소녀와도 결혼하지 않았다. 그는 또 젊은 세대에게 큰 기쁨을 주면서도 규범이 될 만한 책을 쓰려고 생각했다. 용기는 참으로 가상하다. 그런데 그 책에 나오는 이야기란 게 이런 식이다. 옛날에 응석받이로 자라 도저히 어떻게 할 수 없는 아이가 있었다. 그 아이의 이름은 토머스 머턴으로, 서인도 제도에서 한밑천 단단히 잡고 영국으로 돌아와 자리잡은 부유한 부르주아의 아들이었다. 어느 날 그는 뱀한테 물릴 뻔했는데 이웃집에 사는 소작인의 아들 해리 샌드포드가 그를 구해 주었다. 샌드포드는 장점을 많이 갖고 있는 아이로, 그에게 착한 마음을 길러 준 사람은 마을

학교에서 아이들을 가르치던 바로 목사였다. 머턴 씨는 바로 목사에게 자기 아들도 샌드포드와 함께 돌봐 달라고 부탁하였다. 그러자 바로 목사는 두 소년을 교육하기 위해 웅변과 지력을 다하여 몇백 페이지 분량의 글을 쓴다. 이렇게 해서 토머스 머턴은 점차 단점을 버리고 영국에서 둘도 없는 완벽한 청년 신사가 된다. 이것이 1783년부터 1789년에 걸쳐 출판된 《샌드포드와 머턴 Sandford and Merton》이라는 작품이다. 이 책이 출간된 후, 수많은 교사들은 어린이들에게 그 내용을 두고두고 따르도록 했다.

여기서 우리는 죽은 후에도 찰스 램한테 욕을 먹은 불사신 트리머 부인을 저승에서 불러내자. 그녀는 적어도 《울새 이야기 The History of the Robins》를 내세워 자기 변호를 할 것이다. 그러나 트리머 부인은 실로 미움을 살 만한 말들을 신랄하게 내뱉었다! 자기와 의견이 맞지 않는 사람을 모두 적대시했는데, 특히 프랑스 작가들을 끔찍이 싫어했다. 그녀의 말에 의하면 프랑스 작가들은 신앙도 신념도 도덕심도 염치도 없는 인간이며, 거짓말쟁이, 방탕아, 무신론자이고, 청년을 유혹하고 타락시키는 자들이었다. 믿음이 독실한 그녀는 의분에 불타서 이런 악덕 작가들의 영원한 파멸을 빌었다! 더구나 그 공격 상대는 철학자뿐 아니라 천주교도에까지 이르렀다. 그녀의 입장에서 보면 그와 같은 죄인들을 모조리 지옥불 속에 던져넣고 싶었으리라! 트리머 부인에게 눈곱만큼이라도 좋은 점이 있다면 그 갈라지는 소리나 밉살스런 독설도 그런대로 용서해 줄 수 있을 것이다. 그러나 그녀의 책은 역겨울 뿐 아니라 어찌나 말이 많은지 싫증이 나서 도저히 끝까지 읽을 수가 없다.

내친 김에 바볼드 부인도 불러내어 심문해 보자. 그녀는 《가정의 저녁 Evenings at Home》의 즐거움을 사람들에게 나눠 주려고 서랍을 연다. 그런데 거기에서 튀어나온 것은 교훈적이고 도덕적인 이야기의 제1화였다. 그것으로 충분하다. 다른 이야기들이 튀어나오기 전에 얼른 도망

가자! 바볼드 부인의 뒤를 이어 무시무시한 귀부인들이 줄줄이 배출되었다. 한나 모어 Hannah More나 메리 울스턴크라프트 Mary Wollstonecraft 등은 소녀들을 근본부터 정숙한 인간으로 엄하게 바로잡으려고 했다. 마리아 에지워스는 특히 용서할 수 없는 존재이다. 어린이 교육과 문학을 웬만큼 분간하는 동안에는 그런 대로 괜찮았다. 하지만 분별력을 잃고 어린이들을 즐겁게 해주면서 교육시키겠다는 엉뚱한 생각을 하면서부터는 구제불능이 되고 말았다.

> 프랭크라는 한 소년이 있었습니다. 이 소년에게는 아주 다정한 아버지와 어머니가 있었습니다. 프랭크는 아버지 어머니를 사랑하여 이야기를 나누거나 산책을 하며 함께 있는 것을 좋아했습니다. 프랭크는 아버지나 어머니가 하라고 하는 일은 기꺼이 했고, 하면 안 된다는 일은 하지 않도록 조심했습니다. 아버지나 어머니가 "프랭크야, 문 닫아라."라고 말하면 당장 달려가서 문을 닫았습니다. 또 아버지나 어머니가 "프랭크야, 이 칼에 손대지 말아라."라고 말하면 손을 움츠리고 절대로 칼에 손을 대지 않았습니다. 정말로 아주 말을 잘 듣는 소년이었습니다.

프랭크의 부모님이 "프랭크야, 마리아 에지워스의 책은 읽지 말아라." 하고 말하지 않은 것이 참으로 유감이다.

6. 좋은 책이란

괴테 Goethe는 《시와 진실 Dichtung und Wahrheit》 제1권에서 어린 시절의 독서에 대해 이야기하면서 독일에는 오랫동안 어린이를 위한 책이 하나도 없었다고 말했다.

그 시절에는 어린이를 위한 도서관이란 게 아직 갖춰지지 않았다. 어른들은 다음 세대를 이끌어 갈 어린이들에게 자신들의 교양을 전하면 그만이라고 생각했다.
존 아모스 코메니우스 John Amos Comenius의 《오비스 픽투스 Orbis Pictus》[7]를 제외하면 이런 종류의 책은 우리 손에 단 한 권도 들어오지 않았다. 그러나 메리안 Merian의 동판화가 들어간 대형 성서 같은 책은 자주 책장을 들춰볼 수 있었다. 또 같은 화가의 동판화가 들어간 고트프리트의 《연대기》는 세계사에서 가장 중요한 사건들을 가르쳐 주었다. 《고대어 향합 L' Acerra Philologica》[8]에는 여러 종류의 우화나 신화, 괴담이 실려 있는데, 나는 이것도 탐독했다. 이윽고 오비디우스의 《변형 Métamorphoses》을 접하게 되었고, 그 가운데서도 앞의 몇 장을 열심히 연구했기 때문에 나의 젊은 머리는 금세 숱한 그림과 모험, 형상, 중요하고도 경이로운 사건들로 가득 차

---

[7] 1658년에서 1659년 사이에 영역되었는데, 일반적으로는 특별히 어린이를 위해서 만들어진 최초의 그림책으로 알려져 있다.
[8] 고대사에서 유래하는 이야기를 모아놓은 것으로 피터 라우렘베르크 Peter Lauremberg에 의해 1637년에 출판되고 이후 다른 사람에 의해 증보되었다.

고 말았다. 지금까지도 나는 그때 얻은 것을 가공하거나 되풀이하거나 다시 재현하려고 노력하면서 조금도 지루하게 여긴 적이 없었다. 때로는 조악하고 위험하기도 한 이런 고풍스런 것보다 우리에게 경건하고 도덕적인 영향을 끼친 것은 페늘롱 Fénelon의 《텔레마크의 모험 Les Adventures de Telémaque》[9]이었다. 이것은 내 가슴에 대단히 감미롭고 유익한 영향을 주었다. 곧 《로빈슨 크루소》가 가세한 것은 당연하다. 앤슨 Anson 경의 《여행기 Voyage》는 진실의 위엄과 풍부한 상상력을 결부시키고 있기 때문에 지구의를 앞에 놓고, 머릿속으로 이 훌륭한 항해가를 따라 세계를 마음껏 누비고 다녔다.

그리고 나서는 많은 책을 접하며 한층 풍부한 성과를 얻었다. 그런 책들은 당시 체재면에서 보면 결코 우수한 것이라고 할 수 없지만, 적어도 내용면에서는 순수한 방법으로 과거의 공적에 접근시켜 주었다. 나중에 《통속 총서》, 《통속 문고》라는 표제로 세상에 알려져 눈부신 명성을 얻은, 소위 총서 출판사는 바로 프랑크푸르트에 있었다. 이런 책은 형편없는 종이에 납활자로 인쇄되어 있어서 읽기가 아주 힘들었다. 어린 우리들은 다행히 낡은 책방 입구에 있는 작은 책상에서 이런 귀중한 중세의 유물들을 날마다 찾아내어, 단돈 2, 3크로이처에 내 것으로 만들 수 있었다. 《오일렌슈피겔》, 《하이몬의 네 아들》, 《아름다운 멜루지네》, 《옥타비아누스 황제》, 《포르투나투스》, 그리고 《유랑하는 유태인》에 이르기까지 일련의 책들이 모두 우리 것이 되었다……. 또한 이런 책 가운데 한 권이 너덜너덜해져 못쓰게 되거나 실수로 파손되어도 금방 다시 손에 넣을 수 있다는 이점을 쥐고 있었다.[10]

격심한 진통을 거치고 마침내 어린이 문학이 탄생했다. 물론 이를 위해서는 많은 것이 필요했다. 어린이들의 읽을거리 속에 약간의 오락적 요소를 집어넣으려고 시도하기 전에 교육학을 전적으로 개편하는 일도 필요했을 것이고, 감정의 자각이나 영혼의 감동, 개인의 권리 의식 같은 것도 필요했을 것이며, 관점의 전적인 변화도 필요했을 것이다. 그리고

---

9) 그리스 전설에 나오는 오디세우스와 페넬로페의 아들인 텔레마크를 주인공으로 하여 페늘롱이 1699년에 쓴 소설. 당시 루이 14세의 손자를 교육시키기 위해서 썼다고 한다.
10) 쾨스터 H. L. Koester의 《독일 청소년 문학사 Geschichte der deutschen Jugendliteratur》에서 인용.

인간의 진실한 친구인 독일의 계몽주의 교육가, 바제도 Basedow 같은 사람이 필요했다. 바제도는 한 개혁가에게 귀중한 시사를 해주었는데 그는 바로 독일의 극작가, 크리스티안 펠릭스 바이세 Christian Felix Weisse였다. 바이세는 대가족의 가장이었는데, 1765년에 자녀들과 다른 아이들을 위해 어린이 노래집을 간행했다. 바이세는 그 속에 재미있는 노래를 집어넣어 철자 연습을 시키려고 시도하기도 했다. 그 뒤 1775년에 〈어린이의 벗 Der Kinderfreund〉이라는 잡지를 발간했는데, 이 잡지 덕분에 독일에서 그의 인기는 점점 높아져 갔다. 이어서 1784년에는 《어린이의 벗 가족의 왕복 서간 Briefwechsel der Familie des Kinderfreundes》을 간행했다. 이때부터 지칠 줄 모르는 그의 작품 활동이 시작되었다.

바제도에게는 확실히 교육적인 재능은 있지만 문학적인 재능은 없다는 점을 인정해야 한다. 이것은 크리스티안 펠릭스 바이세도 마찬가지였다. 그는 분명히 운문을 지을 수는 있어도 진짜 시를 쓸 수는 없었다. 그의 소품집에 수록된 시들은 제목만 봐도 실망스럽다. 예를 들면 "오, 즐겁고도 그리운 근면함이여!"라든가, "아! 친절한 사람이 되고 싶어!", "일어나라, 게으름뱅이여!", "어린이여, 꿀벌을 닮아라!" 따위를 보라. 이런 권유의 말들이 시의 제목이라니, 누군들 놀라지 않겠는가. 〈어린이의 벗〉에는 아직 유치한 점이 많다. 여기에 등장하는 아버지, 어머니, 아이들의 모습은 자연스러운 가족이라기보다는 상점의 마네킹처럼 보인다. 필로테크노스 선생이나 크로니켈 박사, 파피용 씨, 시인인 슈퍼리테에 이르면 더 이상 할 말이 없다. 그들은 그냥 내버려 두고 걸음을 재촉하여 앞으로 나아가 보자. 하지만 계속해서 가봐야 만나는 사람은 그들의 후계자나 모방꾼뿐이다. 더구나 질적인 면에서 보면 한층 더 떨어진다. 그저 펜을 쥐고 뭔가 쓰기만 하면 책이 되는 줄 아는 사람, 얼마 안되는 돈이지만 비교적 점잖은 방법으로 돈을 벌기 위해 글을 쓰는 사람,

사랑스러운 어린이를 위해 펜을 드는 사람, 그런 무리들이 나중에 교훈적인 이야기를 휘갈겨 썼다. 어린이 문학 사상 유례없이 미덕이 찬미되고, 그들의 머리 위로 교훈이 비처럼 쏟아져 내렸다. 그 무렵의 어른들은 독서를 통해 어린이들을 교화하고 선도하려고 안달이었다. 즉, 독서는 어린이들을 변화시키는 것임에 틀림없다고 생각했다. 이런 풍조는 그때까지 전혀 찾아볼 수 없는 것이었다. 라이프치히에 장이 서는 날이면 무수히 많은 책들이 북적대는 시장을 노리고 밀물처럼 밀려 들어왔다. 하지만 당시의 누군가가 말했듯이 그 중에는 진주도 호박도 없었고, 단지 텅빈 조개 껍데기밖에 발견되지 않았다. 그런데 이런 비판의 소리에 삽화가는 해당되지 않는다. 내용은 전혀 쓸모가 없어도 삽화는 훌륭한 경우가 허다했기 때문이다. 그러나 삽화는 전혀 다른 분야에 속하며, 지금 우리가 여기에서 다루는 주제도 아니다.

모든 것이 함께 뒤섞여 같은 시기에 똑같은 파멸의 위기에 직면한다. 바제도, 바이세, 그 밖의 다른 독일인들이 르프랭스 드 보몽 부인을 모방했다. 그런가 하면 베르켕은 바이세의 〈어린이의 벗〉을 열심히 베꼈고, 토머스 데이와 사라 트리머의 작품을 번역했다. 사라 트리머는 사라 트리머대로 장리스 부인의 작품에 감탄하여 그녀에게 뒤지지 않으려고 애썼고, 마리아 에지워스도 형편은 마찬가지였다. 영국인들은 장리스 부인의 《아델과 테오도르》나 《성에서 지샌 밤》을 번역하는 한편, 베르켕의 작품도 번역했다. 한 나라에서 다른 나라로 건너간 이 아무 맛도 없는 음식이 모든 유럽의 어린이들에게 제공되었던 것이다. 이렇게 18세기 말에서 19세기 초에는 어린이들을 위해 지어졌지만 그들의 소망은 조금도 들어 주지 못하는 문학이 주류를 이루며 발전했다. 그 문학이란 스스로의 문학성이나 어린이의 가장 확실한 기호조차 부정하여 대체로 어린이들에게 적합하지 않는 것들이었다. 그래서 그와 같은 문학이 사라진 지 100년이 훨씬 넘었지만, 여전히 모든 인류에게 엄청난 손실을 준 것으로 여겨진다.

드디어 그림 형제 The Brothers Grimm에서 안데르센 Andersen에 이르는 해방자들이 찾아왔다. 그들에 대해서는 나중에 다시 언급하겠지만, 그들의 전후 좌우에는 엄청나게 많은 사이비 학자와 멍청이들이 있었다. 아무 값어치도 없는 상품으로 이익을 얻으려는 사기꾼들이 그들 주위에 몰려들었던 것이다. 마치 묘지와도 같은 살풍경한 광경이었다!

이 즈음에서 슬슬 필자에 대한 항의가 나올 것이다. "당신은 아주 까다로운 분이군요. 도대체 어떻게 하면 당신 마음에 들까요? 저것도 쓸모없고 이것도 쓸모없다면 도대체 당신은 어떤 것을 요구하는 겁니까? 요정 이야기입니까? 그것뿐입니까? 어린이들에게 지식을 주거나 도덕을 가르치는 이야기만 나오면 금방 화를 내고 마니 그럼 어쩌라는 겁니까? 요컨대 알맹이가 하나도 없는 책이 아니면 당신 마음에 안 든다는 겁니까?"

그 질문에 대해 나는 이렇게 대답하겠다. "우선 책에는 여러 종류가 있다는 점을 말씀드리고 싶습니다. 그러므로 좋은 책이 있다면 반드시 내가 바라는 책이 아니어도 찬사를 아끼지 않을 작정입니다. 그럼 질문에 대하여 이제부터 내가 말하는 좋은 책이란 무엇인지 얘기해 보겠습니다."

나는 예술의 본질에 충실한 책을 사랑한다. 그것이 어떤 책인가 하면 직관에 호소하고 사물을 직접 느낄 수 있는 힘을 어린이들에게 주는 책, 어린이들도 읽자마자 이해할 수 있는 소박한 아름다움을 지닌 책, 어린이들의 영혼에 깊은 감동을 주어 평생 가슴 속에 추억으로 간직되는 책, 그런 책 말이다.

나는 또 어린이들이 즐겨 머릿속에 그리는 것을 그대로 담은 책을 사랑한다. 온 세상 삼라만상 속에서 특히 어린이들의 취향에 맞추어 선택된 것, 어린이들을 해방시키고 기쁘게 하며 행복하게 하는 이미지, 눈 깜짝할 사이에 어린이들한테 덤벼들어 그들을 현실 세계의 굴레로 얽매어 버리지 못하도록 지켜 주는 신비의 세계, 그런 것을 어린이들에게 주는 책을 나는 사랑한다.

어린이들에게 감상이 아니라 감수성을 자각시켜 주는 책, 인간다운 고귀한 감정을 어린이들의 마음에 불어넣는 책, 동식물의 생명뿐 아니라 삼라만상의 생명을 모두 중시하는 마음을 심어 주는 책, 천지의 만물과 그 만물의 영장인 인간 속에 있는 신비스러운 것을 헛되이 하거나 소홀히 하는 마음을 결코 어린이들에게 심어 주지 않는 책, 그런 책을 나는 사랑한다.

그리고 놀이라는 것이 대단히 소중하고 중요한 일임을 인식하고 있는 책, 지성과 이성을 단련하는 것은 반드시 당장에 이익을 낳거나 실제 생활에 이용하기 위한 목적이 아니며, 목적으로 해서도 안 된다는 점을 분별하고 있는 책, 그런 책을 나는 사랑한다.

나는 지식을 주는 책을 사랑한다. 그러나 그 책이 무엇이든 쉽게 깨닫게 해주는 것처럼 가장하고는 감쪽같이 어린이들을 유인해서 즐거운 시간을 낚아채려고 한다면 이야기는 달라진다. 그런 것은 말도 안 된다. 또 실제로 엄청나게 수고하지 않으면 깨달을 수 없는 것이 많으므로 그런 방법 자체가 터무니없다고 하겠다. 나는 어설프게 다른 것으로 가장한 문법이나 수학이 아니라 솜씨 좋고 적당하게 지식을 가르치려는 의도로 쓰여진 책을 사랑한다. 어린 영혼의 싹을 짓뭉개 버리는 주입식 책이 아니라, 영혼 속에 지식의 씨앗을 뿌리고 건강하게 기르려는 그런 책을 사랑한다. 지식을 과대 평가하고 만물의 척도로 삼는 과오를 저지르지 않는 책, 즉 지식의 한계를 올바로 이해하고 있는 책을 사랑한다.

특히 내가 사랑하는 책은, 모든 인식 가운데 가장 어렵지만 가장 필요한 것으로, 곧 인간의 심성에 대한 인식을 어린이들에게 심어 주는 책이다. 페로 같은 사람은 신비한 이야기를 들려 주면서 기지에 찬 매력적인 방법으로 남녀노소 누구에게나 올바른 지식을 준다. 그는 충분히 인간을 관찰하며 어려운 문장을 쓰지 않는다. 어렵기는커녕 얼마나 매력적인가! 그의 문장은 대단히 정확하고 진실하기 때문에 인간의 영혼 밑바닥까지 스며든다. 또 힘이 있어 인간의 정신을 원숙하게 하고 예지의 꽃을 피게 할 수 있다!《엄지동자》에 이런 문장이 있다. "아주머니는 가난했습니다. 하지만 아주머니는 이 아이들의 어머니였습니다." "이 피에로라는 아이는 아주머니의 큰아들이었습니다. 아주머니는 이 아이를 누구보다도 사랑했습니다. 피에로의 머리칼은 조금 붉은데, 아주머니의 머리칼이 조금 붉기 때문입니다." "나무꾼도 아내 못지않게 슬퍼하고 있었지만, 아내가 끈질기게 괴롭히자 참을 수가 없었습니다. 이 나무꾼도 다른 남자들과 마찬가지로 아내가 좋은 말을 해줄 때는 기분이 좋지만, 다 끝난 일을 가지고 끈질기게 물고 늘어지면 지겨워서 견딜 수가 없었답니다."

《장화 신은 고양이 Le Chat Botte》중에는 이런 문장이 있다. "카라바스 후작이 왕의 옷을 입자, 왕은 그 모습을 보고 감탄했습니다. 훌륭한 옷을 입고 나니 카라바스 후작의 잘생긴 얼굴은 더욱 돋보였습니다. 공주도 멋진 후작에게 마음이 끌렸습니다. 카라바스 후작은 부드러운 눈길로 조심조심 공주를 바라보았습니다. 여러분은 아직 눈치채지 못했겠지만 공주는 첫눈에 사랑에 빠지고 말았습니다."《잠자는 숲 속의 미녀 La Belle au Bois Dormant》에서 백 년 동안 잠들어 있던 미녀가 눈을 뜨고, 눈앞에 있는 잘생긴 왕자에게 처음으로 던진 말은 이렇다. "왕자님, 당신이군요? 당신이 오시길 오랫동안 기다리고 있었답니다." 페늘롱이 시에 대해 말한 것처럼 이런 이야기는 보통 사람들이 생각하는 것보다 더 유익하고 중요하다.

  끝으로 내가 사랑하는 책은 높은 도덕성을 지닌 책이다. 그러나 내가 말하는 도덕성은 가난한 사람에게 동전 두 닢을 주었다고 해서 자신을 자비로운 사람으로 여기는 그런 째째한 근성의 도덕이 아니다. 거짓 눈물을 흘린다든가 이웃 사랑을 모르는 경건주의, 부르주아적 위선 같은 한 시대 한 민족에 한정된 특수한 결점을 어떻게 해서든 장점인 양 가장하는 것도 아니다. 또 마음으로부터의 공감이나 개인의 노력 등은 완전히 무시하고, 앞뒤 가리지 않고 강한 자의 의지를 아랫사람에게 강요하는 그런 난폭한 도덕성도 아니다. 언제까지나 변하지 않는 진리, 인간의 영혼을 생기 있고 분발하게 하는 진리를 풍부하게 지니고 있는 책을 나는 사랑한다. 이기적이지 않고 성실한 애정을 갖고 있는 사람은 언젠가는 반드시 보답을 받을 것이고, 설령 다른 사람이 보답하지 않더라도 스스로에게 득이 될 만한 점이 많다는 사실을 가르치는 책, 선망이나 시샘이나 탐욕이 얼마나 추하고 저열한 것인지 보여 주는 책, 욕설을 하거나 거짓말만 하는 사람이 결국에는 입을 열고 뭔가 말할 때마다 살무사나 두꺼비가 튀어나오게 되고 말았다는 이야기를 담은 책을 나는 사랑한다. 요컨대 나는 진리와 정의에 대한 신뢰를 북돋는 역할을 하는 책을 사랑한다. 여기서 페로의 말에 다시 한 번 귀기울여 보자.

    어린이들로서는 아직 소화할 수 없는 진리, 전혀 재미있지도 않고 아무런 의미도 없는 진리가 있다. 물론 어린이들은 그런 것을 몹시 싫어하지만, 그 나이에 어울리게 재미있는 이야기로 부드럽게 포장하여 내밀어 주면 어린이들도 기꺼이 맛볼 것이다. 이런 방법으로 어린이들에게 진리를 가르친다면 부모들도 무척이나 기뻐할 것이다. 어린이들의 영혼은 맑고 그 감수성은 순수하다. 따라서 새로이 이런 교육을 받으면 놀랄 만큼 예민한 반응을 보인다. 그 영혼이 백지 상태인 만큼 모든 것을 흡수해 버리는 것이리라. 예를 들면 이야기의 주인공이 불행한 일을 당하면 그들은 슬퍼하고 의기소침해한다. 주인공이 행복해지면 뛸 듯이 기뻐한다. 또 악한 남자나 여자가 설치고 돌아다니면 안달을 하면서 지켜보지만, 마지막에 그런 무리가 벌을 받는 모습을 보면 무척이나 기뻐한다.

물론 이런 조건을 다 채우기는 어렵다. 나도 그런 사실쯤은 충분히 알고 있다. 이렇게 되면 어른을 대상으로 하는 좋은 책의 조건보다 어린이를 대상으로 하는 좋은 책의 조건이 더 엄격해진다. 게다가 어른을 위한 좋은 책도 그렇게 간단하게 만들어지지는 않는다. 그러나 단지 잔재주를 부려 이야기를 솜씨 있게 만들어 내어 어린이들이 소화하기 힘든 가짜 읽을거리를 던져 줌으로써 어린 영혼을 짓누르거나, 의젓한 도덕가 같은 태도로 교훈이나 지식을 선심 쓰듯이 내놓거나, 한술 더 떠서 단점이나 결점을 장점 내지 미점이라고 믿게 하여 어린이들을 그르치는 일은 무슨 일이 있어도 용서할 수 없다. 내가 어른이 어린이를 억압했다고 말한 의미는 바로 이런 것이다.

제2장
어린이는 어른으로부터 스스로를 지켜 왔다

1. 어린이는 스스로의 힘으로 차지한다

걱정하지 않아도 된다. 어린이라고 해서 저항하지 않고 억눌린 채로 만 있는 경우는 결코 없으니까. 어른들은 지배하고 싶어한다. 하지만 어린이들은 자유롭고 싶어한다. 어린이들로서는 격렬한 싸움인 것이다. 우리 어른들이 보기에 온갖 좋은 내용을 가득 담고 있는 책을 아무리 주려고 해도 어린이들은 원하지 않는다. 똑딱거리는 소리에 싫증이 나서 시계를 던져 버릴 때와 마찬가지로, 이젠 됐다는 얼굴로 책을 내팽개쳐 버린다. 그 책을 읽으면 박식하기로 유명한 저 이탈리아의 학자, 피코 델라 미란돌라 Pico della Mirandola보다 똑똑하고, 솔로몬보다 현명한 사람이 될 수 있을지도 모르는데 그렇다. 서점 주인은 어린 손님들을 끌기 위해 만든 책이 전혀 팔리지도 않고, 눈길 한번 끌지 못한 채 놓여 있는 모습을 슬픈 눈으로 바라본다. 그런 책은 어머니나 아버지, 삼촌이나 이모가 책 제목에 끌렸거나, 점원의 권유에 넘어갔거나, 아이들을 깜짝 놀라게 하려고 사지 않는 이상 좀처럼 팔리지 않는다. 하지만 자녀나 조카 입장에서 보면 예의상 책을 받기는 하겠지만 싫은 책을 굳이 읽어야 할 의무는 없다. 이것이 어린이가 스스로를 방어하는 방법이며 종종 이 방법을 이용한다. 글의 몇 문단을, 몇 페이지를, 또 몇 장을 건너뛰어 읽고 싶으면 힐끗 보고 넘기면 그만이다. 어린이들은 이런 일에 아주 익숙하다. 그들은 설교가 시작될 것 같다고 느끼면 곧장 이 방법을 써서 보기 좋게 빠져나간다.

　나는 그런 어린이들을 존경한다. 어른들은 아무리 진절머리가 났다고 해도 책을 휴지통에 던져 버리는 짓은 하지 않는다. 우리를 지겹게 만드는 것들을 모두 다 치워 버린다면 생활은 어떻게 될 것인가! 우리 어른들은 무슨 일이든 체념이 중요하다는 사실을 어느 정도 알고 있다. 조금 지루하더라도 나중에는 반드시 좋은 일이 있을 거라고 생각하면서 참는 버릇이 있다. 그런 이유로 어른들은 뒤에 나올지도 모를 재미있는 이야기를 기대하면서, 하품을 참고 마음을 다독이고 또 다독이면서 계속 읽는다. 그러나 어린이들은 절대로 그렇지 못하다.

　장리스 부인과 베르켕 씨, 유감스럽지만 이제 당신들의 작품은 사다리가 없으면 꺼낼 수도 없는 높은 선반 위로 옮겨지고, 결국에는 거기서 다시 창고로 옮겨질 운명에 놓이게 되겠죠. 영원한 승리를 확신하며 낙관하고 계실 영국의 귀부인 어린이 교육자 여러분, 당신들도 조만간 창고에 들어갈 각오를 하셔야겠군요. 물론 유별난 것을 좋아하는 사람들도 있으니까, 그 운나쁜 사람들이 어린이 문학이 걸어온 그릇된 길을 조사하기 위해 땅이 꺼지도록 한숨을 내쉬며 당신들의 책을 읽을지도 모르겠습니다. 그러나 그런 사람들을 제외하면 어느 누구도 당신들의 책을 읽지 않겠지요. 이론만 늘어놓고 틀에 박힌 생각밖에 할 줄 모르는 독일의 어린이 교육자 여러분, 당신들의 운명도 마찬가지인데, 모두 자업자득입니다. 어린이들은 더 이상 당신들한테 볼일이 없습니다. 어린이들은 이제 빳빳한 천으로 지은 이상한 치마나 끈 달린 바지를 입지 않겠다고 합니다. 또 시상식에 가면 수많은 작가 여러분이 단상에 뽐내고 앉아 있는 모습을 언제나 볼 수 있었고 지금도 보고 있지만, 당신들이 그렇게 뽐내는 것도 아주 잠깐입니다. 당신들의 책을 선물 받은 학생들은 도리상 그냥 덮어놓을 수는 없어서 자리로 돌아간 직후에는 책을 펴볼 것입니다. 사실 그때가 당신들의 책이 읽혀질 유일한 기회입니다. 하지만 그것도 5분 이상은 지속되지 않을 것입니다. 빨간 표지가 보이지 않을 정도로 더덕더덕 금박을 입힌 책, 그 책을 보면 당신들은 시상식 광경이 떠오를지 모르지만, 사실 그 책 때문에 어린이들한테 엄청난 보복을 당하게 될 것입니다. 당신들의 평판은 대단했습니다. 그만큼 당신들은 몇 세대에 걸쳐 수많은 어린이들을 잘못된 길로 인도한 것입니다.

나는 어린이들이 저항한다고 말했다. 어린이들은 처음에는 맹렬한 공격에 맞서 소극적인 방어 자세밖에 보이지 않지만, 다음에는 공격으로 전환해서 자기들이 왕으로 군림하고 있는 어린이 왕국에서 가짜 아군을 추방하려고 한다. 물론 누가 앞장서서 어린이들의 의견을 하나로 통일한 것도 아닌데, 그런 공감대가 확실히 존재하고 있다. 어린이들은 작품의 어디가 안 좋아서 마음에 들지 않는지는 설명할 수 없을지도 모른다. 하지만 마음에 들지 않는 책은 어쨌든 마음에 들지 않는 것이다. 나이가 몇 살이든 남자든 여자든 또 어떤 사회에 살고 있든, 어린이들은 가면을 뒤집어쓴 설교나 위선적인 수업, 품행이 방정하고 우수한 소년, 인형보다도 온순한 소녀 따위는 모두 싫어한다. 마치 외부로부터의 강제가 얼마나 무의미하고 유해한 것인지 은연중에 느끼는 것 같기도 하고, 불성실한 인간이나 거짓말쟁이 어른에 대해 느낄 수밖에 없는 증오를 세상에 호소하는 것 같기도 하다. 어른들이 끈질기게 읽기를 강요하면 어린이들은 할 수 없이 말을 듣기는 할 것이다. 그러나 말을 듣는 시늉만 할 뿐이지 진심으로 받아들이는 것은 아니다. 우리 어른들이 더욱 강제적으로 무언가를 강요하려 하면 어린이들은 과감하게 저항한다. 이런 투쟁이 계속되면 결국은 약한 쪽이 승리를 거두게 마련이다.

이것이 자연의 법칙이다. 기저귀를 차고 응애응애 울어대는 갓난아기가 마침내는 온 집안을 지배해 버린다. 모두들 아기가 요구하는 대로 들어주고 그 압제를 달게 받는다. 수염을 기른 건장한 사내가 아기에게 자신의 존재를 알리기 위해 요람 위로 몸을 구부리고, 지긋한 나이에도 일부러 꾸며낸 목소리에 요상한 발음으로 말을 건네곤 한다. 아기가 말을 하면 부모들은 그 말을 흉내낸다. 또 아기가 부모에게 우스꽝스럽고 귀여운 별명을 지어서 부르면, 즐거워하며 평생 그 별명으로 서로를 부르기도 한다. 그러다 보니 노인들이 어린애 같은 별명으로 불려서 사정을 잘 모르는 사람들을 어리둥절하게 만드는 경우도 있다.

빅토르 위고 Victor Hugo의 명성이 절정에 달했을 때의 일이다. 그가 거리를 지날 때면 파리 시민들은 모자를 벗어 경의를 표하곤 했다. 위고는 자존심과 자부심을 잃지 않고 지냈다. 그를 비판하고 공격하는 자들조차도 비판하기에 앞서 그의 천재성에 찬사를 바칠 정도였다. 또 위고 자신도 스스로를 현명한 사람, 예언자, 인간과 신 사이에서 태어난 반신으로 생각했다. 그는 단지 프랑스 문학을 혁신했을 뿐만 아니라 하나의 철학, 하나의 종교를 창조했고, 영혼의 입에서 흘러나오는 말까지 들었다. 그런데 그의 손자는 이 위대한 작가를 '파파파'라고 불렀고, 온 집안 식구들도 아이를 따라 파파파라고 불렀다. 그처럼 대단한 문호도 어린이에게는 이기지 못하는 법이다. 모두가 갓난아기의 기분을 맞추려고 애쓴다. 아버지는 가장으로서의 권위를 포기하고 그것을 갓난아기에게 물려주며, 아내의 사랑에서도 아기에게 밀려 두 번째 순위로 물러난다. 조용하던 생활이 갑자기 대단한 사건의 연속이 된다. 앞니가 처음 났다든가, 처음으로 반바지를 입었다는 일로 온 가족이 야단법석을 떤다. 머지않아 아이의 생일만 축하받게 될 것이다. 밥을 먹을 때도 부모끼리라면 대충 끼니를 때울 수 있지만 아이가 있다면 그렇지 않고, 옷도 초라하지 않게 입히려 한다. 자기 아이한테 좋은 식사와 근사한 옷을 주고 싶지 않은 부모가 어디 있겠는가! 물론 이 아이도 머지않아 어른이 되어, 자신의 아이를 낳고 그 아이에게 지배당하는 날이 올 것이다. 그러나 그날까지는 승리에 승리를 거듭하는 것이다.

어린이를 대등하게 다루지 않고 '친애하는 어린 독자 여러분' 따위로 부르는 책, 어린이들의 천성에 어울리지 않는 책, 아름다운 그림으로 눈을 즐겁게 해주지 못하는 책, 생기 넘치는 강렬한 표현으로 마음을 사로잡지 못하는 책, 학교에서 가르치는 것밖에 가르치지 못하는 책, 졸음은 자아내도 꿈은 이끌어내지 못하는 책, 어린이들은 그런 책을 단호히 거부한다. 그렇지만 반대로 어린이들이 특별히 어떤 작품을 골라 손에 넣으려고 결심한다면 지렛대를 가지고서도 그들의 생각을 바꿀 수 없다. 어린이들은 스스로 먹을 것, 입을 것을 구할 수 없고, 시간을 들여 배우지 않으면 아무것도 만들지 못하지만 일단 결정하고 나면 막무가내다. 그들이 원하는 것은 바로 저기 있는 저 책이지, 그 옆에 있는 책이 아니다. 어린이들은 모두 그 책을 원하고 있다. 그들은 그것을 꽉 붙잡고, 거기에 제 이름을 써넣고, 자기 것으로 만든다. 설령 그 책이 어린이들을 위해 쓰여진 이야기가 아니어도 상관없다. 그런 것은 아무래도 좋다. 문제는 그 책이 어린이를 매혹시키는 책인가 아닌가이다.

어린이들은 읽고 싶다고 생각하는 책 중에서 가장 훌륭하고 유명한 작품을 잘 알고 있어서 어떻게든 그 책을 손에 넣어왔다. 그런 책을 쓴 작가들은 단지 어른만 염두에 두었지만, 어린이들은 스스로의 힘으로 그것을 차지해 온 것이다.

2. 로빈슨 크루소

옛날에 성미가 까다롭고 완고한 한 노인이 있었다. 그는 아무래도 아이들한테는 영 인기가 없을 것 같은 노인이었다. 그 노인은 자식이 여덟 명이나 있었지만 이렇게 생각했다. 아들들은 머지않아 독립할 것이고, 딸들은 결혼할 때가 되면 애교 섞인 목소리로 지참금을 졸라댈 테니 그때 돈만 내주면 된다. 그럼 내 의무는 다 끝나게 된다. 이런 생각을 품고 있던 노인이 바로 저 유명한 다니엘 디포 Daniel Defoe이다. 자기 아이들도 그다지 사랑하지 않은 이 남자가 어떻게 남의 아이들을 위해 작품을 썼을까?

무엇보다도 그는 돈을 벌기 위해 글을 썼다. 과거 위세가 대단하던 시절에 제법 화제의 인물이었던 그는 언제까지나 그렇게 지내고 싶었다. 예전에는 대단한 격찬과 비판, 중상모략과 경멸, 감탄을 한몸에 받던 그였다! 그런 일은 뇌리에서 잊혀지지 않는 법이다. 그는 은퇴하려고 결심했을 때조차도 자신의 이름이 적어도 런던의 서점이나 카페에서는 옛날처럼 명성을 떨치기를 바랐다. 그는 고백의 글을 장황하게 써놓았다. 그의 창작력은 나이가 들어서도 쇠퇴할 줄을 몰랐다. 디포는 귀족, 중산층, 세계를 두루 돌아다니며 사업을 벌이는 무역업자, 모험소설을 몸서리치게 애독하는 귀부인에 이르기까지 숱한 사람들에게 읽히고자 글을 썼다. 그러나 그의 머릿속에 어린이들은 없었다.

 런던의 초등학교에서 어린이들의 코를 풀어 주는 선생님이나 가정 교사 같은 건 도저히 그의 취향에 맞지 않았다. 가족들은 그가 목사가 되기를 바랐다. 하지만 그가 꿈에도 그런 가족들의 희망을 따르려 하지 않은 것은 현명한 처사였다. 그는 확실히 천주교나 기성 교회를 싫어했다. 그러면서도 어떤 일을 당해도 동요하지 않고 설교하거나 훈계하려는 경향이 있었다. 그러나 선과 악의 개념을 명확히 구분하지는 않았다. 그는 장사꾼이었지만, 절약과 안전 제일주의를 좌우명으로 삼아 평생 계산대 앞에 앉아 있는 인색한 장사꾼은 결코 아니었다. 천재적인 상술을 믿고 하나부터 열까지 승부하기를 좋아했다. 그래서 하룻밤에 한밑천 잡을 수도 있고 잃을 수도 있는 투기사업에 열을 올렸다. 또 이렇게 번 돈을 닥치는 대로 써 버렸기 때문에 부유한 생활을 하면서도 늘 돈에 쪼들렸다. 그러나 그가 가장 정열을 쏟은 분야는 정치였다. 어떤 주의를 받들고, 그것을 옹호하고, 신문을 발행하여 매일 아침마다 자신의 정견을 신고, 팜플렛을 뿌려서 적의 약점을 찔러 상처를 내고, 폭력에는 폭력으로 보복하고, 요란한 비난의 폭풍 속에 의연하게 버티고 서서 허구한 날 격렬한 싸움을 거듭하는 일은 얼마나 즐거운가! 또 얼마나 살맛나는 일인가! 그러나 어떤 일이든 영고성쇠가 있게 마련이다. 고관대작들과 왕에게 총애를 받으며 일시적으로 권력에 관여해 봤자 왕이 죽으면 그뿐이다. 권력이 다른 사람의 손에 넘어가면 단번에 그 자리에서 쫓겨나고 만다. 더구나 권력의 분노를 살 만한 글이라도 썼다가는 머리가 잘린 채 효수대에 매달리는 신세가 된다. 1703년에 디포는 그와 같은 처지에 놓였다. 그러나 당시 그는 아직 군중들로부터 지지를 잃지 않고 있었다. 그는 광장 한가운데 놓인 기둥에 매달려 구경거리가 되었어도, 민중한테 욕을 먹거나 침 세례를 당하지 않고 오히려 격려의 박수를 받았다. 하지만 디포는 언제까지나 그렇게 살지는 않았다. 타성에 몸을 맡긴다는 것은 위험한 일이다. 처음에는 주의를 위해 용감하게 싸웠지만, 차츰 주의를 지키는 일보다는 그 싸움이 가져오는 결과나 여론, 성공, 돈을 생각하게 되었다. 심지어 아주 상반되는 두 가지 주의나 입장을 옹호하는 일까지 생겼다. 처음에는 이것을 나중에는 다른 것을 지지하다가 급기야 두 가지를 동시에 변호하기에 이르렀다. 그는 밀정, 스파이, 배신자가 되었고, 육순이 가까워지자 자신의 처지가 좋지 않다는 사실을 깨달았다. 그는 싸움을 포기하고 런던을 떠났다. 이제 일선에서 활약하기에는 너무 나이를 먹은 것이다. 그는 시골에 자리를 잡고서 은둔 생활을 시작하였다.

그렇지만 죽음이 찾아오지 않는 이상, 다니엘 디포에게 은둔 생활이란 없었다. 그는 그곳에서도 여전히 좋지 않은 일들을 계획하거나, 의심스런 사업에 손을 대거나, 아가씨들과의 말다툼으로 흥분하곤 했다. 그는 어떻게 해서든 쪼들리지 않는 쾌적한 생활을 원했다. 마침내 디포는 다시 펜을 들고 소설가가 되었다. 후안페르난데스 섬에서 4년 4개월 동안 거의 야만인처럼 생활하다가, 마침내 런던으로 돌아와 세인의 주목을 한몸에 받은 스코틀랜드 선원인 셀커크의 이야기가 그의 영감을 강하게 자극했다. 출판사는 한시라도 빨리 그의 원고를 받으려 했고, 디포도 얼른 돈을 받고 싶었기 때문에 쓴 것을 다시 읽어보지도 않고 부지런히 써댔다. 다음은 《로빈슨 크루소 Robinson Crusoe》의 표지에 적힌 글이다.

> 요크의 선원, 로빈슨 크루소의 신기하고 놀라운 모험. 로빈슨은 오리노코 하구 부근의 미국 해안에 있는 무인도에서 28년 동안 홀홀단신으로 지냈다. 난파당한 뒤 다른 선원들은 모두 죽고 혼자 이 무인도의 해변으로 떠밀려왔다. 이 책에는 그가 해적들한테 구출되던 당시의 기기묘묘한 이야기도 아울러 실려 있다. 이 작품은 런던에서 크루소가 직접 썼고, 페이터 노스터 로우 가에 있는 배 모양의 간판을 내건 W. 테일러의 명의로 인쇄되었다.

《로빈슨 크루소》는 1719년에 출간되었는데, 이 책만큼 전세계적으로 명성을 얻은 작품도 드물다. 전세계의 수많은 어린이들이 이 책을 그들의 책이라고 꼽았기 때문이다. 이 책의 충실한 독자들은 그들의 우상을 쉽게 잊지 못한다. 디포가 어린이들을 위해 이 작품을 쓴 것은 아니었지만, 그러한 사실이 어린이들의 욕구를 막을 수는 없었다. 어린이들은 《로빈슨 크루소》를 읽자마자 재미있다고 생각했다. 하지만 무거운 교훈적 요소가 많이 포함되어 있어, 이야기를 끌고 나가는 힘이 상당히 약해지는 단점이 있었다. 그러나 어린이들은 그런 이차적인 것은 깡그리 무시해 버렸다. 인간은 끊임없이 변화와 불운에 직면하는 법이라든가, 성공과 번영이 계속될 때 방심하고 있으면 엄청난 불행에 휩쓸릴 우려가 있다든가, 은혜를 갚는 것이 인간의 타고난 미덕은 아니라든가, 자신의 운명에 만족하지 않는 자는 언젠가 하느님의 심판을 받고 더 나쁜 운명에 처하게 될 테니 그게 싫으면 작은 행복으로 만족해야 한다는 따위의 적당한 설교, 뻔한 진리는 분명 유익하고 훌륭한 교훈을 많이 포함하고 있다. 하지만 그런 것들은 아무래도 독자를 지루하게 만드는 데다가 계속해서 나오기 때문에, 줄거리가 아무리 재미있어도 독자 입장에서는 불쾌할 수밖에 없다. 그러나 어린 독자는 그런 글에 익숙하므로 불필요한 내용은 다 버리고 재미있는 부분만 골라서 흡수한다. 그것만이 아니다. 청교도적 정신으로 일관된 이 책은 로빈슨의 모험을 천벌이라고 하지만, 어린이들은 결코 그렇게 받아들이지 않는다. 이 책의 의도대로라면 다음과 같이 될 것이다. 아들이 아버지의 반대를 무릅쓰고 선원이 되려 한다면 28년 동안 무인도에 유배될 것이다. 그러나 그것도 자업자득이니 어쩔 수 없다. 폭풍우, 난파, 토인의 습격, 전쟁과 같은 것들은 모두 부모님의 뜻을 거슬렀기 때문에 받는 천벌이다. 반대로 로빈슨에게 닥친 이 고난이 어린이들의 눈에는 용감한 자나 강한 인간에게 주어지는 멋진 상으로 보인다. 이렇게 되면 어른들도 어린이들의 요구를 받아들여 이 책을 어린이용으로 다시 만들 수밖에 없다. 어른들은 즉시 정원사가 가지를 솎아내듯 원작에서 장황하고 번거로운 부분을 빼버리고, 어린이들이 좋아할 만한 산뜻한 내용으로 바꾼다.

　남은 문제는, 우선 디포가 대단히 고심하여 만들어 낸 이야기의 신빙성이다. 로빈슨이 하는 이야기는 하나도 거짓말 같지가 않다. 로빈슨처럼 세심하고 꼼꼼한 사나이가 거짓말을 할 리 없기 때문이다. 그는 온갖 상황을 상세하게 설명하기 때문에 그가 만든 가공의 이야기는 생생한 현실감을 띤다. 물론 로빈슨은 우리가 흔히 보는 소설의 주인공과는 다르다. 우리와 똑같이 뱃멀미도 하고 물도 마시고 음식도 먹고 잠도 자며 병에도 걸리기 때문이다. 또 숫자를 정확히 기록하는 습관이 있다. 예를 들면 아프리카 여행에서는 5파운드 9온스의 사금을 얻는다. 측량한 거리도 일일이 기록되어 있는데 1cm, 1mm의 오차도 없다. 그는 무인도에 남겨진 가장 비참한 상황에서조차 여전히 덧셈과 뺄셈으로 생활을 설계할 수 있는 사람이다. 어느 날 한 무리의 야만스러운 식인종이 배를 타고 그가 있는 섬으로 찾아온다. 식인종들은 포로 한 명을 처형하려고 준비하기 시작한다. 그것을 본 로빈슨은 부하인 프라이데이를 격려하면서 식인종들에게 총을 겨누고 다가가 발포한다. 그 결과 많은 사상자가 발생했고, 그는 제때에 포로를 구해 낸다. 결국 그 스페인 포로도 생명의 은인들과 함께 싸워 마침내 식인종을 섬멸해 버린다. 이로써 이 사건은 막을 내리는데, 로빈슨은 다음과 같은 상세한 명세표를 만들었다.

최초의 발포로 죽인 사람	3명
다음 발포로 죽인 사람	2명
카누 속에서 프라이데이가 죽인 사람	2명
프라이데이가 일격을 가해 죽인 사람	2명
프라이데이가 숲 속에서 죽인 사람	1명
스페인 포로가 죽인 사람	3명

프라이데이가 여러 곳에서 상처를 입고 쓰러져 있는 걸	
발견하여 죽인 사람	4명
카누에서 도망친 사람, 이 중 한 명은 죽지는 않았지만	
부상을 입었음	4명
합계	21명

 이렇게 꼼꼼한 성격은 결코 변하지 않는다. 그가 쓴 생활기록을 보면 참으로 자세하다. 그가 데리고 있던 동물, 뜰에 심어 둔 나무, 오두막집의 벽, 도랑, 요새, 무기, 냄비, 항아리까지 하나도 빠짐없이 기록되어 있다. 또 일상생활에서 일어난 사건도 모두가 정말 일어난 것같이 쓰여 있고, 몇월 며칠 어떤 상황에서 일어났는지도 알 수 있도록 되어 있다. 어린 독자들은 이런 빈틈 없는 사실성에 마음을 빼앗겨 작품을 쓴 작가를 완전히 믿어 버린다. 그들은 모든 것을 작가한테 맡기고 마냥 독자로서의 기쁨에 젖어 즐긴다. 그들은 디포가 이야기하는 이 항해가 과연 디포 자신이 체험한 것인지, 이 책에 나와 있는 지도대로 정말 항해할 수 있는 것인지 의심해 보지도 않고, 작가가 이야기하는 대로 순순히 따른다. 독자들은 작가의 이름 같은 건 신경쓰지도 않는다. 로빈스 크루소의 모험 이야기를 쓴 사람은 틀림없이 로빈슨 자신이라고 믿어 버린다. 어쩌면 어린 독자들은 그 점에서 어른보다 영리할지도 모른다. 어른들은 작가의 분신인 가련한 인간이 이야기 속에서 경험하는 인생 역정을 흥미롭게 바라보고 있다. 그리고 그 인간의 애정과 비참한 생활, 결점을 빠짐없이 살피고 거기서 작가의 삶을 끌어내고자 한다. 어른들은 그런 흥미에 사로잡혀 작가의 참모습을 결코 파악할 수 없다는 사실, 또 작가란 스스로 그런 사람은 될 수 없지만 은근히 마음 속에 품고 있는 인간상을 작품 속에서 구현하려 한다는 사실을 잊어버린다.
 수염을 길게 기르고, 끝이 뾰족한 모자를 쓰고, 동물의 털가죽을 걸치고, 언제나 총과 양산을 들고 다니는 주인공 로빈슨 크루소의 모습은 얼

마나 기묘하고 놀라운가! 그의 어깨에 올라앉은 앵무새도 얄미울 정도로 효과적이다. 게다가 이 사나이는 얼마나 대활약을 펼치는가! 그는 독자들에게 인기를 얻는 방법을 참으로 잘 알고 있다! 그는 우리들의 마음을 사로잡는다. 우리는 그의 생활을 보고 호기심에 사로잡혀 동정을 보낸다. 하지만 단지 그것만이 아니다. 그가 가는 곳마다 우리가 "헉!" 하고 숨을 죽일 만한 사건들이 기다리고 있다. 바닷가 모래밭에 맨발 자국이 있다! 도대체 누구의 발자국일까? 그는 이것을 보고 희망을 가졌을까, 아니면 두려움에 떨었을까? 이윽고 저 흉악한 식인종들이 찾아온다. 잔인하게도 포로를 불에 구워먹으려는 것이다! 하지만 이번에는 식인종보다 더 악질인 뱃사람들이 반란을 일으킨다. 책은 참을성 없고 호기심으로 가득 찬 어린이들의 손끝에서 금방 너덜너덜해지고, 손때로 꼬질꼬질해진다. 그것은 이 책이 단순히 로빈슨 크루소의 모험 이야기가 아니라는 증거이다. 이 책은 어린이들의 꿈을 가득 싣고 웃음과 눈물을 자아내면서 그들의 마음을 단단히 사로잡는다. 이 마법의 책은 수천 수만의 어린이들을 모험의 열기로 달아오르게 했다. 옛날에 뱃사람 신드바드나 그리스의 오디세우스가 불을 붙인 격렬한 정열을 이제 이 책이 물려받은 것이다. 모험을 좋아하는 열두 살짜리 소년이라면 누구나 이 책의 매력에 사로잡힐 것이다. 그들은 자신이 집을 떠나 용감하게 배를 타고 항해하다가 난파당하여 신비스러운 나라에서 생활하고 있다고 생각한다.

어린이들은 뜰이나 집 안에서 로빈슨 크루소 놀이를 했다. 가장 힘이 센 아이가 로빈슨 역을 맡고, 가장 의리 있는 아이가 프라이데이 역을 맡았다. 놀이만으로는 성에 차지 않아 정말로 모험 여행에 나서는 소년들도 가끔 있었다. 그들은 어느 날 아침, 단단히 각오를 하고 살짝 집을 빠져 나간다. 물론 소년들의 행선지는 항구다. 누군가 말해 주었다. 항구에 가면 거대한 배가 당장이라도 닻을 올리고 드넓은 바다를 향해 출항할 준비를 하고 있다고. 마음은 벌써 선창으로 날아가 있는 소년들은 넓은 길을 쉬지 않고 달렸다. 이것이 바로 미지에 대한 강한 동경, 불확실한 것을 실현시키고 싶어하는 어린이들의 모험 정신인 것이다. 디포 아저씨의 책을 읽고 그들이 느낀 것은 평생토록 방랑, 유랑의 생활을 하고 싶다는 욕망이었다. 누구나 가슴 속에 품고 있는 여행에 대한 강렬한 동경이 그들 마음에 생겨난 것이다. 셀마 라게를뢰브 Selma Lagerlöf[11]의 이야기에 나오는 거위처럼, 하늘을 날아가는 기러기떼가 자기를 부른다고 믿고, 그들과 합류하기 위해 날아오른다. 구름보다 높이, 창공을 향해 쏜살같이. 어린이는 어른보다 쉽게 믿고 여간해선 환멸을 느끼는 법도 없다. 인간의 조상은 원시적 본능에 따라 마음 내키는 대로 강인한 생활력으로 살아왔다. 이 책에 그려져 있는 것은 바로 그러한 본능이며, 어린이들은 그것을 충실히 따라 나간다. 우리의 가장 오랜 선조가 세상을 이리저리 돌아다니던 시대에 대한 기억이 어린이들을 뒤흔들어 놓은 것일까? 아니면 먼 나라에서 들려오는 소리가, 옹색한 섬에서 탈출해서 육안으로는 보이지 않는 왕국으로 오라고 유인하는 것일까?

물론 어린이들은 뭔가 파괴하는 것을 좋아한다. 하지만 만드는 것도 좋아한다. 어린이들은 자기 마음에 드는 재료를 손에 넣으려고 물건을 부수기까지 한다. 만들거나 조립하는 일은 그들이 제일 좋아하는 놀이 가운데 하나이다. 어린이들은 두꺼운 종이로 만든 집, 나무로 지은 궁전, 게다가 요즘에는 자동차, 비행기, 온갖 종류의 기계장치가 달린 장난감을 너무나도 좋아한다. 따라서 로빈슨 크루소의 이야기에서 창의력과 활기를 발견하고 이끌리는 건 당연한 일이다. 어린이들이 먼저 느끼는 것은 공포이다. 그들도 난파당한 친구 로빈슨과 마찬가지로 미지의 땅에 던져져 있기 때문에, 그 땅을 정확히 알기 위해서는 오랜 시간 동안 충분히 탐험해야 한다. 그들은 또한 로빈슨처럼 주위에 장막을 치는

---

11) 스웨덴의 소설가로, 1909년에 여성으로서는 최초로 노벨상을 받았다. 주요 작품으로는 《크리스트 전설집》, 《닐스의 이상한 모험》 등이 있다.

어둠을 두려워한다. 내일 다시 해가 뜨리라고 누가 장담할 수 있을까! 추위와 굶주림이 엄습해 오자 모든 것을 두려워할 수밖에 없다. 그러나 점차 기운을 되찾고 냉정해져서 마침내 자신의 판단에 따라 생활하게 된다. 마치 로빈슨이 생활을 다시 추스리려고 했을 때 그랬던 것처럼.

 난파된 배를 그대로 내버려두면 파도에 부서지고 말 것이다. 로빈슨은 그 배까지 헤엄쳐 가서 뗏목을 만들고, 식량과 그 밖의 물품들을 싣고 돌아온다. 그는 당장 필요한 것, 가까운 장래에 필요할지도 모르는 것, 또 10년 뒤에 필요할지도 모르는 것까지 모두 소중히 여긴다. 의류, 연장, 그물, 쇳조각, 그 어떤 것도 소홀히 여기지 않는다. 다행스럽게도 아직 침몰하지 않은 배로 가서 면도칼, 포크까지 다 들고 돌아온다. 그는 이렇게 말한다. "날씨만 좋았다면 배를 통째로 육지까지 옮겨왔을 텐데……." 하지만 이것은 단지 시작에 불과하고, 마침내 제2의 싸움을 시작한다. 그는 단순히 생존하는 것만이 아니라 문화적인 생활을 원한다. 집과 침대, 탁자, 이불이 필요했다. 그것은 비바람을 피해 기분 좋게 잠자는 것이 즐거워서라기보다 무인도에서 야만인으로 살아가야 하는 운명에 대한 의지의 승리를 확인하기 위해서이다.

 시간은 물처럼 흐른다. 까딱 잘못하면 시간은 손가락 사이로 흘러내리고 기억 속에서도 도망쳐 버린다. 그는 시간을 단단히 붙잡아 두기 위해, 날과 달과 해가 지나는 것을 나무에 새겨 표시해 두었다. 그는 인간답게 하루하루를 규칙적으로 보내기로 한다. 그는 당연히 주변에 있는 동물들과는 다르다. 육체를 구한 것처럼 정신도 구하기 위해 노력한다. 뭐든지 좋으니 생각하려 하고 그 생각을 종이에 적는다. 그는 기억을 간직한 덕분에 자아를 잃지 않는다. 그것이 바로 로빈슨이 한 일 가운데 가장 훌륭하고 감동적인 일이다. 즉, 모든 인간의 본성에 자리잡고 있으면서 인간을 망각이나 때로는 절망으로 몰아세우는 적을 발견하고 그 적에 도전한 것이다. 로빈슨은 곧잘 어제 한 일은 참으로 재미없고 몹시 불충분했다고 반성한다. 그 덕분에 내일의 로빈슨은 오늘의 로빈슨보다 한 단계 뛰어나고 숙련된 인간이 된다. 그는 이미 어제의 지친 인간, 하는 일마다 변변찮은 결과밖에 얻지 못하는 로빈슨이 아니다. 이 경쟁 상대와 싸우며 그는 나날이 발전해 갔다.

태풍이나 지진, 모든 걸 삼켜버릴 듯한 무시무시한 홍수, 질병과 열병 같은 어떤 천재지변이 닥쳐와도 이제 그것과 겨룰 수 있는 자신감이 생긴다. 그는 잇달아 경이로운 일들을 이루어낸다. 장식을 통해 가구나 토기를 단순한 살림도구가 아닌 예술품으로 승화시킨다. 그는 다시 사회를 이루기도 한다. 개 한 마리와 번식력이 있는 암코양이 두 마리, 새끼 산양 몇 마리, 사람의 목소리를 듣는 듯한 착각을 주는 앵무새 몇 마리, 그 밖에 잘 길들인 새들이 그가 만든 사회의 구성원이다. 어느 날, 토인이지만 마음씨 착한 프라이데이가 나타난다. 게다가 프라이데이의 아버지까지 불쑥 합류한다. 이렇게 조금씩 동료가 늘고 마침내 유럽인까지, 바로 그 스페인인 포로도 합류한다.

> 그후로 섬에는 인구가 늘었고 내 부하도 제법 늘어났다. 마치 왕이 된 듯한 기분이 들어 몹시 유쾌했다. 우선, 섬 전체가 내 영토였기 때문에 나의 권리는 절대적이고 누구한테도 간섭받을 일이 없었다. 둘째, 부하들은 절대적으로 복종했다. 나는 그들의 지배자이며 또한 최고의 입법자였다. 모든 사람이 내 덕분에 살고 있으니 필요하다면 나를 위해 목숨을 던질 각오도 되어 있었다. 그런데 한 가지 주의해야 할 사항이 있었다. 나에게는 세 명의 부하밖에 없지만 그 세 사람이 각기 다른 종교를 믿고 있었다. 프라이데이는 신교도이고, 식인종인 그의 아버지는 이교도이며, 스페인인은 천주교도였다. 이런 사정을 염두에 두고, 나는 내 나라의 국민에게 신앙의 자유를 인정하기로 했다. 하긴 이런 사실은 모두 농담에 불과하지만.

그렇지만 반드시 농담만은 아닐 것이다. 그의 말에는 농담이라고만 받아들일 수 없는 긴장감과 자부심이 엿보인다. 창조자 로빈슨은 내심 자신의 업적을 훌륭히 평가하며 스스로 찬미하고 있는 게 틀림없다.

장의 딸 쉬잔[12]이여, 우리와 같은 시대를 살아가는 우리의 여자친구 쉬잔이여! 그대의 배는 태평양의 한 섬에서 난파당하고, 그 덕분에 그대는 감미롭고 편안한 고도에서의 생활을 발견하였다. 포근한 잠자리가 되어 주는 보송보송한 모래밭, 목욕하기에 좋은 맑은 물, 목을 축여 주는 향기로운 과일, 아름다운 날개를 가진 새들, 눈을 즐겁게 해주는 진주빛 물고기 떼. 그 섬에서는 평생 일하는 수고 따윈 모르고 한가로이 지낼 수 있었다. 그런 곳에서 악착스레 일하는 것이 무슨 소용이 있겠는가. 쉬잔이여, 그대는 로빈슨이 무척 바보 같은 사람으로 보일 것이다. 그는 문명의 억압에서 벗어나 고도에서 원시 생활을 즐길 수 있는 행운을 잡았는데도, 마치 문명의 노예처럼 그곳에서 다시 문명에 얽매이려고 여러 모로 고심하며 노력하니 말이다. 그대는 아름답다. 우리는 그대를 사랑하고 있다. 태평양에서 자취를 감춘 쉬잔이여, 그대의 우아함, 격정적인 정열, 역설을 내세우면서도 역설처럼 보이지 않게 하는 훌륭한 화술, 넘치는 재치! 우리는 그대를 만나 그대의 사랑스러운 목소리에 도취되고 그대의 눈을 통해 모든 것을 새롭게 보고 싶다. 그러나 그렇게 할 수 없다. 우리는 완전히 문명에 감염되어 감각이 무뎌지고 말았다. 하지만 그대라면 우리의 감각을 자극하여 그것을 되살릴 수 있는 방법을 알고 있을 것이다. 그렇게만 해준다면 그대는 무한한 감사와 축복을 받을 것이다.

그러나 쉬잔 그대조차도 어린이들의 왕국에는 들어가지 못하리라. 어린이들은 그대가 하는 일을 제대로 이해하지 못할 게 분명하다. 로빈슨은 어떻게 하면 어린이들의 마음에 쏙 드는 세계를 건설할 수 있는지 알기 쉽게 가르쳐 주었다. 그래서 어린이들에게 로빈슨과 그대, 둘 중에서 어느 쪽을 선택하겠느냐고 물으면 늙은 로빈슨을 택할 게 뻔하다.

---

[12] 프랑스의 소설가이자 극작가인 장 지로두 Jean Giraudoux가 1921년에 발표한 《쉬잔과 태평양 Suzanne et le Pacifique》의 여주인공이다.

3. 걸리버와 돈 키호테

어린이들은 어떻게 조나단 스위프트 Jonathan Swift를 어른들의 손에서 빼앗았을까?

스위프트는 아마 어린이들을 무섭게 했을 것이다. 그의 작품을 보면 한눈에 알 수 있듯이, 그는 사람들을 공포로 떨게 만드는 천부적인 재능을 신에게서 부여받은 듯하다. 무엇보다도 그는 너무나도 명민해서 사람들 마음 속에서 일어나는 일들을 단숨에 간파할 수 있었다. 이보다 위험한 인물은 없다. 그는 적이나 친구, 자기 자신에 대해서도 엄격했다. 이를테면 거품을 보면, 설령 그것이 아름다운 무지개 빛깔로 빛나고 있더라도 무참히 터뜨려 버렸다. 그는 자주 화를 냈지만 자신이 왜 화가 났는지 정확하게 알고 있었다. 반면에 너무나도 감수성이 예민해서 타격을 받으면 몹시 상처를 입었다. 그러면서도 그것에 반격하는 일은 옳지 않다고 느꼈고, 남한테 위로받는 것조차 용납하지 않았다. 그래서 그는 늘 괴로워했다. 이런 상태가 계속되다 보니 사람들은 더 이상 그를 동정하지 않았다. 친구들이란 기꺼이 아픔을 위로해 주는 법이다. 그러나 진정으로 위로를 받고 싶다면 너무 오랫동안 괴로워하지 않는 편이 현명하다. 그런데 스위프트는 늘 괴로워하고 고뇌하는 사람이었다. 트리니티 컬리지를 다니는 동안에도 가난하여 큰아버지가 학자금을 대준다는 것, 자기가 교사들보다 뛰어나다는 것, 학교의 정규 과목이나 시험 과목이 도통 재미가 없어서 다른 일에 흥미를 가진다는 것 등의 이유로 괴롭지 않은 날이 없었다. 영국의 외교가 윌리엄 템플 Sir William Temple의 집에서 일할 때도, 특권층에 속하는 비서라는 직업을 이용해 충분히 공부할 수 있었고 좋아하는 일도 할 수 있었다. 다른 사람 같으면 그런 생활에 만족하고도 남았을 테지만 그는 오히려 괴로워했다. 그는 훈장을 받았을 때도, 권력 다툼에 몸을 던졌을 때도, 휘그 당원으로서 토리당을 공격했을 때도, 토리 당원으로서 휘그당을 공격했을 때도 역시 괴로워했다. 실각한 후, 고향 아일랜드로 돌아가 더블린에서 세인트패트릭 성당의 주교로 임명되었을 때도 끝없이 번민했다. 미남이었던 그는 넘치는 기지와 탁월한 박식함으로 사람들을 놀라게 했으며 누구에게나 관대하고 늘 약자의 편이 되고자 애썼다. 그에게 부족한 점이 있다면 인내심이나 온건함과 같은 두세 가지 덕목이었다. 그런데 그런 것들은 부차적인 요소로, 사실 그와 같은 천재적인 사람에게 그다지 필요한 덕목은 아니었다. 그러나 그런 장점까지도 갖추었다면 아마 그의 삶은 완전히 달라졌을 것이다. 마음 속에 우울의 씨앗을 숨기고 있는 사람들은 다른 사람의 마음을 매혹시키면서 불쾌감도 일게 하는데, 그도 그런 부류에 속했다. 그 씨앗은 시간이 지남에 따라 점차 크게 자라난다. 사실 스위프트는 나이가 들면서 점차 분별력을 잃어갔다.

그는 천성적으로 풍자적인 정신을 갖고 있었다. 이 점에서는 그를 당해낼 자가 없다. 그런데 풍자란 어린이들은 이해하지 못하는 놀이다. 아일랜드에서는 부모나 국가가 어린이들을 부양하지 않아도 좋다고 하는 제안을 한다면 그것이 풍자임을 모르는 어린이들로서는 결코 기분이 좋지 않으리라. 스위프트는 이렇게 말했다. "아일랜드에 어린이들이 너무 많다는 것은 엄연한 사실이다. 어렸을 때부터 구걸을 하거나 다른 사람의 물건을 훔치는 기술을 배워두지 않으면, 사실 생계가 막막한 경우가 허다하다. 뭔가 대책이 없을까? 열두 살 이전의 어린이들은 상품 가치가 거의 없어서 노예로 팔 수도 없다. 그런데 나는 정확한 판단력을 지닌 한 미국인을 알고 있다. 언젠가 런던에서 만났을 때 그는 내게 이런 말을 했다. '생후 1년쯤 된 갓난아기, 아주 건강하고 모유도 충분히 먹어 포동포동 살찐 갓난아기를 삶거나 불에 굽거나 찌거나 오븐에 구워먹으면 아주 맛있습니다. 게다가 몸에도 좋고 영양가도 만점이지요. 갓난아기를 얇게 저며 소스를 넣고 끓이거나 스튜 요리를 만들어 먹으면 틀림없이 맛있을 겁니다.' 요컨대 어머니는 아기의 발육에 유의하여 젖을 듬뿍 주고 포동포동 살찌게 해야 한다. 그러면 부자가 요리 재료로 사갈 테니까." 이런 식의 유머는 아직 삶의 현실을 모르는 사람들에게는 분명히 깜짝 놀랄 만한 이야기로 여겨질 것이다.

1726년 스위프트는 《걸리버 여행기 Gulliver's Travels》를 출판했다. 이 책이야말로 그가 마음껏 솜씨를 부리고 풍부한 재능을 유감없이 발휘한 작품이다. 그는 자신의 동포인 인간들, 무력하고 어리석고 참으로 멍청한 인간들, 천박한 자아도취에 빠진 인간들을 원래의 모습으로 환원시켰다. 그는 인간들에게 권력이 얼마나 쓸데없는 발명품인지 보여주려 했다. 어리석은 백성들은 권력을 지닌 자에게 아첨하고, 비굴한 신하들은 왕 앞에서 입에 침이나 가래가 괴어도 뱉지도, 손수건에 받지도 못한 채 바닥에 코가 닿을 정도로 몸을 낮추고 먼지를 들이마시고 있다. 또 모든 종교적 정치적 논쟁도 《걸리버 여행기》에서 대단파와 소단파가 삶은 달걀을 자르는 법을 둘러싸고 논쟁을 벌인 것과 마찬가지로 무익하기 짝이 없다는 사실을 보여 주었다. 세상일은 모두가 상대적이다. 스위프트는 세상 사람들에게 이 점만큼은 반드시 증명해 보이려고 했다. 난쟁이와 거인도 그 자체로서가 아니라 비교에 의해 정해지는 것처럼 힘도 결국 상대적인 것이다. 정치조직 역시 상대적인 것이다. 한 나라에서 완전무결하다고 평가받은 정부도 기후나 풍토가 다른 나라에 가면 무능력하다고 손가락질 받을 수도 있다. 역사도 상대적이다. 역사는 진실을 있는 그대로 복원하여 그린다고 하지만 실제로는 진실을 왜곡시킬 뿐이다. 철학은 또 어떤가. 아무리 터무니없는 철학이라도 그것을 지지하는 철학자가 반드시 한둘은 있게 마련이다. 과학 분야에서는 유리를 태워 만든 재에서 초석을 발견해 내고 그것으로 총에 쓸 화약을 만들려고 하는 학자들, 집을 지을 때 지붕부터 시작하고, 소나 말 대신 돼지로 하여금 땅을 일구게 하고, 누에를 거미로 대체하려는 학자들은 얼마나 엉뚱한 무리들인가! 그들은 모두 구제불능의 미치광이들이다. 어떤 일이든 상대적이지 않은 것은 없다. 신앙과 사회적 관습도 마찬가지다. 죄나 불륜 같은 것은 관습이나 풍습에서 벗어난 것을 말한다. 그러나 그것을 법률로 강요할 수는 없다. 아름다움도 상대적이다. 여자를 보는 눈이 높아지면 그때까지 아름답게 보이던 여자도 금세 추하게 느껴진다. 또 그때까지는 윤기가 흐르고 부드럽다고 생각했던 피부도 갑자기 반점이나 곰보, 기미나 흉터로 꺼칠꺼칠하고 흉하게 보인다. 우리가 지닌 고결한 꿈, 무한이라든가 불멸에 대한 이상도 결국은 인간의 어리석음을 증명할 재료를 하나 더 늘려 줄 뿐이다. 영원히 죽지 않는 불멸의 존재가 되는 것보다 더 저주받은 운명도 없지 않을까. 인간의 무거운 멍에 가운데서도 가장 고통스러운 노쇠한 몸을 질질 끌고 다니는 저 스트럴드브러그 족[13]을 닮게 될 테니까. 무한한 고난, 이것이 인간의 조건이다. 이것을 제외하고는 진실한 것, 확실한 것은 아무것도 없다.

걸리버는 자기 자신이 부끄러워질 만큼 선량하고 현명한 말의 나라에 도착한다. 그는 그곳에서 딱 첫눈에 혐오스러워 보이는 하등동물을 만난다. 이 동물은 얼굴과 머리에 긴 머리털이 치렁치렁 드리워져 있고, 가슴과 등, 앞발에도 털이 두텁게 자라 있다. 게다가 턱에는 염소 같은

---

13) 《걸리버 여행기》에 나오는, 영원히 죽지 않는다는 저주를 받고 태어난 종족이다.

수염이 나 있다. 이 동물은 앉고 눕고 뒷다리로 일어서기도 하고, 높이 뛰어오르거나 사방으로 뛰어다니고, 갈고리처럼 길게 뻗은 발톱으로 나무에 기어오르기도 한다. 암컷이 수컷보다 조금 작고 얼굴에는 털이 없으며 갈색이나 붉은색, 검은색, 금발의 머리털을 갖고 있다. 젖가슴은 앞발 사이로 축 늘어져 있다. 걸리버는 이렇게 말한다. "요컨대 이토록 추하고 괴상망측한 동물은 지금까지 한 번도 본 적이 없다. 그들만큼 나를 소름끼치게 한 것은 없다."

야후라고 불리는 이 악취를 풍기는 동물은 현재보다 진보할 수 없기 때문에 영원히 노예 상태로 만족해야 한다. 그들은 가장 저열한 악덕에 물든 불쾌한 동물들이다. 그런데 곰곰이 생각해 보면 이 동물들은 바로 인간 자신이라는 사실을 알 수 있다. 걸리버가 아니라고 우겨대도 소용없다. 무슨 수를 써도 이 괴물과 그 자신의 다른 점을 증명할 수 없을 테니까. 또 사실 다르지도 않다. 그는 너무나도 그 괴물과 닮았으며 야후들도 그를 자기네 동료라고 말한다. 그를 불쌍히 여기던 고결한 말들은 그가 자신이 이 야비한 종족에 속한다는 사실을 알고 수치심을 느낄까 봐 섬에서 추방해 버린다.

위의 내용은 예민한 감수성을 지닌 스위프트가 우리 인간에 대하여 가장 굴욕적이고 모멸적인 독설을 퍼부은 대목이다. 하지만 그 분노는 어디까지나 냉정하다. 우리는 걸리버와 마찬가지로 처음에는 불쾌해진다. 스위프트가 우리에게 들이댄 캐리커처를 보고 우리가 아니라고 부정한다. 그러나 스위프트는 우리를 막다른 곳까지 몰아넣고, 어떻게든 그것이 우리 자신의 캐리커처임을 인정하도록 만든다. 《걸리버 여행기》를 읽으면 치명타를 얻어맞은 기분이 든다. 그럼에도 불구하고 어린이들은 "저건 우리 거야, 저건 우리 거야." 하면서 바로 이 책을 가리킨다. 어른들이 다정한 미소를 지으며 내미는 달콤한 책은 어린이들 마음에 들지 않는다. 어른들에게는 쓰디쓴 음식으로 보이는 것을 어린이들은 자기 것으로 여긴다.

어린이들에게는 스위프트의 개성이 어떠하다든가, 그의 삶이 불행하고 정열적이었다는 사실 따위는 아무런 상관도 없다. 작품이 지니고 있는 독특한 성격조차 문제되지 않는다. 우선 어린이들은 그런 것을 모른다. 단지 책이 중요할 뿐이며 책 속에서 자기가 좋아하는 것만 골라낸다. 스위프트는 스위프트 식으로 행동한다. 그는 처음에는 미소를 띠며 펜을 들었지만 마지막에 가서는 격렬한 분노로 불타고 혐오감에 사로잡혀서 글을 썼다. 하지만 어린이들은 미소밖에 기억하지 않는다. 이번에도 로빈슨 크루소의 경우와 마찬가지로 작업반이 어린이들의 명령을 받아들여 쓸데없는 문장을 없애거나 적당히 손질하는 작업을 했다. 이 일꾼들은 이따금 훌륭한 옷감을 비뚤게 자르거나, 수선한 자국을 그대로 드러내거나, 엉뚱한 문장을 덧붙이는 등 서툰 솜씨를 보여 주기도 한다. 하지만 원작이 지니고 있는 가장 중요한 특징은 절대 훼손시키지 말아야 한다. 마치 점쟁이가 지하의 물줄기를 감지해 내는 것처럼 어린이들은 원작의 급소만은 확실히 붙잡고 놓지 않기 때문이다. 더구나 그 환상의 샘이 원작 어디에서나 용솟음쳐 나오는 것을 보면, 그것이 놀랄 만큼 풍부하고 균일하게 원작의 저변을 흐르고 있음이 분명하다. 또 그 환상은 기발하고 현실에는 존재할 수 없는 것이지만, 완전한 논리가 떠받치고 있어 현실과 밀접하게 연결되고 어떻게든 진실에 가까워진다.

엄지손가락만큼 작은 사람들이 살고 있는 나라가 있다고 가정해 보자. 어느 날 우연히 그곳으로 정상인 남자가 찾아간다. 소인과 거인이라는 불균형이 깜짝 놀랄 만큼 엉뚱한 환상을 자아낸다. 더구나 그 효과는 모두 미리 계산되고 정해져 있는 것이다. 정말이지 이 소인의 세계는 아무리 봐도 신기하게 느껴진다. 릴리펏 사람들이 걸리버를 묶기 위해 사용했던 줄은 얼마나 가느다란가! 걸리버가 한 손으로 해안가로 끌어당긴 함대는 또 얼마나 조그마한가! 으스대며 뻐기고 있는 작은 왕과 작은 궁전에 살고 있는 작은 여왕, 작은 대신에 작은 신하들! 걸리버는 술통이나 식료품을 가득 실은 마차를 거대한 입을 벌려 눈 깜짝할 사이에 삼켜 버린다. 그러나 여기서 스위치를 끄고 렌즈를 바꾸어 다시 살펴보자. 그럼 지금까지와는 정반대되는 가상의 세계가 나타난다. 먼젓번과 비슷하지만 정반대의 효과를 내고 있다. 앞의 것과 주조를 이루는 감정도 동일하고 진짜처럼 보이는 것도 마찬가지다. 그러나 거기에는 또 다른 즐거움, 새로운 웃음이 있다. 앞에 나온 릴리펏 사람들이 대인국 브로브딩내그의 땅에서는 키가 커져 거인이 되지만 걸리버의 키는 그대로이다. 그는 변한 게 없는데도 이제는 아주 작아 보인다. 얼마나 작은지 새장 속에 들어가거나, 여왕님의 손바닥 위에서 산보하거나, 질투가 심한 난쟁이가 그를 우유그릇 속에 던져 하마터면 익사할 뻔하거나, 못된 원숭이에게 끌려 지붕 위로 올라가기도 한다. 이렇게 대소의 균형을 바꿔가며 보여 주는 작가의 뛰어난 솜씨는 실로 놀라울 따름이다. 여기서 수많은 일화 가운데 작은 걸리버가 미워할 만큼 위험한 적이 된 파리와의 에피소드를 떠올려 보기로 하자.

> 여왕은 자주 내가 겁이 많다고 놀리며 우리 나라 사람들도 모두 나처럼 겁이 많은지 묻곤 했다. 그렇게 놀림을 받게 된 것은 쉴새없이 나를 덮쳐오는 파리 떼의 공격 때문이었다. 몸집이 종달새만큼 커다란 이 징그러운 파리는 붕붕 날갯짓소리로 내 혼을 빼놓고, 음식 위로 날아와 육안으로도 훤히 보이는 커다란 알이나 똥을 남겨놓고 갔다. 때로는 내 코나 이마에 앉아 생살을 물어뜯고, 불쾌한 악취를 내뿜기도 했다. 그럴 때 코나 이마를 살펴보면 끈끈한 분비물을 쉽게 찾아볼 수 있다. 우리 나라 동물학자의 말에 따르면, 이 끈끈한 물질은 파리가 천장을 걸어다닐 수 있게 하는 물질이라고 한다. 이 혐오스러운 동물과 맞서 싸우는 데는 많은 어려움이 있었으며, 내 얼굴로 날아들 때는 참을 수가 없었다. 파리의 공격을 막아내는 나의 유일한 방법은 칼을 뽑아 날개를 갈가리 잘라 버리는 것이었다. 이 파리 사냥에서 내가 보여 준 민첩한 솜씨는 모두에게 칭찬의 대상이 되었다.

늘 똑같은 일이 반복되거나, 갖가지 에피소드를 늘어놓아도 내용이 서로 엇비슷하다거나, 단조로워지는 것은 위험하다. 하지만 다행히도 스위프트의 경우는 그렇지 않다! 그의 상상력은 결코 마르는 일이 없다. 스위프트는 그때까지 누구도 생각한 적이 없는 장면이나 비밀 언어, 인간에게 복종하는 괴물을 창조하고, 죽은 사람을 일시적으로 부활시키기까지 했다. 브로브딩내그 다음에는 라퓨타, 라퓨타 다음에는 후이넘의 나라가 나온다……

어린이들은 걸핏하면 화를 내는 세인트패트릭 성당의 주교를 은인으로 삼았다. 그런데 과연 그 남자의 본성을 이해하고 있었을까? 그가 가슴 속에 품고 있는 강한 애정을 은연중에 느끼고 있었을까? 또 그의 격렬한 분노는, 아무리 그가 사람을 사랑하려고 해도 인간은 불완전할 뿐만 아니라 구원받기 어려운 존재라는 환멸에서 나온다는 사실을 이해하고 있었을까? 그는 다정한 마음을 간직하고 싶다는 소망을 갖고 있었지만 결코 충족되지 못했다는 사실을 알고 있었을까? 어린이들은 확실히 독특한 직관을 갖고 있으며 그 직관으로 위대한 영혼과 직접 접촉할 수 있다. 겉보기에는 사람을 싫어할 것 같은 이 남자가 실제로는 마음 속에 절망적인 애정을 품고 있다는 사실을 감지하고 있지 않았을까? 하지만 어린이들이 아무리 풍요로운 마음을 갖고 있다고 해도 너무 많은 것을 요구하는 것은 잘못이다. 어린이들이 사랑하는 것은 스위프트가 보여주는 경이로운 환상의 세계이다. 그것은 어린이들을 깜짝 놀라게 하고 넋을 잃게 만들고 기쁨을 준다. 게다가 그 환상은 쉽게 이해할 수 있는 것들이다. 스위프트의 상상력은 확실히 훌륭하다. 잇달아 튀어나오는 여행 이야기, 아찔한 장면 전환, 모험, 요술에 걸린 듯한 미지의 세계. 가는 곳마다 놀라운 사건이 기다리고 있고, 현실의 경계를 뛰어넘는 여행의 즐거움이 이어진다. 게다가 공상에 사로잡힌 나머지 구름 속을 헤매다가 길을 잃는 경우도 없다. 그의 상상력은 어디까지나 정확하고 명쾌하다. 그가 상상력으로 빚어낸 기상천외한 이야기는 재미있을 뿐더러 참으로 구체적이기까지 하다.

　어린이들은 책 속에 빠져서 이 즐거운 이야기를 탐독한다. 그들 스스로 때로는 소인이 되고 때로는 거인이 되기도 한다. 지위가 대단한 사람 앞에 나가거나 감당할 수 없는 성가신 일이 생겼을 때, 귀찮은 문제에 휩쓸리게 되었을 때, 그들은 무력한 소인에 지나지 않는다. 그러나 어린이들도 장난감, 난로 옆에서 가르랑거리는 고양이, 잘 길들여져 귀를 잡아당겨도 화를 내지 않는 개 앞에서는 당당한 거인이 될 수 있다. 어린이들은 언덕이나 산 속, 모래사장 위, 드넓은 하늘 아래에서는 무력하고 가련한 소인이다. 그러나 정원에서 꽃에 둘러싸인 채, 개미 떼 위에 몸을 구부리고 열심히 모래성을 쌓고 있을 때는 무한한 힘을 지닌 거인이다. 걸리버와 함께 릴리펏의 작은 궁전에서 인간 세상의 숲보다도 더 커다란 집들이 있는 나라까지 여행하는 동안, 어린이들은 이상한 사건들을 즐기게 된다. 어린이들은 이제 아무리 괴상한 일에 부딪혀도 불안하지 않다. 하루에도 몇 번씩 자신의 모습을 줄였다 늘였다 하는 일에 익숙해졌기 때문이다.

　게다가 어린이들은 스위프트와 함께 즐겁게 놀 수도 있다. 스위프트 자신이 진심으로 즐겁게 놀기 때문이다. 그는 한 번 규칙을 정하면 결코 어기지 않는다. 규칙이 허락하는 범위 내에서 자유를 즐기고, 규칙을 한껏 활용하며 논다. 날쌘 걸리버는 책 속을 종횡무진 뛰어다니고, 여기저기 코를 부딪고 뒹굴다가, 다시 일어서서 줄기차게 새로운 모험을 찾아다닌다. 스위프트는 재미있어하며 걸리버를 궁지로 몰아넣지만 결국 구해 주고 다시 위험한 사건과 마주치게 한다. 그리고 다시 구해 준다. 그는 걸리버를 이용하여 마음껏 놀고 있다! 더구나 정말 기분 좋게 놀고 있다! 그는 모든 것이 다 정해져 있는 세계에서 얼마나 자유롭게 공상을 펼칠 수 있을지 시험해 보려고 했는지도 모른다. 그는 즐거운 나머지 자신의 한계마저 잊은 채 생생하고 다채로운 공상에 빠져든다. 물론 우리는 이 섬을 빠져나갈 수 없다. 그러나 최소한 이 섬에서 포로로 있다는 사실만이라도 잊을 수 있다면 그야말로 꿈 같은 행운이라고 할 만하지 않은가!

앞으로 이야기할 것도 모두 마찬가지다. 뮌히하우젠 Münchhausen 남작[14]의 모험담도 어린이들을 위해 쓰여진 것은 아니었다. 기사 이야기를 너무 많이 읽어서 미치광이가 되어 버린, 스페인의 귀족이자 기재인 돈 키호테 드 라 만차 Don Quixote de la Mancha의 이야기도 그러하다. 세르반테스 Cervantes의 작중 인물은 감정 과다로 복잡한 관념에 사로잡혀 있다. 그는 오랜 삶을 통해 숱한 경험을 하고, 수많은 책을 읽어 인간성에 완전히 정통하며, 온갖 지혜를 한몸에 지닌 남자이다. 세르반테스는 인간의 영혼은 높은 것과 낮은 것, 합리적인 것과 감각적인 것에 동시에 끌리는 두 가지 경향이 있다고 생각했다. 그는 이런 인간의 참모습을 두 가지 유형의 인간을 빌어 그리고자 했다. 세르반테스는 더욱 대담해져서 선량한 모습의 전형적인 한 인물을 우리 앞에 자신 있게 내놓았다. 선량함은 늘 속고 비웃음을 사지만 결국은 승리한다. 또한 실패할 때마다 강해지고 자신감을 더하여 끝내는 진가를 인정받게 된다. 이와 같은 진리를 어린이들이 쉽게 이해할 리 없다. 오랜 인생 경험을 쌓은 뒤가 아니면 이런 어려운 진리는 좀처럼 깨닫기 힘들다. 세르반테스 자신도 말했듯이, 무엇이 진리이고 무엇이 정의인지는 누구도 단언할 수 없다. 눈으로 현실을 보고 손으로 현실을 만지고 귀로 현실을 들

---

14) 독일의 서정시인 뷔르거 Bürger가 1786년에 발표한 《허풍쟁이 남작의 모험》의 주인공이다.

고 있어도 눈과 손과 귀의 감각을 어디까지 믿을 수 있을까? 그리고 저 돈 키호테, 몬테시노스의 동굴에서 나왔을 때 그것이 꿈인지 현실인지, 자기가 살았는지 죽었는지도 모르는 돈 키호테, 우리는 그와 어딘가 닮아 있는 것 같지 않은가?

인간은 갖가지 충동이나 격정, 실의로 인하여 머리가 도는 경우가 있다. 머리가 돈다는 것은 인간으로서 가장 고통스럽고 슬픈 일이다. 세르반테스는 모든 특수한 경우를 기초로 하여 이 문제를 오랫동안 연구했다. 세르반테스의 작품 속에는 진리의 보물이 산더미처럼 쌓여 있어서, 많은 학자들이 수백 년 동안 그 보물을 찾으려고 씨름해 왔지만 지금까지도 그 전모를 확실히 파악하지 못했다. 그러나 어린이들에게는 학자의 일은 그저 학자의 일일 뿐, 그런 것은 책을 읽을 때 아무런 도움이 되지 않는다. 어린이들은 자기네가 발견한 세르반테스의 모습이 몹시 마음에 들어 그를 책장에 가져다놓았을 뿐이다. 세르반테스는 무척 활달했다. 긴 여행을 통해 많은 모험을 시도해 보고, 막대기를 휘둘러대며 방약무인하게 행동했다. 이것이 어린 구경꾼들로부터 박수갈채를 얻은 것이다. 세르반테스가 그린 누런 얼굴의 돈 키호테는 어찌나 말랐는지 뼈와 가죽만 남은 사내로, 로시난테를 타고 다녔다. 혈색이 좋고 몸집이 뚱뚱한 산초는 당나귀 등에 올라앉아, 갈증을 달래기 위해 술을 벌컥벌컥 들이켰다. 그들은 곧 사람들의 마음을 사로잡았다. 세르반테스는 돈 키호테 제2부에서 말했다. "내 책은 대성공을 거두었다. 모든 사람들이 《돈 키호테 Don Quixote》를 읽고 있고, 머지않아 모든 나라에서 번역될 것이다. 그러나 이 책의 최대 독자는 시동들이다. 그들은 시동 대기실에서 주군의 명령을 기다리는 동안 앞다투어 이 책을 읽는다. 한 시동이 책을 다 읽고 나면 곧 다른 시동이 가져간다. 그리고 그들은 '와!' 하고 배꼽을 잡고 웃는다."

시동들의 활기찬 폭소. 이 스페인 귀족 이야기가 출판된 지 300년이

지나도록 소년소녀가 있는 곳이면 어김없이 폭소가 터져 나오고 있다. 이에 대하여 다음과 같은 일화가 전해진다. 어느 날 펠리페 3세가 발코니에서 거리를 바라보다가 한 학생이 책을 읽는 모습을 발견했다. 그런데 그 학생은 책을 읽는 도중에 이따금 큰소리로 웃음을 터뜨렸다. 그 광경을 보고 펠리페 3세는 "저 학생은 미쳤거나 아니면 돈 키호테의 모험담을 읽고 있겠지."라고 말했다고 한다. 국왕의 상상은 틀리지 않았다. 그 학생은 바로 돈 키호테의 모험담을 읽고 있었다. 세르반테스는 3세기 전에 스페인에서 학생과 시동들의 마음을 이토록 강하게 사로잡았다. 그리고는 전세계 모든 어린이들을 자신의 애독자로 만들었다.

4. 어른에 대한 어린이의 승리

어린이들은 자신의 힘을 믿고 반항을 계속했다. 어른들이 권해 주는 책을 거부하고 자기 마음에 드는 책을 읽으려면 용기가 필요했다. 어른들이 지배하는 시대였던 만큼, 그러한 태도는 어른에 대한 당당한 승리라고 할 수 있다. 그런데 지금도 어른이 지배하고 있는가? 시대의 조류에 깊은 관심을 기울이면서도 요즘 시대의 특징 가운데 하나가 어린이를 중시하는 것이라는 사실을 알아차리지 못한다면 그는 근시안적이라고 할 수밖에 없다. 아마 어른들이 너무 지쳐서 지배력이 약화된 것인지도 모른다. 또는 옛날에 비해 어린이들에게 한결 상냥해지고 공정해진 것인지도 모른다. 어쨌든 요즘은 어린이가 어른을 지배하고 어른 위에 군림하고 있는 것이 사실이다.

어린이는 어른과 마찬가지로 신문을 가질 권리를 얻었다. 어린이들의 생기발랄하고 밝은 눈은, 집 안에서 벌어지는 사소한 일까지도 놓치지 않고 관찰한다. 나이를 지긋하게 먹은 어른이 애독하는 신문이 오기를 기다리며 애태우는 모습도 바라본다. 막 배달된 신문을 급하게 펼쳐들고 마치 신이 인간 세상의 일을 내려다보듯, 세상에서 일어난 신기한 일들이 보도된 기사를 탐독하는 어른들의 모습도 바라본다. 시간을 보내는 데는 신문읽기가 그만이라고 말하려 했지만 그렇게 말할 수는 없을 것 같다. 그것은 일종의 의식처럼 보이기까지 한다. 그 때문에 신문을 읽는 사람은 마치 사제와 같은 위엄을 지니게 된다. 이제 특권계급이란 없으니 어린이들도 그것을 모방하고 싶어한다. 또한 그것은 당연한 일이다. 이렇게 해서 어린이들도 어린이 신문을 갖게 되었다. 어린이들은 학교가 쉬는 일요일과 목요일이면 신문을 기다렸다. 그들은 막 배달된 신문을 급하게 펼쳐들고 이야기를 읽고, 삽화를 비평하고, 여러 가지 유희를 배우고, 각종 경기를 익히게 되었다. 그들은 정기 구독자가 되면서 보통 독자보다 한 단계 높은 독자층에 들어갔고, 그로써 스스로를 한층 존중하게 되었다.

이윽고 어린이들은 어른들이 보는 일간 신문에까지 손을 뻗쳤다. 신문은 남아메리카나 무선전신에 관한 기사를 게재하듯이 어린이들을 위해서도 당연히 지면을 할애하게 되었다. 자못 심각한 표정을 지은 어른들이 국내정치나 국제정세에 대한 정보를 한 토막 읽고, 교통사고나 리우틴투의 시장 흐름에 대해 대충 훑어 본 뒤에 페이지를 넘기면 만화나 우스운 이야기, 짤막한 이야기가 나타난다. 이렇게 되면 어른들은 이제 더 이상 집에서 자리를 온전히 지킬 수 없다. 어른들은 자기 영역의 일부를 빼앗겨 버리고, 어느새 집 안은 온통 어린이들의 공간이 되어 버린다. 어린이가 어른의 영역을 침범하는 일은 지금의 어른들이 어렸을 때는 상상도 할 수 없었으리라. 그렇지만 어른들은 별로 분개하지 않는다. 스스로의 잘못을 어렴풋이 느끼고 있기 때문에 이 대담한 침략자들의 뜻을 별로 꺾으려 하지 않는다. 오히려 할 수 있다면 어린이들 편에 가세하려고까지 생각한다.

신문 다음으로 어린이들은 연극을 갖고 싶어했다. 꿈과 환상이 담긴 연극은 고사하고 서커스나 인형극 외의 것을 보고 싶어하면 어린이들은 으레 부모님한테 호되게 야단을 맞았다. 이건 결코 그렇게 먼 옛날의 일이 아니다. 나는 지금도 어렸을 때 고전극을 보고 싶다고 우겨대지 않는 이상 극장 문턱을 넘어설 수 없었던 기억이 생생하다. 만일 《르 시드 Le Cid》[15]나 대학입학 자격시험이 없었다면 나이가 들 때까지 끈기 있게 그 기회를 기다려야 했을 것이다. 운좋게 극장에 들어가더라도 빨간색 좌석에 마음 편히 앉아 있을 수 없었다. 하얀 수염을 기른 노인들에게 감시를 받으면서 연극을 보아야 했기 때문에, 나는 정식으로 허락받은 게 아니라 묵인받고 있는 듯한 느낌이었다. 어린이들을 위한 연극이 있으면 안 되는 것인가.

요즘 어린이들은 기술적으로도 대단히 발전되고, 충분히 만족할 만한 인형극을 보고 있다. 어린이들은 배우나 가수, 연극, 오페레타, 무희나 발레리나에 이르기까지 모두 그들만의 것을 갖고 있다. 그래서 요즘은 오히려 우리 어른들이 어린이 극장에 몰래 들어가 제발 다른 사람들의 눈에 띄지 않기를 바라며 위축된다. 어린이들 틈에 끼여 연극을 보고 있으면 나 자신이 너무나도 크고 비대하며 나이를 먹은 것 같아 견딜 수가 없다.

어린이들은 그들만의 음악회는 물론 영화도 갖고 있다. 우리 어른들만의 영역이란 이제 더 이상 존재하지 않는다. 어린이들이 발을 들여놓지 못하는 어른들의 영역이 있다면 그들은 우리의 진지 정면에 요새를 구축하고 한 발짝도 물러나지 않을 것이다. 어른이 뭔가 훌륭한 발명을 하면 어린이들은 그 발명을 이용하여 최신식 장난감을 만들어 낸다. 웬만한 장난감 기차 같은 건 이제 갖고 싶어하지도 않는다. 그들은 자동차를 요구한다. 머지않아 기어코 비행기도 갖게 될 것이다. 뉘른베르크에서 만든 인형 따위는 이제 거들떠보지도 않는다. 논밭도, 반짝이는 볼을 가진 목장 아가씨도, 고깔모자를 쓴 목동도, 초목이 우거진 숲도, 곱슬거리는 털을 가진 양도 이제는 필요가 없다. 목마도 소용이 없다. 새삼

---

15) 프랑스의 극작가 코르네유 Pierre Corneille가 지은 희곡으로, 프랑스 고전비극의 선구적 작품이다. 1636년에 초연되었다.

스레 어린이들을 놀라게 할 만한 신기한 것은 이제 아무것도 없다. 여자아이들의 의상을 한번 보도록 하자. 선명한 색채의 드레스, 몸에 꼭 맞는 코트, 귀여운 무늬가 새겨진 세련된 옷감에 어린이다운 스타일의 옷들이다. 여자아이들만을 위한 재봉사까지 있는 세상이다. 남자아이들을 위한 양복점은 아직 없지만 곧 생길지도 모른다. 모든 것이 이런 식이니 어른들이 아무리 달래거나 윽박질러도 읽기 싫은 책은 절대로 거들떠도 보지 않는다. 그래서 요즘 어린이책을 쓰는 작가들은 작품을 쓰기 전에 먼저 아이들에게 어떤 책을 읽고 싶은지 물어 본다. 그리고 어린이들의 하인이기를 자처하고 명령에 절대 복종한다.

나는 이런 급속한 변화의 결정적인 증거가 될 만한 영국 책을 한 권 입수했다. 아서 그룸 Arthur Groom이 지은 《어린이들을 위해 쓰려면 Writing for Children. A Manual of Juvenile Fiction》이라는 책인데 전문가, 요즘 말로 하면 테크니션이 쓴 글이다. 명성과 부를 겸비한 저자는 이 책을 통해 동료 신인작가들을 위하여 일종의 입문서 같은 것을 만들고자 했다. 그는 이렇게 말했다. "이 분야에 발을 들여놓고자 하는 사람은 조심해야 한다. 무슨 이야기든 써놓기만 하면 어린이들이 읽어줄 거라거나 당신의 취향을 강요할 수 있다고 믿어서는 안 된다. 그것은 아름다운 환상일 뿐이다. 성공하려면 그와 반대되는 생각을 해야 한다. 명령하는 것이 아니라 복종하겠다는 마음가짐을 가져야 한다. 어린이들이 여러분의 지배자이기 때문이다. 그 중에서도 가장 중요한 것은 제목을 붙이는 방법이다. 혹시 진부하다거나 조금이라도 저의가 엿보이는 제목을 붙인다면 어린이들은 제목만 보고도 거부감을 갖게 될 우려가 있다. 여러분의 이야기에 '바닷가의 존과 루시'라든가 '어린 바이올릿은 어떻게 어머니를 도왔을까', '피아노는 어떻게 만들어질까', '즐거운 심부름', '학교에서의 마거릿' 같은 제목을 붙여 보라. 어린이들은 그런 책은 펴보지도 않을 것이며, 설령 펴본다 하더라도 그 책이 마음에 들지 않는다는 선입견을 떨쳐내지 못할 것이다. 또 이야기를 시작할 때에도 매우 주의해야 한다. 거기에는 뭐니뭐니해도 독창성이나 강렬함이 요구된다. 이야기를 전개할 때에는 대화를 이용하는 것이 좋다. 어린이들은 그것을 선호하니까. 게다가 당연한 말이겠지만 줄거리는 될 수 있으면 변화가 풍부한 것이 좋다. 이야기의 결말은 물론 어느 정도까지는 어린이들의 호기심을 채워 줘야 하지만, 자유롭게 공상할 수 있을 만큼의 여지를 남겨 두는 편이 현명하다. 어딘지 미흡한 부분이 있으면 어린이들은 그걸 가지고 온갖 상상을 짜낼 게 분명하므로, 여러분의 이야기가 끝나면 이번에는 어린이들의 상상이 시작된다."

저자는 이 책의 처음부터 끝까지 장황하게 자신의 체험에서 우러난 다양한 충고를 아낌없이 들려 준다. 어른에게나 통하는 장황한 표현은 반드시 피하라. 어린이들은 한 가지 사건이 채 끝나기도 전에 다음엔 어떤 사건이 벌어질지 궁금해한다는 점을 잊어서는 안 된다. 그만큼 어린이들은 지칠 줄을 모른다. 간결하고 이해하기 쉽게 이야기하라. 어린이들은 정서는 풍부하지만 지나친 비극은 좋아하지 않는다. 따라서 중간에는 슬픈 이야기가 전개되더라도 결말만큼은 해피 엔딩으로 끝나는 것이 중요하다. 식물과 동물도 가능한 한 많이 등장시키는 것이 좋다. 어린이 문학 분야에서 성공하고자 하는 사람이라면 적어도 1년에 몇 번씩은 동물원에 가야 한다. 어린이들은 선천적으로 새와 물고기, 곤충과 통하며 나무와 풀, 꽃도 친구나 마찬가지다. 풀이나 나무에서 수액이 올라오듯이, 그들의 연약한 육체에도 우주의 생명력이 흐르고 있다. 모험 이야기를 쓰려고 한다면─지금까지 성공한 책 가운데 60퍼센트가 모험 이야기이므로 한밑천 잡으려면 이것이 가장 좋다─어쨌든 이 분야에서 유명해지기 위해서는 전율이 느껴질 만한 이야기가 좋다. 이야기 전체는 진실성을 띠고 있어야 하며, 세세한 부분도 정확한 지식에 바탕을 두어야 한다. 이 점을 명심하도록 하자. 예를 들어 자동차 경주 장면을 묘사할 때 우승한 차가 마지막 1km를 6초만에 달렸다는 식의 표현은 좋지 않다. 작가라면 적어도 자동차가 달릴 수 있는 속도의 한계쯤은 제대로 알고 있어야 한다. 어린이들이 작가보다 더 상세한 지식을 갖고 있는 경우도 있으니까. 마찬가지로 전문적인 서술도 충분히 주의해야 한다. 무선전신에 관한 이야기 같은 걸 터무니없이 써놓으면 나중에 돌이킬 수 없는 결과를 초래할지도 모른다. 어린이들은 그 방면에 전문가니까. 보이 스카우트 활동과 관련된 이야기는 풍부한 소재를 지니고 있고, 작가로서도 쓰는 보람을 느낄 수 있는 탁월한 영역이다. 그렇지만 소녀를 덮친 사나운 소를 소년단원이 어찌어찌해서 자기 쪽으로 방향을 바꾸게 했다든지, 헛간의 화재로 타죽을 뻔한 농부를 어찌어찌해서 구했다든지 하는 식으로, 지금까지 벌써 수백 번이나 다뤄진 낡아빠진 선행 이야기를 결코 되풀이하지 않도록 주의해야 한다. 노상강도나 괴물이 등장하는 스릴러물이나 활극으로 한밑천 잡고 있는 무리에게 눈길조차 주지 않고, 오로지 어린이들을 상대로 한 이 분야에서 미래의 베스트 셀러 작가가 되고자 하는 사람들은 몇 가지 엄격한 규칙과 한 가지 원리를 기억하고 있어야 한다. 아마 옛날 어린이들은 어른들이 읽으라고 하면 아무리 시시한 책이라도 불평 한 마디 없이 읽었을 것이다. 그들은 어떤 책에나 만족했고 그것이 예의라고 생각했다. 하지만 오늘날에는 어린이들의 마음에 들려면 먼저 그들의 규칙에 따라야 한다.

　어린이를 위한 책이든 어른을 위한 책이든 불후의 명작을 쓰려면 천재성이 필요한데, 어떻게 하면 그런 재능을 얻을 수 있을까? 이 입문서는 그 점에 대해서는 한 마디도 언급하지 않는다. 아마 처음부터 생각도 하지 않은 것 같다.

우리의 옛 세계에 변화가 있었다는 것은 분명한 사실이다. 혹시라도 어린이들의 수가 예전처럼 부쩍부쩍 불어나는 대신 자꾸 줄어들어서 점점 더 희귀하고 소중한 존재가 된다면 과연 어떤 일이 벌어질까? 이 점에 대해서 한 아버지는 내게 이렇게 말했다. "어린이가 어른에게 압박당하던 시대에 대해 이야기해 보세요. 조만간 어른이 어린이에게 압박당하는 시대가 반드시 올 겁니다."

제3장
남쪽 나라에 대한 북쪽 나라의 우월성

1. 어린이 문학이 부족한 남쪽 나라

모든 분야에서 유럽의 남쪽 나라가 북쪽 나라보다 우수한 것은 사실이다. 이에 대해서는 전혀 논의의 여지가 없다. 그러나 딱 한 가지 예외가 있다. 어린이 문학에 관해서는 북쪽 나라가 뛰어나다. 그것도 훨씬 더. 그 이유는 무엇일까?

스페인에는 이상하게도 어린이 문학이 전혀 없다. 로페 데 베가 Lope de Vega[16]나 칼데론 Calderon[17]은 감성이 풍부하고 훌륭한 작가다. 악당소설에서 성녀 테레사의 숭고함을 절실하게 묘사한 작품에 이르기까지 실로 강렬한 독창성이 넘쳐 흐른다. 스페인은 색채에 대한 정열과 신비에 대한 감각, 시에 대한 타고난 재질을 지니고 있다. 스페인은 공상에 흠뻑 빠져 있다. 문예 장르에 대해 손톱만큼의 선입관도 갖고 있지 않고, 쓸데없는 규칙에 얽매이는 일도 없다. 완전히 자유로운 취향을 가진 영혼은 원시 그대로의 자연스러움으로 가득 차 있다. 그런데도 스페인에는 어린이를 위한 문학이 전혀 없다. 스페인의 소년소녀들은 바로 얼마 전까지는 디포 Defoe나 쥘 베른 Jules Verne[18], 살가리 Emilio

---

16) 스페인 국민 연극의 창시자라고 불리는 스페인의 극작가이자 시인, 소설가이다.
17) 기사도의 충성심과 명예심을 서정적이고 장엄하게 묘사한 스페인의 극작가이다.
18) 프랑스의 소설가로 《80일간의 세계일주》, 《달나라 여행》, 《해저 2만 리》 등의 모험소설을 많이 써서 자연과학에 대한 흥미를 고취시켰다.

Salgari 등의 작품을 읽었다. 그러나 오늘날에는 미국인이 쓴 여행기라든가 모험 소설밖에는 읽지 않는다. 어린이들은 지난날에는 《돈 키호테 Don Quixote》를, 오늘날에는 시인 중에서도 가장 섬세한 후안 라몽 히메네스 Juan Ramon Jiménez가 간결한 필치로 감동을 고조시킨 《플라테로와 나 Platero y yo》를 어른들에게서 빼앗았다. 히메네스는 "나의 책은 어린이들에게로 가버렸다."라고 말하고 있지만 사실 내심으로는 기뻐했다. 그 역시 노발리스 Novalis와 마찬가지로 어린이들이 있는 곳에는 어디나 황금시대가 있고, 일생을 즐겁게 보낼 수 있는 행운의 섬이 존재한다고 생각했기 때문이다. 그러나 이것은 별개의 문제이다. 어쨌든 스페인에는 어린이 문학의 전문가로서 재능을 발휘하여 어린 형제들을 위하여 작품을 쓴 작가가 한 사람도 없다.

이탈리아에는 요람을 흔들며 아기에게 들려 주는 부드러운 자장가 "닌네 난네 ninne-nanne"가 있고, 돌림노래와 노래를 부르면서 하는 놀이, 감미로운 멜로디 등이 있다. 그리고 나중에 다시 언급하겠지만 민족정신을 강하게 나타낸 책도 몇 권 있고, 어린이들 세계에서 인기를 모은 작가도 몇 사람 있다. 하지만 그런 것들을 모두 합해도 이탈리아가 지닌 다른 풍요로움과 견주어 본다면 미미한 수준일 뿐이다. 비평가는 이탈리아에서 사본을 뜨기가 어려울 때마다 왜 이탈리아의 문학은 대중적이지 않을까 의아해한다. 그러면서 몇 번이고 거듭해서 그 이유를 생각해 보거나 나름대로 새로운 이론을 만들어 내기도 한다. 귀족적 성향의 국민성 때문일까? 고도의 예술적 전통 때문일까? 섬세하고 완벽하게 문장을 다듬어 내는 취향 때문일까? 지나치게 형식을 중시하기 때문일까? 이러한 이론은 어린이 문학에도 적용된다. 이탈리아에 어린이 문학이 탄생되기까지는 놀라울 정도로 오랜 시간이 걸렸으며, 2대 걸작인 《피노키오 Pinocchio》와 《쿠오레 Cuore》가 출현하기까지는 몇 세기나 기다려야 했다. 이 두 작품은 이탈리아의 해방통일운동 Risorgimento

시대에야 비로소 탄생되었다. 단테 Dante, 페트라르카 Petrarca, 보카치오 Boccaccio, 마키아벨리 Machiavelli, 아리오스토 Ariosto, 타소 Tasso와 같은 작가는 말할 것도 없고, 비교적 근대 작가를 예로 든다 해도 다눈치오 D'Annunzio나 카르두치 Carducci와 같은 작가들이 어린이들을 위해 글을 썼던가? 그들이 흥미를 느낀 것은 인간을 열광시키는 일이었다. 말하자면 인간이 지닌 미의식, 격렬한 정복욕 따위를 가능한 한 강하게 자극하는 일이었다. 만조니 Manzoni는 작가들 가운데서 가장 온화하고, 서민들의 생활에 따뜻한 애정을 쏟은 사람이라고 알려져 있지만 그조차도 어린이들을 위해서는 단 한 편의 이야기도 쓰지 않았다.

프랑스의 경우는 이 두 나라보다 훨씬 복잡하다. 프랑스는 찬반 양론이 격렬하게 대립하는 나라이므로 무슨 일에든 까다롭고 성가시다. 그러나 페로 Perrault라는 작가가 있었다는 데는 긍지를 가져도 좋다. 17세기 말에는 요정 이야기가 유행했다. 또 장리스 부인 Madame de Genlis이나 베르켕 Berquin 같은 작가들도 떠오른다. 오늘날 그들의 작품은 평판을 잃고 있지만, 한때는 각국의 언어로 번역되어 전세계 사람들에게 읽히곤 했다. 지금 프랑스 어린이 문학의 완벽한 목록을 만든다면 꽤나 길어질 것이다. 노디에 Nodier, 폴 드 뮈세 Paul de Musset, 조르주 상드 George Sand[19], 그 밖에 우리 동시대인들까지 포함한다면 수많은 작가들이 포함될 것이다. 오늘날에도 여전히 글재주가 뛰어난 많은 부인들과 재능 있는 작가들이 어린이들을 사랑하고 그들의 희망을 받아들여, 어린이들의 마음에 꼭 드는 활달하고 풍부한 색채를 지닌 글을 쓰고 있다.

어린이 문학에서 프랑스인이 최고의 위치를 차지한다고 말할 생각은

---

19) 프랑스의 여류작가로 《사랑의 요정》, 《말하는 떡갈나무》 등의 작품이 유명하다.

추호도 없지만 적어도 꼴찌는 아니다. 또 모든 프랑스인이 한결같이 프랑스계는 아니며, 프랑스인 중에서도 북부 사람들이 이 분야에서 뛰어난 업적을 거두고 있다. 에르크망-샤트리앙 Erckmann-Chatrian[20]도 북부 계통의 사람들이다. 발명과 발견에 재능이 탁월하여 소년들을 열광시킨 쥘 베른 역시 프랑스 북부인이다. 세귀르 부인 Madame de Ségur[21]은 우연히 프랑스인과 사랑에 빠져 결혼을 하고 프랑스로 귀화한 사람이다.

한편 프랑스인은 자의식이 풍부한 작품을 좋아한다. 인간 정신이라는 미지의 풍요로운 세계를 탐구할 때, 그 세계를 분석하여 만천하에 드러내려 한다. 혼란스러운 것이나 불확실한 것은 프랑스인의 취향에 맞지 않는다. 프랑스인은 말을 사랑하므로 이론적인 명쾌함을 지니고 있지 않은 작품이나 유창한 웅변 같이 리듬이 없는 작품은 설령 랭보 Rimbaud의 것이라 해도 경멸한다. 프랑스인이 몽상에 빠졌다는 이야기는 들어보지 못했다. 그들은 상상력이 멋대로 휘젓고 다닌다면 곧바로 고삐를 묶어 우리들의 생활무대인 완만한 언덕 위로 데리고 돌아올 것이다. 어쨌든 이와 같은 여러 가지 이유에 비추어 프랑스 예술은 소박하다고 말할 수 없다. 게다가 소박한 것은 무조건 유치한 것이라고 몰아세우는 경향마저 있다. 프랑스인은 이야기가 어린이 문학 쪽으로 흐르면 불쾌한 듯 어깨를 으쓱거리는데, 실제로 그런 사람들을 자주 목격할 수 있다. 문학이란 말에 어린이라는 수식어가 붙는 것만으로도 그 가치가 떨어지고, 문학 자체가 멸시당하는 느낌이 드는 모양이다. 그들은 어린이들을 위한 책에는 꼭두각시 인형에 갖는 흥미 정도밖에 느끼지 못한다. 어쩌면 그보다 못할지도 모른다. 이런 어른들도 자못 심각한 얼굴

---

20) 프랑스의 소설가인 에르크망 Emile Erckmann과 샤트리앙 Charles Chatrian의 공동 필명. 공동으로 알사스의 풍속과 관습을 취재하여 소설을 썼다.
21) 러시아의 로스토프친 백작의 딸이지만 프랑스인 세귀르 백작과 결혼하여 프랑스로 귀화했다.

로 팽이를 돌리거나 노쇠한 다리를 끌고 달리며 굴렁쇠를 굴리는 일이 있는 것처럼, 파란 표지나 빨간 표지의 책을 펴볼 때가 있을 것이다. 그러다가 그런 모습을 남들에게 들키기라도 한다면 틀림없이 얼굴을 붉힐 것이다.

2. 영국의 전래 동요

그럼 이번에는 북쪽으로 눈을 돌려 해협 건너편에 있는 영국인들의 생활을 들여다보자. 영국에는 개인을 존중하는 정신이 하나의 교리처럼 자리잡고 있는데 이는 어린이들에게도 적용된다. 참으로 바람직한 일이다. 영국의 역사를 살펴보면 어떠한 박해에도 굴하지 않고 굳건히 자유를 지켜왔다는 사실을 알 수 있다. 게다가 이 정신은 어릴 때부터 철저히 교육되고 있으므로 어른이 되어서야 비로소 고취되는 것은 아니다. 영국 어린이들은 막 말을 시작할 정도가 되면 훌륭한 책을 선사받는다.

민족혼이 깃들인, 마치 빛이 닿지 않는 깊은 곳에서 흘러나오는 듯한 전래 동요는 라틴적 정신으로 보면 이상하게 느껴진다. 영국의 전래 동요는 프랑스의 전래 동요와는 전혀 다르다. 영국의 전래 동요는 대부분 멜로디에 지나지 않는다. 모음이 많고, 같은 음이 반복되고, 단순한 리듬이 강하게 박혀 있어, 낭랑하고 완벽한 압운을 이룬다. 영국의 전래 동요는 '최초에 리듬이 있다.'는 진리를 뚜렷하게 구현하고 있다. 인생의 첫걸음을 내딛으려는 아기들에게 먼저 리듬을 불어넣음으로써 우주의 질서를 존중하는 정신을 길러 주려는 것이다. 이 전래 동요들은 뭔가 이상하고 얼버무린 듯하면서도 유연한 하모니를 지니고 있다. 가사보다 멜로디가 중요한 것이다. 그러나 더러는 어린이들의 생활 속에서 자주 일어나는 큰 사건을 노래하는 것도 있다. 예를 들면 담에 올라가다가 거기서 떨어지고 만 험프티 덤프티라든가, 푸딩에서 플럼을 파내고 그 묘기를 자랑하는 뿔피리를 부는 잭이라든가, 제빵사가 케이크를 만드는 동안 넋을 잃고 바라보는 어린이들의 타오르는 눈동자 따위가 노래에 등장하기도 한다. 생활의 단면이나 단순한 이야기를 재미있고 생동감 있게 묘사한 노래도 만들어졌으며, 벽시계 뒤를 뛰어다니는 생쥐나 안뜰을 산보하는 거위, 회색 망아지 등 동물을 노래한 전래 동요도 있다.

야옹아, 야옹아, 어디 갔다 왔니?
나는 런던에 다녀왔어요. 여왕님 만나러…….

나에게는 귀여운 암탉이 있어, 이 세상에서 가장 예쁜 암탉이.
암탉은 접시도 깨끗이 닦아 주고, 집도 깨끗이 청소해 줘.

Pussy-cat, pussy-cat, where have you been?
I've been up to London to look at the queen…

I had a little hen, the prettiest ever seen;
She washed me the dishes, and kept the house clean.

　대강 이런 식이다. 이런 노래에는 '귀엽다'는 말이 자주 나온다. 등장인물이 모두 귀여우므로 너무나 당연한 일이다. 귀여운 베티 블루, 귀여운 폴리 플린더스, 귀여운 토미 터커, 몸집이 엄지손가락만한 귀여운 서방님. 역사와 서사시, 전설은 잊혀질 만하면 예기치 않은 시간에 예기치 않은 형태로 불쑥 나타난다. 이들은 모두 어린이들이 어른들로부터 받아들여서 모으고 번안한 것들이다. 뛰어난 영웅호걸들이 위엄을 잃고 우스꽝스럽기 짝이 없는 인물이나 실제 인물의 그림자로 전락하기도 한다. 이 모든 것이 어린이들의 소행이다. 때로는 가공의 인물이 장소를 바꾸어 동요 속에 나타나기도 한다. 달에서 온 남자, 하늘에 걸려 있는 거미집을 청소하기 위해 달님보다도 높이 오르는 할머니. 아이를 한없이 사랑하는 어머니의 목소리가 들리는 것 같은 노래도 있다. 무슨 말을 하는지 알아들을 수 없어도 상관없다. 의미 같은 건 아무래도 좋다. 중요한 것은 단지 다정하게 마음을 위로하는 기분 좋은 말의 리듬뿐이다. 노래가 끝나감에 따라 말이 지닌 의미들은 모두 사라지고, 짧은 시의 마지막 행은 감미로운 입맞춤으로 막을 내린다. 바로크풍의 형식을 도입하는 경우도 있다. 웃음을 자아내는 엉뚱한 변형, 뜻밖의 표현, 뚱딴지 같은 이야기, 부조화로 인해 우스꽝스러워진 각운, 미친 말이 날뛰는 듯한 음절의 반복. 전래 동요에는 은빛으로 빛나는 딸랑이나 딸랑딸랑 울리는 방울, 소리나는 반지 등이 나오기 때문에 동요가 시작되면 어린이들의 방은 즐거움으로 가득 찬다. 백마를 타고 손가락에는 반지를 발에는 방울을 달고 지나가는 아름다운 귀부인처럼, 동요가 지나는 길에는 곳곳에서 멜로디가 솟아난다.

> Ride a cock-horse to Bambury Cross,
> To see a fine lady ride on a white horse,
> Rings on her fingers, and bells on her toes,
> She shall have music wherever she goes.[22)]

> 목마를 타고 뱀버리크로스로 오너라,
> 백마를 탄 아름다운 부인을 보기 위하여,
> 손가락에는 반지, 발에는 방울,
> 부인이 지나가면 음악 소리 울린다.

논리도 상호 의미도 없는 말들이 순수한 환상에 사로잡혀 모인 것 같

---

22) 이 시에서 소리의 음을 맞추는 재미를 빼고 나면 남는 것은 아무것도 없다.

은 시이다. 고삐가 풀렸다기보다는 아직 고삐에 매여 본 적도 없는 상상력이며, 사슬이 풀렸다기보다는 사슬이라는 것도 모르는 어리광이다. 여기서 볼 수 있는 소박한 정신은 세계를 자기가 창조해 낸 것으로 가득 채워 쾌활하고 즐거운 분위기를 가져다 준다. 프랑스의 경우에는 요정 이야기가 여기에 해당하는데, 전래 동요에 등장하는 인물들은 마더 구스 때문에 낮 동안 갇혀 있던 책 속에서 밤이 되면 빠져나온다. 그리고 모두 좋은 친구가 된다. 하트의 왕과 여왕이여, 당신들은 조그만 과일 파이를 훔친 하트 잭을 용서해 주시렵니까?

> The Queen of Hearts
> She made some tarts
> All on a summer day ;
> The Knave of Hearts
> He stole those tarts
> And took them clean away.

> 하트의 여왕님,
> 여왕님이 파이를 만들었다네,
> 어느 여름날 꼬박 하루가 걸려서.
> 하트 잭,
> 잭이 그 파이를 훔쳐갔다네.
> 파이를 가지고 멀리 도망쳤다네.

귀여운 머핏 아가씨, 당신 옆에 앉으려고 다가왔던 커다란 거미가 지금도 무섭나요? 유니콘과 사자야, 왕좌를 차지하려고 아직도 격투를 벌이고 있니? 봄베이 출신의 뚱보 나리, 새가 슬쩍해 간 파이프는 찾았습니까? 허버드 할머니(프랑스의 마더 구스)네 멍멍아, 언제까지 할머니한테 까불대고 있을 셈이니? 그런데 밤에는 정말 조금 쉴 거니?

Old mother Hubbard, she went to the cupboard
To get her poor dog a bone
When she got there, the cupboard was bare
And so the poor dog had none.

She went to the baker's to buy him some bread,
But when she came back the poor dog was dead.

She went to the hosier's to buy him some hose,
And when she came back, he was dressed in his clothes.

The dame made a curtsey, the dog made a bow;
The dame said "Your servant", the dog said "Bow-wow……."

She went to the tavern for white wine and red,
And when she came back the dog stood on his head.

허버드 할머니 찬장으로 갔다네,
불쌍한 개한테 뼈다귀를 주려고.
가보니 찬장은 텅 비고,
덕분에 멍멍이 아무것도 얻지 못하네.

할머니는 빵가게에 갔다네,
멍멍이에게 빵 사주러.
돌아와보니
불쌍한 멍멍이 죽어 있었네.

할머니 속옷 가게에 갔다네,
멍멍이에게 속옷 사주러.
돌아와보니
멍멍이 옷을 다 입어 버렸네.

할머니, 무릎을 굽혀 인사했더니,
멍멍이도 꾸벅 머리 숙였다네.
할머니가 "안녕." 하고 점잔빼며 말하면,
멍멍이 지지 않고 "멍, 멍, 멍!"

할머니 술가게에 갔다네,
백포도주와 적포도주 사러.
돌아와보니
멍멍이 물구나무 서 있었네.

 당신들은 모두 풍부한 독창성을 지니고 있다. 당신들은 배우가 아니니까 관객을 즐겁게 해주기 위해 연극 따위는 하지 않는다. 스스로 즐겁다면 그것으로 충분하다. 게다가 당신들은 상당한 유머의 소유자이며 상냥하고 신선하다. 그러나 뭐니뭐니해도 마음 속에 시의 씨앗이 뿌려져 있다는 점이 가장 멋지다.
 만약 이 전래 동요들이 산문이 되는 불운을 겪는다면 바싹 타버린 재만 남아, 그 어디에서도 운율이나 리듬의 신비로운 효과가 잘 드러날 수 없을 것이다. 그 효과가 최대한으로 발휘된다면 인간의 정신을 드높이고 기원하는 마음으로 이끌어 가겠지만, 전래 동요가 그 정도까지의 능력은 갖고 있지 않다. 그러나 극히 초보적인 마술이기는 하지만 인간에게 주술을 거는 일은 가능하다. 전래 동요는 어린이들에게 어울리는 시임에 틀림없으며 리듬을 타고 수많은 이미지를 만들어 간다. 그러므로 영국 어린이들은 전래 동요를 줄줄 외워 흥얼거리기도 하고, 노래하기도 하고, 춤을 추기도 한다. 어른이 되더라도 그것만은 절대 잊지 않는다. 어른이 되면서 머릿속에 집어넣어야 할 것들이 산더미처럼 쌓이고, 도움이 되든 안 되든 살아가는 동안 끊임없이 지식을 갖춰 가야만 한다. 그러다 보면 어린 시절의 노래는 마음 속 깊은 바닥으로 쫓겨나고야 만다. 그러나 이 노래들은 우연한 기회에 떠올라 저절로 입 밖으로 새어나온다. 엄숙한 표정의 어른들은 아득히 먼 과거의 추억에 잠겨 웃음을 지으며 노래를 읊조린다. 동요는 크리스마스 트리처럼 하나의 전통을 이루고 있다. 전세계 대영제국의 영토 곳곳에 영국인들이 흩어져 살고 있다. 멜버른이나 캘커타에 살고 있는 사람들도 있다. 그 사람들 사이에서 전래 동요는 친분의 증표이다. 전래 동요를 외우지 못하는 사람들끼리는 완전히 마음을 터놓고 사귈 수 없지만, 어릴 때 전래 동요를 흥얼거리며 자란 사람들은 서로 형제처럼 친숙한 사이가 된다.

그런데 라틴계 국민, 특히 프랑스인들은 시라는 것을 적절한 연령이 되어야만 능숙하게 구사할 수 있는 일종의 사치품으로 생각한다. 시가 지닌 합리적인 질서를 완전히 이해하지 못하면 시를 즐길 수 없다는 생각이다. 시는 환상이나 호응하는 반응, 음색 따위를 굳이 이해하지 못해도 그 재미는 충분히 맛볼 수 있다. 그러나 프랑스인들에게는 그런 사실이 어리석게 보인다. 따라서 프랑스에는 어린이들을 위한 시란 존재하지 않는다. 어른들이 이걸로 대충 견디라는 듯이 적당히 나눠주는 시는 인생 경험이 풍부한 어른들이 만든 것치고는 지독히도 유치하다. 그게 아니면 라 퐁텐의 우화시인데 이것은 어린이들에게 너무 어렵다. 그래도 어른들 생각에 어린이들이 자라서 알렉산드르 격의 시를 지을 수 있을 때까지는 그것으로 충분하다고 하면 그냥 내버려둬야지 어쩌겠는가!

엄격한 이기주의자이면서도 사랑하는 사람에게는 지칠 줄 모르는 애정을 쏟아붓는 노쇠한 대영제국은 어린이들이 성장함에 따라 그들에게 복종한다. 어린이들이 좋아하는 모험이나 스포츠를 통해 스릴을 즐기게 해 주고, 시심을 길러 주며, 상상력을 키워 준다. 더욱이 그 목적을 달성하기 위해서 학교까지 이용한다. 영국 고전 중의 하나인 《톰 브라운의 학창 시절 Tom Brown's School Days》이라는 책은 〈럭비 저널 Rugby Journal〉지에서 따온 문장을 표어로 내걸고 있으며, 어린이의 권리에 대해 다음과 같이 장황하게 서술하고 있다. "우리들은 아직 어린이이며 학교에 다닌다는 사실을 잊지 말아야 합니다. 그러나 우리도 하나의 완전한 사회적 집단, 즉 오로지 공부만 하는 것이 아니라 활동하고 생활도 하는 하나의 사회를 형성하고 있다는 사실을 기억해야 합니다." 언제나 이러한 자립심과 자존심을 가지고 행동하는 영국은, 이웃나라에 서라면 어린이들이 은혜를 모른다고 생각할 듯한 이런 종류의 문제를 제법 서정적으로 다루고 있다. 그들의 태도는 이웃나라 사람들의 마음조차 무의식중에 움직이게 할 정도이다. 영국 화가들은 재미있는 이미지로 어린이들의 초롱초롱한 눈망울에 즐거움을 안겨 줄 것을 요구받는다. 예술가들도 그런 요구를 받아들여 작업하는 것이 결코 자신의 가치를 떨어뜨린다고 생각하지 않는다. 오히려 어떤 위대한 예술에도 뒤지지 않을 독창적인 작업을 하고 있다고 자부한다. 영국 작가들은 어린이들을 위하여 타고난 재능을 사용할 것을 요구받는다. 그렇다고 해서 그들의 재능은 수준이 떨어지는 게 아니라 젊고 신선해지며 청춘의 샘으로 인도된다. 밀른 A. A. Milne은 셰퍼드 E. H. Shepard가 삽화를 그린 그의 유명한 작품 중 하나에 《우리가 아주 어렸을 때 When we were very young》라는 제목을 붙였다. 실제로 그 책을 읽어보면 밀른은 진짜 어린이로 되돌아간 듯 아주 신바람이 나서 이야기하고 있다. 어린 시절의 기억을 간신히 떠올린 것이 아니라 자연스럽게 어린 시절로 돌아간 것이다. 그는 결코 설명하거나 분석하거나 건조한 이론을 휘두르지 않는다. 그저 본능대로 행동할 뿐이다. 그러므로 한창 자랄 무렵의 어린이들만이 갖는 희로애락의 감정을 함께 느낄 수 있었다. 그가 이 책을 바친 소년 빌리 문처럼, 밀른 역시 어머니와 함께 외출하지 않으면 자동차에 치일까 봐 진심으로 걱정한다. 그는 동물원에 코끼리와 사자, 양과 달팽이라는 네 명의 친구가 있으며, 거리에 바둑판 모양의 보도 블록이 만드는 선을 밟지 않도록 주의한다. 선을 밟아서 런던의 모든 집 지하실에 숨어 있던 곰들이 나타난다면 진짜 큰일이니까. 온갖 종류의 출판물이 범람하고 있다. 연감, 월간지, 주간지, 이 모두가 일 년, 한 달, 한 주일의 기쁨을 전해 주는 배달부이다. 이 얼마나 양적으로 풍부하고 질적으로 우수한가! 이 얼마나 어린이들을 위한 친절한 마음의 배려이며 깊은 애정인가!

3. 미국의 도서관

미국을 갉아먹는 메커니즘에 관하여 말하는 것은 자유이다. 북미에서는 물질적 진보와 정신문화가 뒤엉켜 있다고 해도 무방하다. 개인의 주체성이 획일주의와 형체 없는 집단 속에 흡수되어 점차 소멸되어 가는 현상을 개탄해도 좋다. 직업으로는 규격화된 노동밖에 없고, 오락으로는 스포츠와 영화밖에 없는 생활의 위기를 고발하는 것도 자유이다. 이 또한 정당한 평가임에 틀림없으니까. 그러나 미국을 가늠할 때 천칭의 다른쪽 접시에 얹어야 할 것을 잊어서는 안 된다. 그것은 바로 미국의 어린이 교육이다. 젊은 나라 미국은 감탄스러울 정도로 어린이들을 소중히 여기며, 어린이 교육에 혈기왕성한 정열을 끊임없이 쏟아붓고 있다. 또한 어린이들을 보호하고, 정신을 살찌우고, 더 좋은 마음의 양식을 부여하고, 호기심을 충족시켜 주기 위해 참으로 놀라운 노력을 기울이고 있다.

탐험가들은 미국을 출발하여 세계 각국을 향해 떠났다가 새로운 이야기 소재를 가지고 돌아온다. 한편 세계 각국에서 예술가, 디자이너, 조각가, 화가들이 어린이책을 아름답게 장식하기 위해 초청된다. 물질문명의 압력으로 정신생활이 메말라가는 것을 비통해하는 이 나라 사람들은, 다음 세대에게 희망을 걸고 어린 새싹들이 상처입지 않도록, 그 어떤 나라도 흉내낼 수 없을 만큼 세심하게 주의를 기울여 사랑을 베푼다.

메이플라워 호를 타고 미국으로 건너간 사람들이 가슴 속에 품고 간 정서 중에는, 오랜 세월이 지나 많은 인종이 어지럽게 뒤섞인 후에도 여전히 보존되고 있는 것들이 있다. 어린이에 대한 배려와 애정이 그 중 하나이다. 그리고 이 배려하는 마음과 애정은 새로운 토양에서 훌륭하게 결실을 맺었다. 미국에서 어린이들을 위하여 인쇄된 책이 얼마나 되는지 아는가? 1919년에는 1,200만 권, 1925년에는 2,520만 권, 1927년에는 3,100만 권이다. 1919년에는 청소년을 위한 새로운 작품이 433편 발표되었고, 1929년에는 931편에 이른다. 대형 서점 가운데 어린이책 코너와 어린이책을 담당하는 전문 직원을 두지 않은 곳은 한 군데도 없으며, 어린이책 코너는 성인도서를 취급하는 부서에 뒤지지 않을 만큼 제 기능을 다하고 있다. 지금 내 눈앞에는 《어린이책 속의 황금나라 Realms of Gold in Children's Books》라는 근사한 카탈로그가 있다. 장장 800페이지에 걸쳐서 영어 원전이든 번역물이든 어린이들이 읽고 싶어하는 책은 모두 소개되어 있고, 더러는 요약된 줄거리까지 실려 있는데, 품위 있는 장정에 삽화까지 그려져 있다. 이에 비해 프랑스의 사정은 어떠한가? 프랑스에도 이런 출판사나 서점이 있는가? 미국은 참으로 별난 나라다. 무슨 일에든 인색하게 절약 따위는 하지 않는다. 책에 관해서는 특히 그렇다. 값싼 책을 만들어도 가치가 없다고 생각하지 않으며, 적은 돈으로 책을 만드는 일이 출판의 결정적인 조건이라고 생각하지도 않는다. 미국 사람들은 질이 나쁜 종이나 오래되어 낡아빠진 활자, 빛바랜 잉크, 불완전한 제본, 오식 따위는 용납하지 않는다. 그들은 아름다움을 사랑하는 마음과 동시에 아름다움에 친숙해지는 습관을 어릴 때부터 익히게 하려고 노력한다.

어린이 도서관이야말로 미국인들의 노력으로 세워졌으며 미국 국민의 깊은 인정을 깨닫게 하는 창의물이다. 어린이들은 꽃으로 장식하고,

환경과 조화를 이루는 가구들을 갖춘, 밝고 즐거운 분위기의 도서관을 자유로이 드나든다. 그들은 목록에서 마음에 드는 책을 골라 책장에서 꺼낸 다음 자리로 들고 가 독서에 열중한다. 무척이나 편안한 느낌이 드는 이 도서관은 살롱이나 클럽보다도 분위기가 좋다. 그야말로 자기 집 같다. 정서가 메마른 대도시에는 이 도서관을 제외하면 따뜻한 둥지를 갖지 못하는 어린이들이 놀랄 만큼 많다. 그곳에서 한 발짝만 밖으로 나가도 숨가쁜 생활이 펼쳐지고, 거대한 인간의 강이 떠들썩한 소리를 내며 흐른다. 마천루가 늘어서 있고 수백 수천 만의 인간이 빽빽이 들어차 있는 뉴욕이나 시카고는 거대한 공장처럼 쉴새없이 움직인다. 인간이란 인간은 모두 일하고 있다. 그들은 저녁 무렵 교외에 있는 집으로 돌아갈 때까지는 숨을 헐떡이며 일해야 한다. 게다가 집으로 돌아가도 쉬는 시간마저 기계적으로 보낸다. 그러나 어린이들이 조용한 도서관에서 즐기는 여가는 어른들의 여가와는 전혀 성질이 다르다. 어린이들은 간신히 발견한 쉼터인 도서관에서 영혼과 정신을 단련한다. 이러한 영혼과 정신은 어린이들이 어른이 되어 사회로 진출했을 때, 어지럽게 움직이는 사회의 흐름에 떠밀려가지 않고, 오히려 그것을 지배하거나 무시할 수 있는 단 하나의 무기이다.

어린이들은 정말로 존중받고 있다. 접수처에서는 어린이에게 부자인지 가난뱅이인지, 구교도인지 장로파 신자인지, 아니면 퀘이커 교도인지 따위의 질문은 하지 않는다. 어린이들은 완전한 자유를 누린다. 손이 닿는 곳에 있는 수백 수천 권의 책 중에서 마음에 드는 것을 골라 집어 들기만 하면 된다. 도서관에는 10분만 있어도 괜찮고 몇 시간씩 있어도 무방하다. 그러나 유럽에는 아직도 심보가 고약한 도서관 직원들이 너무나 많다. 그들은 책을 읽으러 도서관에 오는 사람들을 상대로 자신들의 일이나 휴식을 지켜야 하는 것처럼 행동하고, 도서관에 들어오는 사람은 모두 침입자이며 개인적인 적인 양 행동한다. "도서관 이용자 여러분, 당신들은 도서관 직원들의 업무를 방해하고 있습니다. 그들은 여러분의 도서관 이용에 도움을 주기 위해서가 아니라 퉁명스런 얼굴로 여러분에게 불쾌감을 주기 위해 있습니다. 또한 여러분은 원하는 책이 제본중이라거나, 대출중, 아니면 분실되었다는 대답을 듣게 될 것입니다." 이쯤 되면 차라리 나가 버리는 게 속시원하다. 그러나 미국에서는 책을 읽으러 도서관에 가면 오히려 책을 빌려 주는 쪽에서 감사를 표한다. 어린이들도 도서관에 가면 느긋한 마음으로 즐거운 시간을 보낼 수 있다는 것을 알기 때문에 도서관을 찾는다.

파리의 고색창연한 생세브랭 성당 근처에는 프랑스 어린이들을 비롯하여 그 주변에 사는 동양인과 러시아인, 폴란드인 같은 외국인을 위해 미국인이 만든 도서관이 하나 있다. 그 근방을 지나갈 일이 있으면 꼭 한번 들러보라. 도서관 주변에는 지저분한 집들이 들어차 있어 프랑수아 비용 François Villon[23]이 선술집을 뻔질나게 드나들던 때의 모습을 그대로 느낄 수 있다. 어쨌든 근처 골목으로 들어서면 민족 전시회라도 열린 듯 온갖 인종을 만날 수 있다. 거리만큼은 '부트브리'라는 옛날의 운치 있는 이름을 그대로 간직하고 있다. 이런 환경 속에 있는 도서관이지만 일단 안으로 들어가 보면 모두가 웃는 얼굴로 맞이해 준다는 느낌이 들 것이다. 젊은 여성 안내원들, 조화로운 색으로 장정된 책, 책꽂이에 잘 정돈된 책뿐 아니라 책장이 펼쳐진 채 수록된 그림과 판화 작품을 보여주고 있는 아름다운 책들, 넓은 홀을 따라 이어진 안뜰의 꽃과 나무들, 그리고 어린이들. 얌전해 보이는 소년이 집에서는 할 수 없는 숙제를 하러 들어선다. 소년은 들어오자마자 곧바로 여행 이야기나 지리책을 펼치고 독서에 열중한다. 이윽고 두 명의 소녀가 들어와 진지한 얼굴로 목록을 넘긴다. 이번에는 한눈에 장난꾸러기임을 알 수 있는 꼬마가

---

23) 프랑스의 시인으로, 방탕한 생활을 하며 범죄를 저지르기도 했다.

들어온다. 이곳이 학교였다면 이 꼬마 하나 때문에 도서관은 순식간에 벌집을 쑤셔놓은 듯 소동이 일어났을 것이다. 그러나 아무도 소동을 피우지 않는다. 꼬마 역시 조용히 독서를 한다. 이 어린이는 그저 지나는 길에 들른 손님이 아니라 이 도서관의 주인인 것이다. 책장을 찢는 일은 자기 얼굴에 먹칠을 하는 것과 똑같고, 도서관 내의 정적을 깨뜨리는 일은 매우 불명예스러운 짓이다. 어린이는 도서관 출입 기록부에 자기 이름을 커다랗게 써놓음으로써 다른 모든 사람들과 이런 약속을 한 것이다. "나는 내 이름을 이 기록부에 써놓음으로써 '즐거운 시간' 모임의 회원이 되었습니다. 책을 소중히 다루며 도서관 직원들과 협력하여 이곳을 우리 모두에게 즐겁고 유익한 도서관으로 만들 것을 약속합니다." 즐거운 시간이란 단순히 책을 읽으며 보내는 시간만을 의미하는 것이 아니라, 이야기를 나누는 시간이기도 하다. 10월부터 다음 해 5월까지 매주 목요일 4시 30분이 되면 어린이들은 이야기꾼 주변에 둥글게 모여든다. 이 시간은 영화를 보는 것보다도 즐겁다.

이런 식으로 매일 백 명 정도의 어린이들이 이 도서관을 드나든다. 한 달에 한 번 일반 집회를 개최하여, 그 달의 행사에 관한 이야기를 나눈다. 집회에 참석한 소년소녀 두 명이 조장이 되어 도서관의 관리 책임을 맡아, 새로운 입회자들에게 여러 가지 정보를 주기도 하고 때로는 책의 대출을 돕기도 한다. 이것과 비교하여 내 어린 시절의 도서관은 어떠했던가? 그것은 정신을 수양하기보다는 옷감짜기에 바쁜 북쪽의 어느 도시에 있었다. 도서관 직원은 다리 관절염을 앓는 잔소리꾼으로, 사다리가 없을 때 손이 닿지 않는 높은 곳에 있는 책을 빌리고 싶다고 말하면 한숨부터 내쉬는 노인이었다. 도서관은 좀처럼 찾는 사람이 없어서 언제나 쓸쓸하고 음산했다. 그곳은 마치 죽은 자들의 나라 같았다. 그 도서관은 어린이들을 위하여 만들어진 것이 아니었기 때문에 꼭 가야 할 일이 없으면 갈 마음조차 생기지 않았다. 그러나 부트브리 거리에 있는 도서관에서는 결코 이런 일이 일어나지 않는다.

"이 도서관은 학교 도서실이 아니다. 교실 벽을 따라 열쇠가 채워진 선반을 조심스레 고정시키고, 고작 20~30권 정도의 책밖에 없어 학생 몇몇이 빌려가고 나면 순식간에 텅 비어 버리는 그런 곳이 아니다. 이곳은 이른바 '대중' 도서관도 아니다. 대도시에서조차 사람들 눈에 띄지 않는 구석진 가게의 어둑한 방으로 쫓겨난 듯한 도서관, 책은 온통 검은 천으로 장정되어 있고 불결하며 세균이 우글거린다. 도서 담당 점원은 놀랍게도 그런 형편에서도 교육적 역할을 다하여 독서 지도까지 겸하고 있으며, 그 점원이 저녁이면 집집마다 책을 배달하는 그런 대중 도서관도 아니다. 어린이들을 위한 도서관이란, 미국이 내린 정의에 의하면 '학교라기보다는 오히려 가정'이다." 이 멋진 말에는 도서관장 찰스 슈미트 Charles Schmidt의 생각이 들어 있다. 그는 도서관에 대해 미국이 갖고 있는 확고한 신념을 어떻게 하면 프랑스나 유럽에서도 수용할 수 있을지 우리에게 가르쳐 준다.

유년 시절에 읽은 뛰어난 고전의 작가에 뒤지지 않을 만큼 훌륭한 신인작가를 키워내기 위해 현상이나 포상을 활성화할 것. 예를 들면 세인트 폴스 처치야드의 서점 주인 존 뉴베리의 이름을 딴 상패가 있다. 이것은 해마다 가장 훌륭한 책을 쓴 작가에게 수여하는 상인데, 이러한 수상식을 늘려 신인작가들의 경쟁심을 고양시킬 것. 가장 영향력 있는 출판사 및 교육 단체가 쏟고 있는 끊임없는 노력. 어린이를 위한 독서 지도사를 양성하는 학교나 강좌의 설치. 독서 지도사들이 가장 유익하고 새로운 연구를 할 수 있도록 그들이 원하는 나라로 유학을 보낼 기부금이나 장학금 제도. 관외 대출이 가능한 도서관이나 농촌 도서관의 조직. 오지 마을로 책보내기. 성공에 자만하지 않고 끊임없이 최상의 것을 추구하는 열정적인 제작 의욕. 이런 것들이 바로 내가 미국에서 본 것이다.

4. 동화의 왕 안데르센

어린이 문학의 왕을 뽑는다면, 내가 표를 던질 사람은 라틴계 작가가 아니라 한스 크리스티안 안데르센 Hans Christian Andersen이다.

그는 1805년 4월 7일, 발트해의 회색 파도가 밀려오는 덴마크의 어촌 오덴세에서 태어났다. 아버지는 혼례 침대마저 부서진 관으로 만들어야 했을 만큼 가난한 구두 수선공이었다. 어머니는 안데르센에게 덴마크의 옛 민요들을 불러 주었다. 그는 부모님으로부터 평생 그의 기질을 이룬 덴마크 토박이의 혼을 물려받았다. 안데르센은 열네 살 때 코펜하겐으로 진출했다. 시골 출신의 양자에게 깊은 애정을 쏟으며, 믿음을 가지고 영혼 속에 숨어 있는 재능을 간파한 도시가 있다면 그것은 바로 코펜하겐이었다. 그곳에서 안데르센은 양복점 재단사로 일했지만 적성에 맞지 않았고 무용수나 가수, 배우가 되고 싶었다. 마침내 그는 몇몇 후원자를 만나 생계비를 지원받고 학교에 다니게 되었다. 못생긴 얼굴에 키만 껑충 크고 말라깽이에다 코와 손, 발이 남들보다 배는 큰 소년이 아이들과 함께 교실에 앉아 있는 광경은, 마치 귀여운 새끼오리들 속에 못생긴 새끼백조 한 마리가 끼여 있는 것처럼 우스꽝스러워 보였다. 그는 대학에도 입학하였다. 또 1839년에는 얼마 되지 않는 액수지만 여행 장학금도 타서 세계를 돌아다니며 사고의 폭을 넓혔다. 안데르센은 수많은 수필과 시, 소설을 썼으며, 1839년에 어린이들을 위한 첫 번째 이야기집을 발표한 이후로 잇달아 훌륭한 이야기들을 세상에 내놓아 덴마크 사람들을 환호하게 만들었다.

나는 안데르센의 활동 무대를 돌아보다가 그가 살던 당시를 기억하는 노부인을 만났다. 그녀는 늙어서 야윌 대로 야위고 아주 쇠약해져 있었지만, 손의 움직임만큼은 마치 기억 속에서 과거의 단편을 끄집어 내려는 것처럼 활기가 넘쳤다. 그녀는 어둠 속에서 안데르센을 향해 미소지었다. "그분은 곧잘 이 구석 창가에 앉아 계셨습니다. 새로운 이야기를 쓸 때마다 우리에게 들려 주셨지요. 나를 루이제라고 부르셨습니다. 또 우리를 위해 자주 가위로 종이를 오려 주셨지요. 임금님이나 여왕님, 빵처럼 부풀린 치마를 입은 귀부인, 어릿광대, 풍경, 당초무늬 등 다양한 모양을 오려 주셨어요. 우리는 그 모습을 보며 세상에 손이 저렇게 크다니 하고 생각했답니다. 그런데 그 커다란 손이 볼품은 없어도 아주 솜씨가 뛰어나서, 종이를 오릴 때 한 번도 실수한 적이 없었어요. 이 초상화를 보세요. 그분을 그린 거랍니다. 밑부분엔 손수 쓰신 글씨가 있는데 '인생은 온갖 모험 가운데서도 가장 아름답다.'고 쓰여 있지요. 이 접는 부채를 보세요. 주름 위에 쓰여진 글씨도 모두 유명한 그분의 자필이랍니다. 그분이 생각해 낸 아이디어죠. 이 병풍은 병에 걸렸을 때 손수 만드셨는데, 신문이나 잡지에서 오려낸 그림을 이런 식으로 한데 모아 붙인 거죠. 병풍의 각 면은 나라별로 되어 있어요. 아, 이게 프랑스인데……."

하얀 판자를 덧댄 넓은 방의 창문을 열자, 코펜하겐의 중심가에 해당하는 꽃시장과 어시장, 성의 모습이 눈앞에 펼쳐졌다. 그 넓은 방도 안데르센 시대와 조금도 다르지 않았다. 머리에 실크 모자를 쓰고 늘 우산을 들고 다니던 안데르센이 당장이라도 노크를 하며 들어올 것 같았고, 평소에 즐겨 앉던 자리에서 지금이라도 나이팅게일이나 용감한 주석 병정 이야기를 시작할 것 같았다. 나는 다시 그가 다니던 거리를 돌아다니거나, 그가 즐겨 보던 낡은 집들을 바라보거나, 그가 넘나들던 문턱을 넘으면서 한발 한발 그의 뒤를 쫓아갔다. 그러면서 이 세상에서 가장 아름다운 삶을 산 한 사람의 추억을 더듬어 갔다. 안데르센은 처음에는 비참하게 생활했다. 여러 번 절망으로 내몰리고 노력에 비해 좀처럼 좋은 결과를 얻지 못했다. 그의 인생은 아름답고 이국적인 수많은 환영과 늘 배신을 당하기는 했지만 격렬한 애정으로 가득 차 있었다. 또한 그를 위로하는 위대한 우정으로 가득 차 있었다. 안데르센은 마침내 찬란한 영광에 이르러 불멸의 왕관을 쓰게 되었다.

안데르센은 왕이다. 그는 이야기라는 작은 틀 속에 우주의 온갖 장관을 들여놓을 수 있었기 때문이다. 그렇다고 어린이들에게 결코 지나치게 많은 것을 보여 준 것은 아니다. 그 작은 틀 속에는 단지 코펜하겐과 벽돌집, 붉은빛이 감도는 커다란 지붕, 구릿빛 둥근 지붕, 햇빛을 받아 반짝이는 노트르담 성당의 황금 십자가만 보이는 것은 아니다. 그곳에는 연못과 숲, 바람에 흔들리는 버드나무가 있고, 바다에 둘러싸인 덴마크, 스칸디나비아, 눈과 얼음에 갇힌 아이슬란드도 있고, 독일, 스위스, 햇빛이 눈부시게 쏟아지는 스페인, 폴란드, 밀라노, 베네치아, 피렌체, 나아가서는 로마, 예술의 도시이자 혁명의 도시인 파리까지 발견할 수 있다. 그뿐 아니라 이집트와 페르시아, 중국, 인어들이 사는 저 깊은 대양, 커다란 백조들의 하얀 그림자가 지나가는 하늘도 발견할 수 있다.

이것이야말로 놀라운 '그림책'이다. 창백하고 나른한 달빛이 산 속으로 연못으로, 창을 통해 집 안으로 살며시 숨어들어 장난치다가 사라져 간다. 달은 가는 곳마다 보고 들은 것들을 이야기하는데, 그것이 이 '그림책'인 것이다. 현재로는 만족하지 못하는 사람들을 위해 폼페이의 별장이라든가 바이킹의 이국풍 궁전과 같은 과거의 이야기도 있다. 또 현실만으로는 시시해하는 사람들을 위해 요정들이 등장하는 마법의 무대도 있다. 이야기 속에 등장하는 다양한 자연 풍경으로도 만족하지 못한다면 그대로 눈을 감으면 된다. 그러면 꿈나라가 나타나고 진실의 그림자가 빛을 내면서 변해간다. 그것은 환한 한낮의 아름다움보다 더 아름다울 것이다.

풍부한 상상력만을 놓고 본다면 아마 안데르센만한 작가는 또 있을 것이다. 그러나 안데르센에게는 그가 독자적으로 펼쳐 보인 귀중한 것이 있다. 그가 어린이들에게 선사한 무척이나 화려하고 독특한 선물. 영원히 어린이들을 매료시켜 평생토록 기억에 남을 만한 아름다운 광경. 그것은 바로 눈이다. 프랑스 어린이들은 대부분 눈을 본 적이 없다. 나폴리나 그라나다의 어린이들도 산꼭대기에 쌓인 흰 눈을 멀리서 바라볼 뿐이다. 이따금씩 파리에도 눈이 내린다. 그러나 모처럼 내린 눈은 금세 매연이나 진흙으로 더러워지고 만다. 그렇다면 어린이들은 어떻게 얼어붙은 광야의 환영을 눈을 감고 그릴 수 있을까? 그것은 물론 안데르센이 신비한 얼음의 세계를 펼쳐 보였기 때문이다. 빙산이 바다의 괴물처럼 떠 있는 빙해의 그림. 그 얼마나 신비롭고 아름다운가! 다섯째 인어 공주는 그 멋진 광경을 보고 자기도 모르게 눈이 휘둥그레졌다! 공주는 겨울 바다를 보면서 새로운 세계를 익혀 나간다.

> 다섯째 공주 차례가 되었습니다. 마침 공주의 생일은 한겨울이었기 때문에 다른 공주들이 보지 못했던 것을 보고 돌아왔습니다. 바다는 온통 초록빛이었고 여기저기에 커다란 빙산이 떠 있었습니다. 공주는 그 빙산 하나하나가 마치 진주 같았고, 인간이 세운 교회의 탑보다도 훨씬 컸다고 말했습니다. 게다가 너무나도 신기한 모양에 다이아몬드처럼 번쩍번쩍 빛나고 있었다고…….

유리창에는 두터운 커튼이 내려져 있고, 앞집을 보고 싶을 때는 뜨거운 입김을 불어서 유리창에 얼어붙은 눈에 구멍을 만들고 밖을 내다보아야 하는 도시의 겨울. 성냥팔이 소녀의 손가락을 새파랗게 만들고 손발을 얼게 하고, 사랑에 빠진 크누드를 꿈 속에서 영원히 잠들게 하는 겨울. 눈사람이 한 번 쏘아보기만 해도 태양을 지평선 너머로 지게 할 수 있다고 자만하는 겨울. 태풍이 바다에서 육지로 상륙하여 날뛰고, 마을의 교회당을 때아닌 모래폭풍으로 휘감아 버리는 모래사장의 겨울. 유럽의 북쪽 끝 라플란드에 군림하며 동물이나 인간을 닥치는 대로 삼켜 버리는 불모지 광야의 지배자, 겨울의 왕. 안데르센은 이처럼 멋진 광경을 어린이들에게 아낌없이 선사한다.

덕분에 우리는 온몸이 얼음으로 되어 있는 눈의 여왕을 직접 볼 수 있었다. 밝은 별처럼 빛나는 여왕의 눈도 보았으며, 꼬마 카이와 함께 우리가 탄 썰매를 여왕의 새하얀 썰매와 연결했다. 우리는 눈의 여왕 옆에 앉아 솜처럼 폭신한 눈 위를 미끄러져 하늘로 날아올랐다. 숲과 호수, 대지, 바다 위를 날아갔다. 저 아래에서는 얼음처럼 차가운 바람이 휘몰아치고, 이리들이 울부짖고, 눈이 반짝반짝 빛나고 있었다. 위를 올려다보면 새까만 까마귀가 울면서 날고, 아득한 하늘 저편에서는 커다란 달이 환하게 빛나고 있었다. 이윽고 우리는 여왕의 궁전에 도착한다.

> 성벽은 지금도 계속 쏟아지고 있는 눈으로 지어져 있고, 창이나 문은 살을 에는 듯한 바람으로 만들어져 있었습니다. 성에는 커다란 방이 수백 개나 있었는데, 모두 평평 내려 쌓인 눈으로 만들어졌습니다. 가장 커다란 방은 길이가 몇 킬로미터나 되었는데 강렬한 빛의 오로라가 밝게 비추고 있었습니다. 방은 모두 텅 비었고 얼음이 반짝반짝 빛나는 추운 곳이었습니다. 그곳에선 즐거움이란 찾아볼 수 없었습니다. 북극곰들이 휘몰아치는 폭풍의 반주에 맞춰 춤추는 무도회도 없었고, 볼이나 다리를 손으로 치는 연회도 없었습니다. 흰 여우 아가씨들이 수다를 즐기는 다과회도 없었습니다. 방은 모두 텅 비어 휑하니 썰렁했고, 오로라는 꼬박꼬박 규칙적으로 피어올랐기 때문에 그것이 언제 높아지고 언제 낮아질지 잘 알 수 있었습니다. 한없이 펼쳐진 커다란 방의

> 한가운데에는 꽁꽁 언 호수가 있었습니다. 수면은 수천만 개의 작은 조각으로 갈라져 있었는데 조각 하나하나가 아주 똑같은 모양을 하고 있어, 호수 전체가 훌륭한 예술품처럼 보였습니다. 눈의 여왕은 성에 머무를 때면 늘 호수 한가운데에 앉아 있었습니다. 여왕은 "나는 이성의 거울에 앉아 있다. 이 거울은 세상에 단 하나밖에 없는 가장 훌륭한 거울이다."라고 말했습니다……

사방을 둘러봐도 보이는 건 눈뿐. 꼬마 카이처럼 우리의 심장이 얼어붙지 않았으니 다행이다.

> 꼬마 카이는 추위로 온몸이 새파랗게 얼었습니다. 아니 거무튀튀해졌습니다. 하지만 카이는 아무것도 모릅니다. 그럴 수밖에요, 눈의 여왕이 키스를 통해 춥다는 느낌을 앗아가 버렸으니까요. 게다가 카이의 마음은 얼음장처럼 차가웠습니다. 카이는 날카롭고 판판한 얼음 조각을 질질 끌고와 여러 가지 모양으로 짜맞추었습니다. 그는 뭔가를 만들어 내려고 했는데, 나무토막을 여러 가지 모양으로 늘어놓고 맞추는 '차이니스 퍼즐'과 비슷했습니다. 카이는 얼음 조각을 여러 가지 모양으로 늘어놓아 보았습니다. 그것은 '지혜의 놀이'로 머리를 많이 짜내야 합니다. 얼음 조각을 제대로 늘어놓으면 하나의 단어가 되었습니다. 그런데 카이가 만들고 싶어하는 단어만은 아무리 해도 잘 되지 않았습니다. 그것은 '영원'이었습니다.

이 이야기에서처럼 겔다 같은 소녀가 세상의 끝에 있는 눈의 여왕의 궁전까지 우리를 쫓아와서, 그 뜨거운 눈물로 얼음 덩어리를 녹여 준다면 정말로 행운이다. 그녀가 따뜻한 사랑의 힘으로 수수께끼를 풀어 주고, 잃어버린 영원이라는 단어를 맞추게 해 준다면 정말로 행운이다.

안데르센은 왕이다. 그는 생명이 있는 것과 생명이 없는 것의 영혼 속을 파고들 수 있는 유일한 작가이기 때문이다. 안데르센과 어린이들은 동물도 사람이 이해할 수 있는 말을 구사할 수 있다는 사실을 누구보다도 잘 알고 있다. 고양이가 꼬마 루디한테 "나랑 같이 지붕 위에 올라가 보자. 한쪽 발을 여기에 놓고 다른 쪽 발을 좀더 높은 곳에 놓는 거야. 자, 일어나서 내가 하는 걸 봐. 이런 건 아무것도 아니야." 하고 말하면 꼬마 루디는 고양이의 말을 척척 알아듣는다. 개도 말을 한다. 짖는 것만으로는 만족스럽지 않아서 눈이나 귀, 꼬리까지 이용하고 결국에는 몸 전체를 이용하여 자신의 감정을 표현한다. 루디에게는 이것이 너무나도 자연스럽다. 그는 개가 하는 말을 모두 알아듣는다. 풀이나 나무도 이야기를 한다. 거기에는 이론의 여지가 없다. 하지만 딱총나무 아줌마와 버드나무 아저씨는 어째서 다른 친구들처럼 소곤소곤 얘기하지 않는 걸까. 잎사귀들은 수다스럽다. 별일도 아닌 걸 가지고 시끄럽게 재잘거린다.

그보다 더 신기하고 멋진 일은 생명이 없는 사물이 생물처럼 움직이거나 소리를 내는 일이다. 장난감이나 벽난로 위에 거드름을 피우며 서 있는 도자기 무희만 그런 것이 아니다. 또 장식장 위에서 사람들을 빤히 바라보며 머리를 흔들고 있는 중국 인형만 그런 것도 아니다. 사람들이 '물건'이라고 부르며 치워놓은 것들이 하나도 빠짐없이 움직이고 떠들어대며, 이야기도 하고 불평도 하고 노래도 부르기 시작한다. 모두가 다 살아 있다. 창 너머에서 춤추는 햇살, 여름 옷을 걸친 사과나무 가지, 거실의 가구, 정원사의 도구, 주방용품, 통, 빗자루, 바구니, 접시, 그리고 묘하게 뻐기고 있는 성냥에 이르기까지 상상할 수 있는 온갖 물건들이 옆에 있는 물건과 이야기도 하고 친구가 되어 놀고 싶어한다. 아무 일도 일어나지 않을 것처럼 보이는 고요한 밤, 그런 밤이야말로 그때까지 잠자코 있던 것들이 마음놓고 이야기하는 때이다. 낮 동안에 꼼짝 않고 가만히 있었기 때문에 이제는 움직이고 싶어서 다리가 근질근질하다. 그들은 뛰어오르거나 팔짝팔짝 뛰고 싶어한다. 드디어 밤이 찾아온다. 그들은 뛸 듯이 기뻐하며 움직이기 시작한다. 수학 문제는 석판 위를 돌아다니고, 글씨는 어린이들의 서툰 솜씨를 한탄하면서 공책 위에 똑바로 고쳐 앉는다.

> 이제 겨우 말을 배우기 시작한 어린 시절에는 닭이나 집오리, 개, 고양이가 하는 말을 아주 잘 알아듣는다. 아버지 어머니와 이야기할 때처럼 그들이 하는 말을 분명하게 알아들을 수 있다. 어린이들이 말처럼 타고 노는 할아버지 지팡이의 울음소리까지 들리고 머리며 다리, 꼬리까지 보인다. 어른이 되면 이런 능력을 잃어버린다. 그러나 그 능력을 남보다 갑절이나 오래 간직하는 어린이들도 있다. 어른은 그런 어린이들을 보고 몸집만 커다란 얼간이라고 몰아세운다······.

몸집만 커다란 얼간이 또는 천재. 천재 안데르센이 영원히 어린이로 남아 있었던 것을 하느님께 감사하자.

사람들은 대개 보고 듣는 모든 것을 분석하거나 해부하여 무력하게 만든다. 그런데 안데르센은 거꾸로 그것을 풍부하게 하고 그 속에 생명까지 불어넣는다. 그는 산꼭대기 그것도 가장 높은 산의 정상에 서서 '현기증의 신'의 숨결을 느낀다. 현기증의 신은 그를 비틀거리게 하고, 끝내는 지옥 바닥에 떨어뜨리려고 뚫어지게 바라보고 있다. 빙하의 틈새 저 밑바닥에는 빙하의 여왕이 살고 있다. 여왕은 제물을 기다리고 있다. 저 멀리 여왕의 목소리가 들려온다. 안데르센은 결코 혼자가 아니다. 수많은 어린 생명들이 그의 모습을 지켜보며 에워싸고 있다. 그는 한 사람의 배우에 지나지 않는다. 대극장 무대에는 그와 함께 수많은 배우들이 등장하는데, 안데르센은 그 중에서 비교적 훌륭한 재능을 지닌 배우에 불과하다. 그 밖의 배우들인 떡갈나무, 집, 나비, 파도, 나무토막, 묘석 등은 모두 그와 함께 기뻐하기도 하고 괴로워하기도 한다. 이것은 물론 환각이다. 그러나 그것이 살아 있는 것의 신비와 살아 있지 않은 것의 끊임없는 숨결을 나타내고 있다면 그것을 통틀어 거짓된 것, 의도적인 것이라고 치부해 버려서는 안 된다.

　북쪽 나라 사람들의 뛰어난 상상력과 풍부한 감수성이 여기에서도 여실히 드러나고 있지 않은가! 남쪽 나라에서는 강렬한 햇빛이 모든 것을 또렷이 비춘다. 그래서 남쪽 나라 사람들의 상상력에는 한계가 있다. 북쪽 나라 사람들의 상상력은 그에 비해 얼마나 다른가! 그곳에서는 맑게 갠 날조차 햇빛이 약하고 하늘은 어딘지 모르게 어둠침침하다. 안개가 낀 북쪽 나라의 하늘, 그 하늘 아래서 생활해 보면 왠지 불안하고 혼란스러운 기분을 경험하게 된다. 난데없이 나무뿌리와 마주치면 "어, 누구지? 여기서 얼굴을 찡그리고 있는 건." 하고 생각한다. 바다를 바라보고 있노라면 잿빛을 띤 넓은 하늘에 무수한 환영이 아련히 떠오른다. 그러나 주위는 어슴푸레하고 희미하므로 강렬한 햇빛이 현실을 또렷이 비추어 환상을 깨는 일 따위는 없다. 우리 인간은 인간의 법칙으로 외계의 사물과 접촉하고, 자기 중심으로 사물을 바라본다. 그런데 북쪽 나라 사람들은 자기 중심이라 해도 결코 권위에 의지하거나 자신을 과신하는 일이 없다. 상상을 움직이는 주체는 바로 인간 자신인데도 북쪽 나라 사람들은 자신의 상상력을 별로 믿지 않는다. 스스로 세계를 향해 외치고 세계를 움직이면서도 자신이 외부의 힘에 좌지우지되는 것 같은 수동적인 자세로 남아 있는 걸 즐긴다. 그들은 이것이다 하는 확신이 없기 때문에 모든 것이 자유롭게 행동하도록 허락하면서 그 특색을 발휘시킨다. 그래서 모든 것이 인간과 동등하게 다뤄진다. 북쪽 나라 사람들은 수평선 너머, 사람이라곤 그림자조차 찾아볼 수 없는 쓸쓸한 대지에도 친구를 갖고 있다. 또 생명을 소중히 여기고, 동물을 인간과 동등한 수준으로 끌어올린다. 동물에게도 그들만의 권리가 있는 게 아닐까? 황새는 모두 흰색과 검은색 의상을 걸치고 빨간 구두를 신고 있어 겉으로 보기에는 거의 비슷하다. 그러나 그들한테도 개성이 있는 법이다. 숲이나

들의 새들은 각기 다른 색의 날개를 갖고 있다. 그렇다면 날개색과 마찬가지로 특성도 서로 다르다고 볼 수 있지 않을까?

외적인 것에서 내면에 숨겨진 생명으로 눈을 돌림으로써 각 사물이 가지고 있는 개별적인 영혼의 비밀을 발견할 수는 없을까? 비록 그것이 단순히 재미를 더하기 위한 것일지라도 사물에 대한 동정과 다정한 배려가 숨어 있다. 낡은 가로등을 예로 들어보자. 인간 생활에 꼭 필요한 가로등은 마치 의지력을 갖고 있는 것처럼 밤길을 비춰, 사람들을 위험으로부터 보호하면서 도움을 주려고 열심히 일한다. 비바람에도 용감히 맞선다. 게다가 총명함도 갖추고 있어서 통행인들에게 일어나는 사건에도 흥미를 느낀다. 또 섬세한 감수성도 갖고 있어 주변에 불행한 일이 일어나면 눈을 깜빡이며 고민한다. 가로등은 언제까지나 오래 살기를 바라며 허무를 두려워한다. 이처럼 공상은 끝없이 펼쳐진다. 빳빳하게 풀을 먹인 옷깃은 새하얀 광택을 자랑하고, 주전자는 성미가 까다로워서 뜨겁게 달궈졌을 때만 노래하려 든다. 은화는 사람들에게 가짜 금이라는 말을 들으면 부르르 몸을 떨며 분개할 게 뻔하다.

안데르센의 동화를 다 읽고 나면 처음 그것을 읽기 시작했을 때와는 다른 사람이 된 것 같은 느낌이 든다. 랭보가 말했듯이 자신의 내면 세계인 가공의 오페라 opéra fabuleux에 흠뻑 취할지도 모른다. 들판에서 물결치는 밀들은 무엇에 감동하여 그토록 몸을 떨고 있을까? 하늘을 지나가는 구름은 어디로 가는 걸까? 그처럼 가벼운 의상을 입고 푸른 하늘 왕자의 궁전에서 열리는 잔치에 가는 걸까?

하지만 최고의 왕위를 차지한 그의 모든 타이틀 가운데서도 가장 아름답고 고귀한 것은 다음과 같다.

안데르센은 이 세상엔 고통스러운 일이 많다고 생각한다. 사랑하는 여인에게서 사랑을 받지 못하는 남자가 있다. 그 여인은 누이동생으로는 괜찮지만 연인이 되고 싶지는 않다고 말한다. 그리고는 마침내 훌륭한 성악가가 되거나 외국으로 떠나거나 다른 남자와 결혼을 하고, 과거의 남자는 잊어버린다. 이 세상에는 또 죽음이라는 불행이 기다리고 있다. 어려서 부모님이 돌아가시고 아이들만 세상에 남겨지는 경우가 있다. 이 아이들은 앞으로 얼마나 어려움을 겪을까! 참으로 우리 육신의 덧없음을 절실히 느낀다. 한 순간 한 순간 우리는 꺼져간다. 모든 것은 잠시 지나갈 뿐이다. 카이사르의 궁전도, 시인의 책도. 동물이 인간보다 행복하다고 할 수는 없다. 개가 쇠사슬에 묶이며 이렇게 말했다고 한다. "세상일은 모두 뜻모를 것뿐이다. 인간한테도, 개한테도."

설령 인간이 세상의 이치를 안다고 해 봐야 그건 일시적인 위안에 불과하리라. 인생이라는 책은 너무 어려워 좀처럼 다 이해할 수가 없다. 현자도 그 책의 몇몇 장을 해독할 수는 있어도 마지막 장은 불가능하다. 미지의 세계를 향한 출발에 대해 논한 마지막 장은 아무리 해도 이해할 수 없다. 그 몇 줄의 문장을 가장 강렬한 빛으로 비추기 위해서는 납 따위의 비금속을 금으로 변하게 할 수 있다는 '현자의 돌'이 필요할지도 모른다. 하지만 도대체 그 돌을 어디서 찾을 수 있을까? 모든 재앙은 인류의 시조인 아담과 이브가 범한 잘못에서 비롯되었다고 하지만, 그들은 왜 그런 잘못을 저질렀을까?

혼자서 산책하거나 잠을 이루지 못할 때 마음을 괴롭히는 이런 의혹들. 아울러 인간의 어리석음도 번민의 씨앗이 된다. 세상에는 어리석은 자가 너무나도 많다. 어째서 이렇게 많을까? 누구나 자신은 평범한 인간이 아니라고 생각하며 우쭐댄다. 눈사람은 저녁 해가 지평선 너머로 지는 것을 보고 자신의 위엄으로 해를 넘어가게 했다고 생각한다. 엉겅퀴는 자기가 스코틀랜드의 어느 명가 혈통이라고 주장한다. 포르투갈 산

집오리는 혈통을 뽐내며 포르투갈 산이 아닌 집오리를 모조리 경멸한다. 쐐기풀은 자신은 고급 모슬린의 원료가 되므로 고귀한 식물이라고 선언한다. 아무것도 입지 않은 벌거벗은 임금님을 보고 감탄하는 얼간이도 있다. 모두가 그런 식이다.

지나치게 일을 하면 손에 못이 박힐 뿐만 아니라 영혼마저 표독스러워질 우려가 있다. 반면에 일하지 않고도 먹고 살 수 있는 사람들은 구두를 더럽히지 않으려고 빵 위를 걸어다니는 어린 인게르처럼 이기적이며 잔혹하다. 우리 자신에게도 습지 왕의 딸처럼 다음과 같은 이중 성격이 있다.

> 소녀는 무서운 마법에 걸려 있었습니다. 낮에는 마치 요정이나 태양의 딸처럼 사람들의 마음을 빼앗을 정도로 아름다웠지만 너무나 심술궂고 잔인했습니다. 그러나 밤이면 추한 개구리로 변했지만 아주 다정하고 얌전했습니다. 소녀는 비탄에 잠겼고 눈에는 슬픔이 가득했습니다. 소녀에게는 태양이 뜨고 지는 것에 따라 몸과 마음이 모두 변하는 두 가지 성질이 있었습니다.

이 소녀의 일면만을 보았다면 이처럼 진실된 관찰은 할 수 없었으리라. 그리고 저 생강이 든 빵을 파는 상인과 더불어 이렇게 이야기했으리라.

> 우리 가게 진열장에는 생강이 든 빵으로 만든 두 젊은이가 있었습니다. 하나는 모자를 쓴 청년이고, 다른 하나는 모자를 쓰지 않은 아가씨였습니다. 둘 다 한쪽만 사람의 얼굴을 하고 있었기 때문에 반대쪽은 보기가 흉했죠. 하지만 사람도 마찬가지입니다. 사람의 이면을 들여다보는 것은 그리 기분 좋은 일이 아니니까요.

인간의 본성을 가려내려고 몰두하는 동화작가, 인생의 고통을 몸소 체험하고 생명이 없는 물건에게까지 살아갈 용기를 주려고 한 안데르센. 안데르센은 추위에 떨면서도 세상은 언제나 따뜻한 곳이라고 떠벌이는 위선자는 아니다. 그는 산다는 것이 무엇인지 알고 악의 문제, 생존의 문제 들을 대담하게 내놓는다. 그러나 진실을 알았다고 해서 살아갈 용기를 잃지는 않는다. 그는 나아가 진실을 더 깊이 알고자 하며 정면으로 바라보고자 한다. 사람이 괴로워하는 것은 오히려 진실을 반만 알고 있을 때이다.

　안데르센은 인간을 관찰한 결과, 인간이란 언제나 과도기에 놓여 있으며 그것에서 벗어나려면 의지, 신앙, 사랑의 힘이 필요하다는 사실을 깨닫는다. 인류는 끊임없이 생장 발전하여 마침내 오늘날의 지위에 올랐다. 앞으로도 인간으로서 이룰 수 있는 최고의 경지를 향해 끊임없이 노력해야 함은 물론이고, 적어도 그런 마음가짐으로 살아야겠다. 이상적일 만큼 높은 가치를 지닌 사랑은, 고뇌보다도 강하고 또 상대가 눈앞에 없음으로 인하여 느끼는 쓸쓸함보다 한층 강하다. 사랑은 온갖 기적을 이룬다. 심지어 부활의 기적까지도. 그것은 생명의 도약이며 영원한 생명의 상징이다. 마법도 사랑의 힘에는 당해내지 못한다. 이집트의 왕은 딸이 간직한 사랑의 힘으로 생명을 되찾는다. 신의 계시가 예언한 대로 이루어진 것이다. "사랑은 생명을 낳는다. 가장 헌신적인 사랑은 가장 고귀한 생명을 낳는다. 왕의 생명을 구할 수 있는 것은 단 한 가지, 사랑뿐이다." 사랑을 통해 완전한 자기 희생을 통해 어린 인어 공주는 영원한 생명을 얻는다. 진정한 악, 그것은 영혼을 거스르는 죄이며 선의도 인간성도 지니지 않은 것이다. 진정한 선, 그것은 인간이 끊임없이 향상하고자 노력하는 일이며, 인간은 선의만 갖고 있으면 훌륭한 사람이 될 수 있다. 동물도 예외는 아니다. "동물도 인간과 마찬가지로 하느님의 창조물이다. 나는 어떤 것도 생명을 잃지 않고, 저마다 제몫의 행복을 얻을 수 있으리라고 굳게 믿고 있다."

　옛날에 머리에 멋진 다이아몬드를 지닌 추한 두꺼비 한 마리가 살고 있었다. 이 두꺼비는 늘 최선을 지향하며 노력했다.

> 이 멋진 보석을 태양에서 찾아보아라. 당신이 그것을 태양이 내뿜는 찬란한 빛 속에서 분간해낼 수 있다면. 그러나 그것은 불가능하다. 햇살이 너무나도 눈부시기 때문이다. 신은 갖가지 신비로운 것을 창조하셨다. 하지만 우리는 그 눈부신 빛 속에서 우리를 이끄는 예지의 빛을 분간하지 못한다. 그러나 언젠가 그것은 우리의 것이 될 것이며, 그때가 되면 모든 이야기 중에서 가장 아름다운 이야기가 될 것이다. 또 가장 진실한 이야기가 될 것이다……

깊이를 지닌 동화는 이러한 인간의 내면적인 생명에서 태어난다. 그럴 때에야 비로소 독자의 영혼을 파고들어 진심으로 감동시킬 수 있다. 다소 차이는 있지만 안데르센과 비슷한 인상을 주는 작가는 만조니 한 사람밖에 없다. 만조니는 인간의 악함을 깨달으면서 극심한 고통을 겪는다. 그러나 인간에 대한 회의를 극복하고 신앙의 힘으로 마음의 평정을 되찾는다. 이 두 사람은 인간 세상의 일들을 조용히 바라본다. 때로는 유머까지 섞어가며 쾌활함을 잃지 않는다. 그들은 비밀을 간직하고 있기 때문이다. "신앙과 희망을 가지시오. 그러면 결코 배신당하지 않을 것이오." 둘 다 신분이 낮은 사람들에게 마음이 끌렸다. 애당초 계급제도 같은 것은 덧없는 세상의 단순한 환영에 불과하므로 언젠가는 더 높은 제도, 곧 정의의 법칙에 자리를 내주게 될 것이다. "창조주의 사랑은 넓고 무한하며 그 품 안에서 태어나 죽어가는 모든 만물을 평등하게 감싼다." "모든 피조물은 전지전능한 신의 무한한 사랑 앞에서 평등하며 똑같은 정의가 온 우주를 지배하고 있다." 두 사람이 똑같이 성서에서 영감을 얻고 있음을 느낄 수 있다.

안데르센은 창가에 기대어 밖을 내다본다. 아름다운 여름을 즐기기 위해 덴마크로 돌아온 제비와 황새의 울음소리가 들린다. 친구처럼 친숙한 바람소리도 들린다. 그는 또 군중 속에 섞여 마을 사람들의 이야기를 듣는다. 생강이 든 빵을 파는 상인의 이야기, 뱀장어잡이 노인의 이야기에 이르기까지 모든 것을 활용한다. 그는 무심결에 듣고 있다가 웃음을 터뜨리며 감동받았던 이야기들을 자기만의 독특한 방식으로 다시 들려 준다. 누구든지 이해할 수 있도록 다정한 표현으로, 그 특유의 서정적이며 극적인 이야기로 다듬어낸다. 이야기들이 일단 그의 손에 닿으면 다시 태어난 듯 생기 있고, 더할 수 없이 부드러운 색채를 띤다. 그렇게 해서 다시 태어난 동화는 날개를 얻어 날갯짓 소리도 가볍게 세상 끝까지 날아간다. 그러나 단지 그것만이 전부가 아니다. 그의 동화에는 강렬한 생활감정이 넘치고 있다. 이것이야말로 그 밖의 모든 가치와 더불어 안데르센 동화의 위대한 힘을 증명하는 결정적인 가치가 된다.

　어린이들도 그 점을 잘 알고 있다. 그들은 안데르센의 아름다운 동화를 읽으며 그저 즐거운 시간을 보내기만 하는 건 아니다. 인간의 규범, 인간으로서 다해야 할 중대한 책임도 자각한다. 비록 어린이라 해도 고통은 맛보아야 한다. 그들은 인형의 죽음으로 비할 데 없는 슬픔을 맛본다. 그들도 악의 실체를 막연하게나마 느끼고 있다. 그것은 주변에도 있고 마음 속에서도 느낄 수 있다. 하지만 이 생생한 고뇌와 의혹도 일시적인 것에 불과하다. 그들은 어떤 일과 마주쳐도 마음의 평온을 잃지 않는다. 이 세상을 살아가는 그들의 사명은 세상에 다시금 신앙과 희망을 가져오는 일이다. 만약 인간의 정신이, 이 자신에 찬 젊은 힘에 의해 언제나 되살아날 수 없었다면 어떻게 되었을까? 우리의 후계자가 찾아온다. 어린이들이 이 세상을 다시 아름답게 꾸미기 시작한다. 모든 것은 젊음을 되찾고 초록으로 영롱하게 빛나며 사는 보람을 다시 찾을 것이다. 안데르센의 시정이 풍부한 동화에는 더 나은 미래를 꿈꾸는 강한 신앙이 배어 있다. 이것이 안데르센의 영혼과 어린이들의 영혼을 직접 맞닿게 한다. 또한 어린이들의 마음 속에 숨어 있는 소원을 들어 주고 그들의 사명에 협력한다. 그는 어린이들과 함께 또 어린이들의 힘으로 인류의 멸망을 막고, 인류를 이끄는 이상의 빛을 단단히 지켜나가고 있다.

　어린이들을 소중히 지키고, 어린이들을 위해 희생하고, 어린이들에게 열렬한 사랑을 쏟은 사람들 가운데 위대한 작가들을 살펴보자. 올리버 골드스미스 Oliver Goldsmith[24], 찰스 램과 메리 램 남매, 월터 스콧 Sir Walter Scott[25], R. L. 스티븐슨 Robert Louis Stevenson[26], 찰스 디킨스 Charles Dickens[27], 존 러스킨 John Ruskin[28], 러드야드 키플링 Rudyard Kipling[29], 워싱턴 어빙 Washington Irving[30], 나사니엘 호손 Nathaniel Hawthorne[31], 마크 트웨인 Twain[32], 푸시킨 Pushkin[33], 고골리 Gogol[34], 체호프 Chekhov[35] 등 일일이 다 열거할 수 없다. 더구나 모두 북쪽 나라 작가들이다. 북쪽 나라의 남쪽 나라에 대한 우월성을 어떻게 설명하면 좋을까?
　안개가 짙은 북쪽 나라에서 생활하면 남쪽 나라에서보다 애정이 두터

---

24) 영국의 시인이자 소설가, 극작가로 뉴베리가 발행한 어린이 문학 작품들을 썼다고 한다.
25) 영국의 시인, 소설가로 《할아버지 이야기》, 《아이반호》 등의 작품을 남겼다.
26) 영국의 시인, 소설가로 《보물섬》, 《지킬 박사와 하이드 씨》 등의 작품을 남겼다.
27) 영국의 소설가로 《크리스마스 캐럴》, 《올리버 트위스트》, 《데이비드 카퍼필드》 등의 작품이 유명하다.
28) 영국의 미술 평론가, 사회 사상가로 동화 《황금강의 임금님》을 발표하기도 했다.
29) 영국의 시인, 소설가로 《정글 북》으로 인기를 얻었다.
30) 미국의 작가로 단편과 소품을 모아 펴낸 《스케치 북》 등을 발표했다.
31) 미국의 소설가로 《주홍글씨》로 유명해졌고, 어린이책으로는 《원더 북》, 《탱글우드 이야기》 등을 발표했다.
32) 미국의 소설가로 《왕자와 거지》, 《톰 소여의 모험》, 《허클베리 핀의 모험》 등의 작품을 남겼다.
33) 러시아의 근대문학을 개척한 시인, 작가로 대표작인 《예브게니 오네긴》을 비롯하여 《대위의 딸》, 《벨킨 이야기》, 《살탄 왕 이야기》, 《어부와 물고기》 등의 동화를 남기기도 했다.
34) 러시아의 소설가, 극작가이다. 러시아 리얼리즘의 창시자로 손꼽히며 어린이를 위한 작품으로는 《데가니카 근교 야화》가 있다.
35) 러시아의 소설가, 극작가로 어린이를 위한 작품으로는 《카시탕가》, 《와니카》, 《어린이들》 등이 있다.

워지는 것일까? 약한 사람, 마음이 가난한 사람, 소박한 사람들을 향한 애정이 남쪽 나라보다 훨씬 강한 것일까? 토르니오가 나폴리보다 어린이 수가 적기 때문에 그만큼 어린이들을 소중히 여기는 것일까? 어쨌든 이에 대해서는 수많은 견해가 있다. 하지만 북쪽 나라와 남쪽 나라의 차이를 논할 때에는 반드시 다음과 같은 견해를 고려해야 한다.

라틴계의 나라에서 어린이는 어른의 축소판에 지나지 않는다. 열 살 가량의 신학교 학생들이 성의를 걸치고 털달린 모자를 쓰고 로마 거리를 횡단하는 모습을 자주 볼 수 있다. 이와 마찬가지로 프랑스 어린이들도 어릴 때부터 어른이 되는 예행 연습을 한다. 소년 시절은 무시된 채 그 다음 세대로 흡수되고 만다. 소년 시절 자체로는 아무런 가치도 없다. 그것은 단지 다음 시대를 맞이하기 위한 준비 기간으로서 존재할 따름이다. 내 어린 시절을 돌이켜보아도 끊임없이 뭔가를 예습하고 있었던 것밖에 생각나지 않는다. 작문 예습, 시험 준비, 첫 영성체를 받는 것도 자리와 서열이 정확히 정해져 있어서 마치 경쟁시험 같았다. 엄격한 규칙, 엄중한 감독 이것이 바로 라틴적 교육의 이상이다. 기숙사의 사감과 총감독은 통학생까지 감독하고 산책도 자유롭게 할 수 없다. 일요일과 목요일이면 감시를 받으며 도로를 지나는 죄수들의 행진. 악몽에 시달리는 느낌이다! 가정에서도 그렇다. 아무리 상냥한 어머니라도 입만 열면 명령, 아니면 금지의 말이 튀어나온다. 잔디밭 위를 걷지 마라, 멀리 가지 마라, 손을 더럽히지 마라, 흰 양복에 얼룩을 묻히지 마라 등등. 그렇다고 우리 프랑스인이 어린이들의 응석을 절대로 받아주지 않는 건 아니다. 우리 역시 관대한 태도로 어린이들의 변덕을 너그러이 봐주기도 한다. 그러나 어린이들이 자기 자신이기를 바랄 때는 절대로 그 변덕을 용납하지 않는다.

앵글로색슨인의 나라에서는 소년 시절이 멋지게 존재한다. 어른이 되어 소년 시절을 회고할 때 그들은 잃어버린 낙원에 대한 향수 같은 것을 느낀다. 그런데 그런 행복한 상태에서 황급히 빠져나와야 할 이유가 있을까? 앵글로색슨인에게는 어디든 안주하려는 습성이 있다. 그들은 청춘을 구가하며 사는데 청춘은 그 자체로 확고부동한 가치를 갖고 있다. 그들에게는 목적지에 도착하는 일보다 여행 자체가 훨씬 중요하다. 소년 시절의 여행은 그 어떤 것과도 비교할 수 없다. 잔디밭 위에서 대기를 들이마시며 성장해 나가는 육체의 환희. 인생의 무거운 짐도 권태도 모르는 정신의 평화로운 기쁨. 스스로의 규범에 따르고 우정을 존중하며 신의를 중시하면 그만이다. 여기에 인간 의지의 기쁨이 있다. 또 날마다 즐겁게 지내는 인간으로서 느끼는 더없는 기쁨. 시간도 느리게 흘러가고 죽음이 다가오는 기색조차 느낄 수 없는 화창한 시절인 까닭에, 미래가 현재를 짓밟거나 파괴하는 것도 모르고 지낼 수 있는 나날의 기쁨.

 몸에 딱 맞는 검은 양복을 입은 이튼이나 럭비 학교의 영국 소년, 예일이나 프린스턴, 하버드와 같은 미국 대학의 구내를 산보하는 편안한 복장의 대학생들만큼 행복한 사람은 없다. 어린이들은 학교를 떠나서도 생각하는 대로 행동한다. 그들은 어디까지나 어른과 분명한 선을 긋고, 어른은 어른, 자신은 자신이라고 생각하기 때문에 바다 건너편의 프랑스처럼 어른들의 명령을 지킬 의무가 있다고는 생각조차 하지 않는다. 저 사람들—나이를 먹은 사람들 혹은 조금 경멸할 만한 사람들—한테는 나름대로 친구가 있고 자기 생활이 있다. 그렇다면 우리도 나름대로 친구가 있고 우리 생활이 있는 게 당연하다. 이것이 그들의 생각이다. 어른은 어른, 어린이는 어린이다. 요컨대 연령층이 다른 상이한 두 종족이 있다는 얘기다. 그들은 사이좋은 이웃과 같은 관계이다. 그러나 이웃이 무엇을 하든 전혀 개의치 않고 각자 자신의 일과 쾌락에 열중한다.
 "우리 아들이 여름에 파리로 갑니다."
 "그럼 우리 집에 놀러 오라고 전해 주십시오."

"꼭 그러겠습니다."

그 아이가 파리에 오면 아주 환대해 주리라. 그 아이와 함께 있으면 기분이 좋아지고, 그의 부모와 나는 둘도 없는 친구 사이다. 게다가 그들이 미국에서 우리를 환대해 주었으니, 우리가 파리에서 그 호의에 보답할 수 있다면 그보다 더 기쁜 일이 없다.

우리는 그들의 아들이 찾아오기를 기다리고 있다. 하지만 그릇된 희망이다. 그는 분명히 파리에 왔다. 그러나 우리 집에는 오지 않는다. 그도 그럴 것이 그가 파리에 온 것은 자기 또래의 친구를 만나기 위해서니까. 그는 친구와 파리에서 지내고 있지만 부모의 친구 따위는 전혀 관심 밖이다. 결국 우리를 만나려 하지도 않고 시카고로 돌아갈 것이다.

두 세력 가운데 한쪽이 점점 우세해지고 다른쪽이 완전히 패배하는 일이 있다면, 패배하는 쪽은 단연코 어른이다. 보스턴에서 있었던 일을 예로 들어보자. 이번에도 아주 친한 친구네 집에서 일어난 일이다. 그 집안과 우리는 무척 친해서 언제 방문해도 상관없을 정도였다. 어느 날 우리는 여느 때처럼 그 친구 집을 방문했다. 그런데 이상하게도 그날만큼은 친구 부부가 우리를 2층 침실로 안내하고는 저녁밥까지 그곳으로 가져왔다. 사실은 아이들이 지하실에 손님을 초대해 놓은 것이다. 그렇게 되면 식당도 거실도 모두 아이들 차지가 된다. 이해심이 깊은 부모, 교양 있는 부모라면 왔다갔다하면서 아이들한테 방해되는 짓은 하지 않는다. 또한 아이들 손님 앞에 모습을 드러내지도 않을 것이다. 그들은 두 개의 왕국, 즉 어린이의 왕국과 어른의 왕국은 별개의 것이어야 한다는 사실을 잘 이해하고 있다.

북방 민족의 어린이 문학이 남방 민족의 어린이 문학보다 우수하다면 이 우월성은 분명히 상상력의 질적 차이에서 유래할 것이다. 북쪽 나라의 상상력은 내면적이며 남쪽 나라에 비해 미묘한 뉘앙스가 풍부하다. 이런 점은 경치에서도 마찬가지다. 북쪽 나라의 경치는 남쪽 나라만큼

현란하지는 않지만, 미묘한 색채에 둘러싸여 있어서 화가들에게 한없는 사랑을 받는다. 더구나 이 상상력은 극히 적은 재료만으로도 충분히 표현할 수 있기 때문에 오히려 꿈이라고 하는 편이 좋을지도 모른다. 또 덜 논리적이고, 덜 정리되어 있으며, 상상력의 회귀점이라고도 할 수 있는 생활감정과 늘 밀접하게 연관되어 있기 때문에 대체로 어린이의 영혼을 매료시키기에 적합하다. 그런데 라틴계 민족의 상상력은 북쪽 나라보다 훨씬 외향적이어서 물질적, 조형적인 형태로 표현되는 습성이 있다. 요컨대 상상력마저 이성에 굴복하여, 일시적으로 내달려도 그 감정의 저변에는 이성이 숨어 있고, 우스꽝스러운 미술 작품이라 해도 역시 기하학이 근저에 숨어 있다. 물론 북쪽 나라보다 훨씬 화려하고 눈부시지만 반면에 시정이 부족하다는 흠이 있다. 남쪽 나라 사람들은 상상력으로 장난을 치면서도 그것만으로는 만족하지 못한다. 행복을 약속하는 쾌락, 어린이들이 알지 못하는 이 쾌락을 미의식에 기초하여 나타내고자 하여 거기에만 마음을 빼앗긴다. 그만큼 남쪽 나라에서는 북쪽 나라와 달리 상상력이 쉽게 충족되지 않는다.

그러나 북쪽 나라가 남쪽 나라보다 어린이 문학이 우수한 주된 이유는, 라틴 민족이 소년 시절에 대한 인식이 결여되어 있기 때문이다. 소년 시절이란 행복한 섬, 어린이들의 행운을 보호하는 섬으로, 어린이 자신의 규정에 의해 영원히 번영하는 공화국과 같고 특권을 지닌 계급과도 같다. 그런데 라틴 민족은 소년 시절을 결코 그런 식으로 생각하지 않는데, 거기에는 중대한 이유가 있다. 라틴 민족은 성인이 되어서야 비로소 한숨 돌리고 숨을 쉬고 살아가기 시작한다. 그 이전에는 단지 성장하는 데 급급할 뿐이고, 어린이들 자신도 빨리 성장과정을 마쳤으면 좋겠다고 생각한다. 같은 또래의 스페인, 이탈리아, 프랑스의 소년과 영국, 미국의 소년을 비교해 보면 전자가 훨씬 어른스러운 표정을 짓고 있을 것이다. 하지만 그것은 얼굴만이 아니다. 정신도 마찬가지여서 전자가 훨씬 지각 있어 보인다.

  햇빛이 약한 만큼 나무와 풀도 서서히 성장하는 북쪽 나라들. 어린이들이 어른이 되어 인생과 싸우기 시작하면 곧 쇠약해지는 나라들. 그곳에서는 꽃이 피는 소년 시절이 가능한 한 오래 지속되기를 바라며 유년기와 소년 시절은 행운이라고 생각한다. 그것은 어린이들이 인생의 현실을 모르고 살 수 있기 때문이 아니라, 제 나이에 걸맞는 현실의식에 뿌리를 내리고 생활할 수 있기 때문이다. 인생의 이상은 손이 닿지 않는 미래에 있는 것이 아니라 손으로 직접 만질 수 있는 소박한 행복에 있다. 어린이들로부터 그것을 빼앗는 것은 죄악이다. 요컨대 라틴 민족에게는 어린이란 미래의 어른에 불과하다. 그러나 북방 민족은 어른은 다 자란 어린이일 뿐이라는 훨씬 올바른 진리를 잘 알고 있다.

제4장
민족적인 특색

1. 이탈리아

어린이 문학을 무시해도 상관없다. 단, 민족혼이 어떤 식으로 형성되고 유지되고 있는지 무시해도 좋다면.

몸집은 작고, 깡충거리고 돌아다니며 뱅글뱅글 돌고, 종이로 만든 꽃무늬 웃옷을 입고, 나무구두를 신고, 빵으로 만든 모자를 쓴 인형이 바로 그 유명한 피노키오이다. 옛날에 한 목수가 나무토막으로 탁자 다리를 만들려고 했다. 그런데 목수가 나무토막을 자르려는 순간 가냘픈 목소리가 들려왔다. "그만 해요, 아파요!" 목수가 다시 나무토막을 자르려 하자 똑같은 소리가 들려왔다. "그만둬요! 가죽이 벗겨지잖아요!" 목수는 이 말하는 나무토막이 무서워져서 동료인 제페트에게 그냥 줘 버렸다. 마침 꼭두각시 인형을 만들려고 하던 제페트는 초라한 집으로 돌아오자마자 걸작을 만들기 위한 작업에 들어갔다. 그는 이렇게 말했다. "이 녀석에게 피노키오라는 이름을 붙여줘야지. 재수가 좋은 이름이니까. 나는 가족들이 모두 피노키라는 이름을 가진 집안을 알고 있지. 아버지는 피노키오, 어머니는 피노키아, 게다가 아이들은 모두 피노키. 모두들 행복하게 살고 있었지. 그 중에서 제일 부자가 아마 거지였을 거야." 그는 인형의 머리를 깎고 머리털을 만들고 이마를 다듬고 눈도 팠다. 그런데 코를 만들었다고 생각하는 순간 코가 쭉쭉 늘어나기 시작했다. 아무리 잘라내도 소용이 없었다. 끝이 뾰족한 코는 계속 기다랗게 늘어났다. 또 그가 입을 완성하기도 전에 웃기 시작했다. 손이 완성되자 이번엔 순식간에 제페트의 가발을 낚아채 갔다. 다리가 완성되자 피노키오는 쏜살같이 문 밖으로 도망쳐 버렸다. 피노키오의 세상을 알고 싶어하는 마음과 빨리 이탈리아 어린이들과 친구가 되고 싶어하는 마음이 잘 묘사되어 있는 대목이다.

어린 영혼, 아직 미숙하고 완전히 형성되지 않은 어린 영혼, 나중에 미덕이 되는 것도 아직은 본능에 불과하고 나중에 악덕이 되는 것도 아직은 실수로만 여겨지는 어린 영혼. 그 영혼은 자신이 어떤 존재인지 뚜렷이 알기 위해 남에게 도움을 받고 싶어한다. 어떤 책을 읽고 그 속에서 분명한 자신의 모습을 발견하여 스스로를 인식할 때, 어린 영혼은 날아갈 듯 기뻐한다. 거울에 비친 것은 자기와 흡사한 모습이다. 피노키오는 결코 악의를 갖고 있지 않다. 선의만 가지고서도 완벽한 존재가 될 수 있다면 피노키오는 그 점에서 흠 잡을 데가 없다. 단지 그는 약할 뿐이다. 피노키오는 "마음의 유혹을 거역해서는 안 돼. 그래 봤자 시간낭비일 뿐이야."라고 즐겨 말한다. 인간은 누구나 해도 되는 일보다는 해서는 안 되는 일에 마음이 끌린다. 장난을 치고 금방 후회하지만 돌아서서 다시 장난을 친다. 공부를 하지 않고도 지식을 얻을 수 있다면 그보다 좋은 일은 없다. 그래서 피노키오는 친구에게 재미있는 장난감 나라 이야기를 듣고는 그곳에서 몇 달 동안 지낸다. 장난감 나라에서는 목요일과 일요일에는 학교에 가지 않는데, 일주일 중 하루가 일요일이고 나머지 엿새는 목요일이다. 방학은 1월 1일부터 시작해서 12월 31일까지 계속된다. 아침부터 밤까지 온종일 빈둥빈둥 놀며 지낼 수 있다. 밤이 되면 잠자리에 들고 다음날에는 똑같은 일을 반복한다.

피노키오는 자신이 저지른 작은 실수를 숨기려고 아무렇지도 않게 거짓말을 한다. 그는 끝이 뾰족하고 커다란 코가 뻗어 나갈 때말고는 참말을 하지 않는다. 피노키오는 허세만 부리며, "살인자가 찾아오면 당당하게 맞서 싸울 거야!" 하고 큰소리친다. 그러나 정작 살인자가 찾아오자 검은 그림자만 보고도 삼십육계 줄행랑을 친다. 피노키오는 친구들처럼 싸움을 좋아하고, 강한 주먹을 무기로 상대방에게 자신의 권리나 요구 사항을 강요한다. 또한 친구들과 마찬가지로 못된 장난을 무척이나 좋아한다. 단, 자신이 놀림감이 되는 일은 원치 않는다. 피노키오는 남보다 곱절이나 자존심이 강하고, 아무리 시시한 일에도 일등이 아니면 만족하지 못하며, 아무리 하찮은 일이라도 명예가 걸린 것처럼 정색을 하고 화를 낸다. 약은 절대로 먹지 않는다든가, 맛을 본 적도 없는 주제에 완두콩은 먹기 싫어한다든가, 으레 어린이들 마음 속에 있기 마련인 옹고집을 있는 대로 다 부린다. 이기심도 상당하다. 아직은 괜찮은 것 같지만 적당한 시기에 제대로 뽑아 버리지 않으면 결국에는 굵은 뿌리를 내릴 것이다. 그 외에도 피노키오는 어린이들의 특징을 두루 갖추고 있다. 성실하고 깊은 애정, 배신을 당한 적이 없기에 남을 깊이 신뢰하는 마음, 강요해서라도 사랑을 받고 싶어하는 바람 등등. 장난을 좋아하고 꾀가 많고 감수성이 예민한 피노키오가 그런 특질들을 모두 지니고 있다는 사실은 열 살짜리 어린이들에게도 손에 잡힐 듯 쏙쏙 이해되는 대목이다.

지금 문제가 되는 것은 마법의 거울이라는 사실을 잊기 전에 밝혀 둔다. 그 거울에 비치는 진리의 주변에는 환상이라는 엷은 안개가 끼어 있다. 분별 있는 척하는 어른들이 머릿속에서 어설프게 꾸며낸 세계만큼 진절머리나는 것도 없다! 진실 또는 진실 비슷한 것들이 곳곳에서 뒹굴고 있어 모처럼의 몽상을 망쳐 버리고 만다. 게다가 어디를 가더라도 범주라는 것과 마주친다. 가장 위대한 것은 인간이다. 인간은 스스로를 만물의 영장이라고 자처한다. 다음은 동물. 이것은 인간보다 못하다. 그 다음이 식물. 그 아래가 여러 가지 사물. 이것들을 하나로 뭉뚱그려 막연하게 물질이라 부른다. 어린이들은 이러한 시각과는 정반대의 입장에 서서, 우주 삼라만상을 퇴색시키거나 제한을 두거나 등급별로 나누는 일에 반대한다. 어린이들은 그들이 지니고 있는 넘치는 생명력을 만물에게 나눠 주므로, 온갖 것들이 갑자기 활기를 띠며 말을 걸고 어린이들도 귀기울인다. 어린이들은 마음껏 상상의 날개를 펼칠 수 있다.

피노키오는 어린이들을 전혀 예기치 못한 낯선 장소로 안내한다. 한 번은 어린이들을 꼭두각시 인형극이 열리는 가설극장으로 데리고 갔다. 피노키오의 형제인 꼭두각시 인형들은 그를 열렬히 환영하였으며, 연극이 끝난 뒤에도 촛불을 환히 밝히고 밤새도록 그와 함께 정신없이 춤을 추었다. 피노키오는 어린이들을 얼간이들의 마을로도 데리고 갔다. 그 마을에서 만난 것은 털 빠진 개라든가 아름다운 날갯가루를 팔아 버려 초라하기 짝이 없는 나비, 볏 없는 수탉, 꽁지털이 빠진 공작밖에 없었다. 어린이들은 또 기적의 들판을 구경하기도 한다. 말재주 좋은 고양이와 여우가 나무뿌리 밑에 5에큐를 묻고 정성스레 물을 주면 금화가 주렁주렁 열릴 거라고 그럴듯하게 말하던 그 기적의 들판이다. 피노키오 이야기는 모두가 이런 식으로 쾌활하고 기발하고 생기가 넘친다. 잠시 쉴 것 같다가도 금세 일어나 달려간다. 피노키오 자신이 말한 것처럼 마지막 페이지를 제외한다면 시작만 있고 끝은 없는 것이다. 피노키오가 포도를 훔치려다가 두 발이 덫에 걸리는 바람에 포도밭 주인에게 도움을 받기는 하지만 결국 목에 은목걸이를 걸고 집 지키는 개 노릇을 하기에 이르는 경위. 또 새끼당나귀로 변해 서커스단에 팔려갔다가 하마터면 껍질까지 벗겨져 북이 될 뻔한 사건의 전말. 풋내기 어부가 피노키오를 자기가 모르는 새로운 종류의 물고기인 줄 알고 튀김을 만들려고, 빵가루를 뿌리고 프라이팬에 던져 넣으려 했던 사건. 말 안 듣는 어린이를 잡아먹는 상어가 피노키오를 삼켜 버린 일의 자초지종. 집 지키는 개, 까마귀, 올빼미, 검은 토끼, 상냥한 돌고래, 3층에서 1층까지 내려오는

데 일곱 시간이나 걸리는 달팽이, 이처럼 여러 동물이 잇달아 등장하여 뜻밖의 사건을 수없이 일으킨다. 흰쥐 백 마리가 끄는 요정들의 마차를 타기도 하고, 비둘기를 타고 하늘을 날기도 하고, 두 명의 경찰관 사이에 끼어 부끄러운 듯 끌려가는 피노키오. 그는 드넓은 상상의 세계를 어지러울 정도로 돌아다닌다.

상상력이야말로 이탈리아 정신이 지닌 가장 혜택받은 특성이 아닐까? 일찍이 이처럼 경쾌하고 사랑스럽고 멋있는 온갖 이미지를 창조한 민족이 있을까? 변덕쟁이 인형을 중심으로 이렇게 멋진 동화를 완성시킨 작가가 또 있을까? 지옥의 곳곳을 그려내는 음침한 상상력, 아르미다의 정원에 꽃씨를 뿌리는 상쾌한 상상력, 이탈리아의 극작가 메타스타시오 Metastasio의 멜로드라마에서 볼 수 있듯이 자기 자신을 칭송하면서 찬란하고 유쾌하게 펼쳐지는 상상력은 이탈리아의 훌륭한 유산으로서, 피노키오도 그 일부를 상속받아 멋진 결실을 맺었다. 그를 땅에 매어두는 물질적 요소는 최소한도로 억제되어 딱딱한 나무와 태엽 정도밖에는 없다. 무거운 육체 따위는 없으므로 가볍게 날아오르는 환상에 뒤질 일은 없다. 그는 요정처럼 가뿐하게 뛰어오른다. 연신 솟아나는 생각이 논리적인 법칙을 따르지 않듯, 피노키오도 평범한 일상 생활의 법칙을 그다지 따르지 않는다. 피노키오는 우리들의 꿈 속에 등장하는 것들이 그러하듯 종잡을 수 없이 행동한다. 사실 피노키오 자신이 바로 어린이들의 꿈인 것이다.

그가 피노키오라는 이름으로 어린이들과 친해지기 전에는 아를레키노, 폴리치넬로, 또는 스텐테렐로라고 불렸다. 피노키오는 즉흥극에서 언제나 중심이 되는 고정 인물인 마스케레 가운데 하나이다. 그 멋진 이탈리아 희극은 우리 프랑스인으로서는 도저히 흉내낼 수 없는 것이므로 오랜 시간에 걸쳐 고스란히 이입되어 버렸다. 그런데 그러한 이탈리아 희극의 전통이 이 경쾌한 인형극에서 부활한 것이다. 그러므로 인형극을 보고 있으면 지난날의 이탈리아 희극을 감상하는 것 같은 느낌이 든다. 배우가 즉흥적으로 자유롭게 재치를 발휘할 수 있는 테마, 아무 맥락도 없는 줄거리, 격렬한 움직임, 활기찬 무대. 그 어느 것을 보더라도 이탈리아 희극 그대로이다.

지난날의 이탈리아, 시간적으로는 아주 가깝지만 이미 아득히 먼 저편으로 사라져 버린 지난날의 이탈리아에는, 그 나라의 특성이고 습관이며 정치상의 교리이기도 했던 기회주의가 아직 인정되고 있었다. 영웅주의가 아니라 눈앞의 이익을 좇는 기회주의 말이다. 치사한 장사꾼이라며 비웃어도 좋다. 최후의 승자는 그들이니까. 그렇다면 우리들의 피노키오도 기회주의자일까?

솔직히 그의 도덕은 숭고하지도 고상하지도 않다. 오로지 실질적일 뿐이다. 이 책에 담긴 교훈을 요약하면 다음과 같다. 이 세상에는 선은 보상을 해주고, 악은 엄격하게 응징하는 영원한 정의가 있다. 선행을 행하면 보답이 있으므로 선을 택하는 것이 가장 좋다. 친구와 싸움을 하고 수업을 빼먹고 부모님 말씀도 잘 듣지 않는 주제에, 어쩌다 사귄 친구의 꾐에 빠지거나 약속을 지키지 않는 어린이들은 결국 벌을 받을 것이다. 게다가 그러한 벌은 전혀 예기치 못한 방법으로 불쑥, 그러나 반드시 찾아오는 법이다. 먹고 마시는 것밖에는 생각하지 않고, 하루 종일 어슬렁거리며 돌아다니는 어린이들은 끝내 감옥이나 병원에 처넣어질 것이다. 돈은 하늘에서 그냥 떨어지는 것이 아니다. 손을 움직이고 머리를 굴리는 수고를 해야 돈을 벌 수 있다. 어리석은 자들만이 돈을 간단히 손에 넣을 수 있다고 믿는다. 그런 무리는 결국 악당들에게 속아 넘어갈 것이다. 사회 도덕이란 쉽게 말해서 교환의 법칙이다. 남에게 상냥하고 친절하고 관대하게 대해 주면 결코 손해를 입지 않는다. 남한테서도 그만큼의 보답을 받을 수 있기 때문이다. '타인'은 가는 곳마다 수없이 널려 있지만 정말 알 수 없는 존재이다. 상대방이 잘 대해 주면 무척이나 기쁜 얼굴로 고마워하지만, 손해를 보거나 악담을 들으면 절대 잊지 않는다. '뿌린 대로 거둔다.' '무슨 일이 일어날지 결코 알 수 없다.' 이 두 가지 말이 피노키오 이야기의 기조를 이루고 있다.

이 동화에서 볼 수 있는 기발한 상상력과 처세에 능한 실제적인 감각이 꼭 모순된다고 할 수는 없다. 상상의 세계에서 구체적인 현실의 세계로 재빨리 옮아가는 교묘한 심리는 충분히 이해할 수 있다. 생기발랄한 정신은 평범한 생물이나 무생물을 화려한 색상으로 사랑스럽게 만들어 주지만, 스스로 만들어 낸 환각에 희생되는 경우는 없다. 그 정신은 환상을 낳는 것과 마찬가지로 환상을 없애 버릴 수도 있기 때문이다. 지금이 바로 그런 경우이다. 이와 같이 간단하고도 현실적인 방법으로 이 동화의 교훈을 이해할 수 있다. 그럼 한 발 더 나아가 이것이 이탈리아 국민 전체의 기질을 나타낸다고 할 수 있지 않을까? 이탈리아 국민의 특질 가운데 하나로 인정받고 있는 '상당한 양식'이 바로 피노키오 동화에서도 특별한 형태로 표현되어 있는 것이 아닐까?

그러나 피노키오는 단순히 이탈리아인만은 아니다. 그는 자신을 낳아 준 작가 콜로디 Collodi와 마찬가지로 토스카나인이다. 콜로디의 본명은 카를로 로렌지니 Carlo Lorenzini이며, 1880년 〈어린이 신문 Giornale dei bambini〉에 이 재미있는 동화를 발표했다. 재치 없고 정열 없는 토스카나인은 없다. 토스카나인은 일반 대중이든 농민이든, 어린이든 한결같이 인간의 어리석음을 빠짐없이 관찰하고 있다가, 짧은 말 한마디로도 사람의 의표를 찌르는 예리한 지적을 한다. 피노키오를 읽다 보면 어느 페이지에서나 재치가 넘치는 말, 일련의 엉뚱한 착상, 유머가 담긴 관찰이 발견된다. 곳곳에서 튀어나오는 환상도 단순히 코믹한 것이 아니라 예리한 풍자가 담겨 있다. 겉으로는 천진난만해 보이지만 예리하게 사람을 찌르는 날카로움도 섞여 있다. 프랑스 인형극에도 그런 점이 있긴 하지만 이탈리아만큼 경쾌하고 절묘하지는 않다. 아무튼 토스카나 정신이란 그 유례를 찾아볼 수 없을 만큼 절묘하고 산뜻하다. 다음의 익살스러운 대화에서도 그 점을 찾아볼 수 있다.

"네 아버지 이름이 뭐니?"
"제페트."
"무슨 일을 하시지?"
"가난한 일."

인간은 누구나 조금씩 나쁜 버릇을 가지고 있게 마련인데, 그것을 다음과 같이 은근히 비판한다. 푸른 머리털의 요정이 피노키오의 친구들을 초대하여 대접하게 되었다. "어떤 녀석은 좀처럼 흔쾌히 오겠다고 대답하지 않았지만, 버터를 바른 빵이 나온다는 것을 알고는 모두들 입을 모아 말했습니다. '우리도 네가 기뻐하도록 꼭 갈게.'" 세상에는 남을 기쁘게 해주는 척하면서 사실은 스스로 즐기려는 무리가 얼마나 많은가. 이보다 우스운 이야기들은 얼마든지 있다. 인형극단 흥행사의 이야기도 그 가운데 하나이다. 그는 겉으로 보기에는 무섭지만 마음은 무척 부드러운 남자였다. 그래서 가슴 뭉클한 일을 경험하면 자기도 모르게 재채기를 한다. 또 자못 진지한 이야기도 있는데, 피노키오는 죄가 없기 때문에 감옥에 갇힌 적이 있었다. 그때 마침 전쟁에서 큰 승리를 거두어 이를 축하하는 뜻에서 죄인을 모두 석방하기로 한다. 피노키오도 감옥에서 나가고 싶어한다.

간수가 말했습니다. "너는 안 돼. 저들하고는 다르니까."
피노키오가 항의했습니다. "실례되는 말씀이지만 저도 죄인이잖아요."
간수가 말했습니다. "그건 그래. 네 말이 맞아."
간수는 정중하게 모자를 쓰고 인사를 하고는, 감옥 문을 열어 피노키오를 놓아 주었습니다.

피노키오는 주린 배를 충분히 채우지 못했을 때 "나는 아직 고픈 배가 하나 더 있단 말이야." 하고 외쳤다. 그와 마찬가지로 콜로디도 항상 또 하나의 웃음과 재치를 여분으로 지니고 있다. 토스카나 어느 마을의 공원. 지평선 너머로 늘어선 완만한 언덕이 보이는 공원. 봄날 아침. 상쾌한 공기. 이런 때, 이런 곳에, 사람들은 당연히 콜로디의 동상을 세워야 하지 않을까. 저 유명한 꼭두각시 인형을 만들기 위해 열심히 나무토막을 깎고 있는 예술가의 동상을……. 그런데 잠깐, 지금 내가 무슨 이야기를 하는 것인가? 또 동상 하나를 늘린다고? 그럴 필요가 있을까? 그렇지 않아도 동상은 너무 많은데다가 다들 너무 보기 흉하다. 그러니 동상을 세우겠다는 생각 따위는 그만두자. 그 대신 매년 4월에 피노키오의 생일을 다 함께 축하하면 어떨까? 그때는 쓸데없는 강연 따위는 모조리 생략하고, 모두들 손을 잡고 둥글게 돌아가며 춤을 추고 노래를 부르도록 하자. 꼭두각시 인형극을 상연하고 온갖 종류의 놀이를 하고 사탕과 과자, 달콤한 음료수를 얼마든지 팔도록 하자. 그날은 모두가 자유롭고 명랑하게 마음껏 노래를 부르며 즐기도록 하자. 얼마나 멋진 광경인가! 이것이야말로 지난날의 이탈리아에 어울리는 모습이 아니겠는가!

오늘날의 이탈리아는 열광적이고 호전적이며[36] 웅변술도 뛰어나다. 사실 이탈리아는 예로부터 웅변을 즐기는 나라였지만, 어느새 그 웅변은 국민을 열광시키는 선동적이고 비통한 것이 되고 말았다. 바야흐로 이탈리아는 힘을 원리로 하는 나라가 되어, 가까운 장래에 세계를 정복할 것이라고 거리낌없이 공언하게 되었다. 이러한 정세의 변화를 보고

---

[36] 물론 여기에서는 무솔리니 시대의 이탈리아를 말한다.

이탈리아를 제대로 모르는 사람들은 꽤나 놀랄 것이다.

하지만 이탈리아를 조금이라도 이해하는 사람이라면 현재의 이탈리아 정신은, 이미 수세기 전에 싹터 완만한 상승곡선을 그리며 점차 발전하다가 드디어 절정에 달했다는 사실을 알고 있을 것이다. 이탈리아는 너무나 오랫동안 분열되어 있었다. 게다가 항상 외국 세력에 굴복하여 왔다. 유감스럽게도 너무나 오랫동안 '노예 취급을 받고', '유럽의 영광스러운 무대에서 단역만' 맡아왔다. 이에 대한 반발로 해방통일운동이 일어났지만 목표를 완수하지는 못했다. 또 제1차 세계대전도 만족스러운 결과를 가져다주지 못했다. 이탈리아는 전쟁으로 얻은 것도 충분치 않을 뿐 아니라 다른 나라에게 공적을 과소 평가받는 것도 못마땅했다. 이탈리아가 굳이 자기 주장을 펴려 하고 자타가 공인하는 대국을 이루려는 것은 바로 그런 이유에서이다. 이탈리아는 세계를 지배하는 강대국이 되어 국위를 선양하고, 세계 무대의 주역이 되기를 희망하고 있다. 그 희망이 이루어지기까지는 이탈리아의 자존심은 결코 채워지지 않을 것이다.

1886년 1월 중순 무렵의 일이다. 인기 작가이며 특히 군대 이야기로 대중의 주목을 받던 데 아미치스 De Amicis는 아들을 마중하러 학교로 갔다. 그는 아들이 초라한 옷차림의 한 소년과 함께 걸어나오는 것을 보았다. 아들의 학급 친구인 그 소년은 우스꽝스러울 정도로 헐렁헐렁한 옷을 입고 있었다. 두 소년은 헤어지기 전에 서로 입을 맞추었다. 데 아미치스는 이 아름다운 우정을 눈앞에서 목격하고 감동하여 그 순간 학교 생활을 소재로 한 책을 쓰기로 결심했다. 그는 넉 달 만에 원고를 완성하여 인쇄업자에게 건네 주었다. 이렇게 하여 《쿠오레 Cuore》가 탄생되었고, 이탈리아의 어린이들은 그들의 깊은 내면의 열망을 잘 표현한 책을 갖게 되었다.

이 책에서 찬란한 색채로 재미있게 그려진 학교 생활은 한편으론 이탈리아 정신을 고취시키고 있다. 어린이들을 위해 쓰여진 이 책은 무엇보다도 애국심을 심어 주기 위한 기도서였다. 또한 과거 이탈리아의 대차 관계도 밝히려 하고 있다. 이탈리아의 역사를 지배하는 최대 과제는 통일의 실현이었다. 그러므로 통일에 대한 염원을 어린이들 가슴 속에 심어 주는 일은 무척이나 중요했다.

무대는 토리노이다. 중간중간에 나오는 세세한 풍속 묘사 덕분에 피에몬테 지방의 풍속이 손에 잡힐 듯 생생하게 전해진다. 이야기는 새 학년 첫 주부터 시작된다. 교장 선생님이 교실에 들어와 칼라브리아에서 온 전학생을 소개한다. 담임 선생님이 입을 연다. "지금부터 선생님이 하는 말을 잘 기억해 두세요. 칼라브리아 소년이 토리노에 와도 자기 집에 있는 것 같고, 또 토리노의 소년이 칼라브리아의 레조에 가도 자기 집에 있는 것처럼 느끼도록 하려고, 우리 나라는 50년 동안 싸웠고 3만 명의 이탈리아인이 목숨을 잃었습니다……" 칼라브리아의 소년이 자리에 가 앉자 가까이에 있던 아이들이 펜과 그림을 주었다. 제일 뒤에 앉아 있던 아이는 스웨덴 우표를 건네 주었다.

상장 수여식도 이와 똑같은 정신으로 행해진다. 그날은 높은 사람들이 수상자들에게 영광의 상장을 수여하는데, 그전에 특별히 뽑힌 학생이 그 상장을 높은 사람들에게 가져가는 관례가 있었다. 누구나 그 일을 하고 싶어했지만 아무나 뽑히는 게 아니었다. 이탈리아 통일의 상징으로 밀라노, 피렌체, 로마, 나폴리, 시칠리아, 사르데냐에서 각각 한 명씩 선출되었다. 이 상징적인 인선을 통해 이탈리아의 모든 지방이 이 축하 행사에 참가하게 되는 셈이다. 선생님은 한 달에 한 번씩 이야기를 읽어 주었는데 학생들에게는 아주 즐거운 시간이었다. 그 이야기의 제목을 살펴봐도 '파두아의 애국 소년', '롬바르디아의 소년 감시병', '피렌체의 소년 필경사', '사르데냐의 북 치는 소년' 같은 것뿐이다. 《쿠오레》를 애독하는 어린이들은 모두 그 이야기가 지닌 깊은 애국심의 포로가 되어 버린다.

　그러나 그것이 미래와 아무런 관련이 없다면 도대체 대차대조표가 무슨 소용이 있겠는가. 데 아미치스가 인식한 것처럼 애국심은 평화롭지도 고요하지도 않다. 그것은 승리를 거두었다고 확신하면서도 여전히 아물지 않은 상처와 같은 감정이며, 이상한 흥분으로밖에는 표현되지 않는다. 아버지도 교사도 어린이들도 애국심을 서정시나 서사시의 테마로 삼는다. 아무리 퍼내도 마르지 않는 샘물처럼 무궁무진한 그 이야기는 이제서야 널리 퍼져나가기 시작했다.

　영국인이라면 좀처럼 흐트러진 모습을 보이지 않고 조용히 확신하고 있었을 텐데 이탈리아인은 그렇지 못하다. 이탈리아인들은 어느새 노골적으로 돌변하여 흥분을 하며 쓸데없이 힘을 소모한다. 감정이 강렬하여 쉽게 흥분하고 곧바로 행동으로 이어지며, 그것은 하나의 도화선이 된다. 일단 통일이 이루어지면 그것은 다시 새로운 출발점이 된다. 이탈리아는 거기에서 출발하여 보다 높은 운명을 향해 진군을 개시한다. 첫날의 노정이 끝나면 다음 노정 준비에 매달린다. 오늘날의 이탈리아는 바야흐로 다음 목적지를 향해 진격하려 하고 있다.

2. 프랑스

 우리 프랑스인의 논리에 대한 열정에 관하여 이야기하지 않은 사람이 있을까?
 샤를 페로가 묘사한 요정들을 예로 들어보자. 무엇을 하든 그것은 요정들의 자유이다. 그러므로 요정들은 얼마든지 나쁜 장난을 칠 수 있다. 기적마저 차가운 논리의 지배를 받게 하는 것도 좋겠지만, 그것보다는 엉뚱하고 말도 안 되는 일을 하는 편이 악의 즐거움을 마음껏 맛볼 수 있지 않을까? 요정들이 그럴 생각만 있었다면 날개의 위력을 발휘하여 틀림없이 좀더 변화무쌍한 생활을 할 수 있었을 것이다. 더구나 요정들이 그렇게 했다고 해서 뭐라고 할 사람도 없었을 것이다. 그러나 요정들은 프랑스인이므로 구상성의 세계를 활동 영역으로 삼고, 거기에서 한 걸음도 물러나지 않는다. 요정들 역시 일반적인 프랑스인과 마찬가지로 사물을 철저하게 논리에 비추어 판단하고, 논리와 현상이 완전히 일치하지 않으면 만족하지 못한다. 페르낭 발덴스페르제 Fernand Baldensperger[37]는 '문학'의 심리에 관한 저술에서 이렇게 말했다. "페로의 요정들이 나름대로 데카르트적인 요정이라는 말은 참으로 정곡을 찌른 관

---
37) 프랑스의 비교 문학자로, 이 책의 저자인 아자르와 함께 《비교 문학 평론》을 편집하였다.

찰이다. 요정들은 사랑스런 마법의 지팡이로 끊임없이 사물의 형태를 바꾸고, 경우에 따라서는 사람의 의표를 찌르는 엉뚱한 짓도 할 수 있다. 돌멩이에서 마법의 궁전을 끄집어내고, 북풍을 타고 춤추는 백조의 깃털에서 공주를 출현시킨다. 아시아의 마법사는 이런 일을 태연하게 해치운다. 반면에 우리의 요정들은 합리적인 변덕쟁이라고나 할까? 요술을 부릴 때도 이성을 발휘한다. 신데렐라의 무도회를 위하여 황금빛 마차로 변한 것은 잘 익은 동그란 호박이며, 수염을 기른 마부로 변한 것은 살찐 쥐였다. 이성적인 요정들은 이치를 따지기 좋아하며 겁이 많다. 이 요정들은 자신의 마력을 과시해 보이려는 허영심 때문에 야윈 것을 살찐 것으로, 빈약한 것을 훌륭한 것으로 바꿔 외견상 혼란을 일으키는 짓은 하지 않는다. 이 요정들이 능력을 내보이기를 꺼리는 이유는 합리적인 정신을 존중하는 고상한 취미 때문일 것이다……."

그의 관찰은 사실 그대로이다. 언니들은 무도회에 갔지만 혼자 남아 집을 지켜야 하는 까닭에 눈물을 뚝뚝 흘리는 가련한 신데렐라. 마치 하녀처럼 천대받고 죄인 취급을 당하는 신데렐라. 페로가 쓴 그 대목을 직접 읽어보도록 하자.

> 대모님이 말했습니다. "자, 내가 하는 말을 잘 듣거라. 그러면 꼭 갈 수 있도록 도와 줄 테니." 그리고는 신데렐라를 방으로 데리고 갔습니다. "마당에 가서 호박을 하나 가져오렴." 신데렐라는 얼른 마당으로 가서 제일 예쁘게 생긴 호박을 골라 가지고 왔습니다. 하지만 이 호박으로 어떻게 무도회에 갈 수 있다는 것인지 도무지 알 수가 없었습니다. 대모님은 호박 속을 도려내고는 들고 있던 가느다란 지팡이로 껍질만 남은 호박을 두드렸습니다. 그러자 눈 깜짝할 사이에 호박은 황금빛으로 반짝이는 훌륭한 마차로 변했습니다. 대모님은 쥐덫을 살피러 갔습니다. 쥐덫 속에는 생쥐 여섯 마리가 산 채로 잡혀 있었습니다. 대모님은 신데렐라에게 쥐덫 입구를 조금 들어올리라고 말했습니다. 대모님이 생쥐들이 밖으로 나오는 순간 한 마리씩 지팡이로 톡톡 치자 순식간에 훌륭한 말로 변했습니다. 이렇게 해서 마차를 끌고 갈, 흰 얼룩무늬

가 있는 잘생긴 쥐색 말 여섯 필이 마련되었습니다…….

누런 호박이 황금빛 마차가 되고, 생쥐가 쥐색 말이 되고, 수염 난 큰 쥐가 멋진 수염을 기른 마부가 되고, 도마뱀은 화려한 시종복을 입은 시종이 된다. 신데렐라의 대모가 엉뚱한 일을 한 것처럼 보이지만 사실은 조금도 그렇지 않다. 모든 것이 일관성을 지니고 있다. 그녀는 나름대로 규칙을 잘 지켜 프랑스인들을 만족시켰다. 프랑스인들은 사물을 헷갈리게 하는 것보다 명확하게 해두는 것을 좋아하기 때문이다.

이지적인 것이 프랑스인의 첫 번째 특성이라면 두 번째 특성은 기지가 풍부한 것이라고 하겠다. 기지가 부족한 민족도 많이 있지만, 프랑스인들의 기지는 넘칠 정도로 풍부하다. 개중에는 지나치게 많은 사람도 있다. 프랑스인은 세상에 태어나는 순간부터 기지가 넘치는 인간이 되도록 운명지어져 있다. 《털북숭이 리케 Riquet à la Houppe》 이야기를 살펴보자.

> 옛날 옛날에 한 왕비가 있었습니다. 왕비는 사내아기를 낳았는데 얼굴이 굉장히 못생기고 몸집도 작았습니다. 모두들 오랫동안 "이 아기가 과연 인간일까?" 하고 의심스러워했습니다. 아기가 태어날 때 마침 그곳에 있던 요정이, 왕자는 이렇게 못생겼지만 머지않아 영리하고 재치 있는 사람으로 자라 반드시 사랑받을 거라고 말했습니다. 또한 자기가 베풀어 준 신비한 능력을 발휘하여 사랑하는 사람에게 왕자가 타고난 만큼의 지혜를 주게 될 것이라고 말했습니다. 이 아기는 말문을 트뜨리는 순간부터 곧잘 귀여운 말을 재잘거렸으며, 행동에도 사람의 마음을 사로잡는 풍부한 기지가 있었습니다.

우리들의 리케는 마리보 Marivaux 풍의 점잔빼는 말씨까지 사용한다. 그는 얼굴은 아름답지만 머리가 나쁜 공주의 마음을 사로잡기 위해 다음과 같이 말한다.

털북숭이 리케가 또 말했습니다. "아름답다는 것은 아주 좋은 장점입니다. 모든 것을 대신해 줄 수 있으니까요. 그토록 아름다우면서 무엇을 그리 슬퍼하는지 나로서는 도저히 이해할 수 없군요." 그러자 공주가 말했습니다. "아름답다고 해도 이렇게 머리가 나빠서야 무슨 소용이 있겠어요? 차라리 당신처럼 못생겨도 지혜로운 편이 훨씬 나을 것 같아요." "그렇지 않습니다. 지혜롭지 못하다는 생각을 할 수 있다는 것 자체가 그만큼 지혜롭다는 증거입니다. 지혜로운 사람일수록 뭔가 모자란다고 생각하는 것이 바로 지혜로움의 미덕입니다."

프랑스인들이 책을 읽는 태도는 독특하다. 그들은 이야기의 구성에 주의하며 읽는다. 엄지동자를 예로 들어보자. 그는 길에 빵 조각을 떨어뜨려 그가 온 길을 표시하려 했지만 새가 다 먹어 버린다. 그렇지만 그가 길을 잃어버려 고난을 겪고 절망에 빠져도 독자들은 걱정하지 않는다. 독자들은 침착하게 마무리를 지켜보며 그가 어떻게 난관을 극복하는지 구경한다.

프랑스 문화의 역사에서 여성은 중요한 위치를 차지한다. 어떤 이야기를 펼쳐 봐도 여성을 공경하는 많은 용사들, 사랑하는 공주에게 바칠 멋진 연가를 짓는 고귀한 왕자들이 있다. 피네트 그라시외즈, 금발의 미녀, 플로린, 데지레 등 수많은 공주들이 있다. 이 여인들은 아름다운 것만으로는 부족하다. 사려 깊고 지혜로워야 한다. 세상에서 가장 아름다운 미녀라도 상황에 꼭 맞는 기지를 발휘하지 못한다면 호감을 얻을 수 없다. 무엇보다도 여성들은 새침하거나 도도하게 굴지 말아야 한다. 그렇게 하는 것은 용납할 수 없는 결점으로 간주되기 때문이다. 프랑스의 이상적인 여성상을 알고 싶다면 프랑스의 요정 이야기를 읽는 것으로 충분하다. 요정 이야기는 현대까지 전해져 내려오는 동안 베르사유와 파리를 거쳐왔으며, 우리도 나름대로 이리저리 만지작거렸기 때문이다.

프랑스인들의 창의력은 작은 발견, 때로는 대발견의 공적을 남기기도 한다. 쥘 베른은 아미앵에서 밖으로 한 발짝도 나가지 않고도 80일 동안 세계 일주를 했고, 해저 2만 리를 여행했으며, 기구를 이용하여 5주일이나 하늘에 떠 있었다. 그는 대양의 수온 차이를 이용하여 지구를 차갑게 하고, 그것으로 모든 대륙의 조건을 변화시켜 지구를 개조하려고 진지하게 생각했는지도 모른다. 어쨌든 그는 어떤 일이 일어나고 있는지 확인하려고 지구의 중심까지 달려갔다.

이번에는 프랑스인의 사교성에 대해 알아보기로 한다. 세귀르 백작부인의 작품을 보면 자아에 사로잡힌 개인이 아니라 기성 사회를 묘사한 내용이 발견된다. 인간 개개인을 사회집단이라는 틀 속에 집어넣고, 집단의 이익이 되도록 개인을 향상시키고 품위 있게 만들어, 잘 어울리는 하나의 총체적인 집단으로 만들어내는 것, 이것이 그녀 예술의 본질이다. 그녀는 홀아비와 과부를 재혼시켜 더없이 고독한 신세였던 두라킨 장군을 수호천사의 처소로 데려간다[38].

나는 그녀가 러시아의 로스토프친 가 출신이라는 것, 그녀의 이야기 속에는 러시아적 특징이 상당히 많이 발견된다는 사실을 잘 알고 있다. 권력의 개념에 대해서도 우리와 많은 차이를 보인다. 즉, 황제의 명령은 신성한 것이므로 즉각 실행되어야 하며, 그렇게 하지 않으면 얻어맞거나 심지어 태형에 처해져야 한다고 생각한다. 두라킨 장군도 마찬가지다. 이 사내는 확실히 프랑스인이 아니다. 이 훌륭한 남성은 장점뿐 아니라 단점을 보더라도 보통의 프랑스인과는 다르다. 온화하고 평화로우며 맑은 프랑스 하늘 밑에는 이런 남성은 없다. 그는 무턱대고 흥분하며

---

38) 세귀르 백작부인의 《수호천사의 처소》에 나오는 내용이다.

벌컥 화를 낸다. 이런 러시아 특유의 기질은 좀처럼 프랑스인의 생활과 융합되지 않는다. 오랜 시간을 두고 프랑스 풍토에 익숙해지지 않는 이상 이러한 특성은 고쳐지지 않을 것이다.

선량한 백작부인이 그녀의 작품에 등장하는 인물들을 끊임없이 경계하고 있으니 망정이지, 그렇지 않으면 그들은 금세 난폭해질 것이다. 실제로 이따금 백작부인이 경계를 소홀히 하여 엄청난 결과를 초래하기도 한다. 저 놀라운 식욕을 보라! 소풍을 갔을 때 간단한 점심이라고 내놓은 것이 얼마나 엄청난가! '먼저, 토끼고기로 만든 어마어마하게 큰 파이, 젤리를 얹은 고기찜, 그 다음으로는 소금을 뿌린 감자, 햄, 가재, 건포도를 넣은 파이, 마지막으로 치즈와 과일.' 혹독한 기후 탓에 뱃속에 충분한 양식을 비축해 두지 않으면 맥을 못 추는 나라. 그런 나라가 아니라면 이처럼 엄청난 메뉴는 절대로 찾아볼 수 없다. 어쨌든 우리 프랑스인들은 풀밭에서 식사를 할 때 이렇게 많은 음식을 가지고 가는 일은 없다.

또 프랑스에서는 놀이를 즐길 때 잔인함과 즐거움이 뒤섞이는 일도 없다. 프랑스인들은 그렇게 복잡하지도 병적이지도 않다. 그녀의 작품 속에 두 아이가 여름방학을 추억하는 장면이 있다. 그 대목을 살펴보도록 하자.

> 마르그리트: 그 가엾은 개구리 있잖아, 우리가 개미 떼한테 던져넣는 바람에 혼쭐이 났었지!
> 자크: 그리고 그 작은 새 말이야, 너한테 주려고 둥지에서 꺼내 오다가 너무 꼭 쥐는 바람에 내 손아귀에서 죽어 버렸잖아!

이런 특성은 세귀르 부인의 작품 속에서 얼마든지 찾아볼 수 있다. 이러한 표현은 결코 우리 프랑스인의 것이 아니며 프랑스와는 다른 국민성이 반영되어 있다. 그럼에도 불구하고 세귀르 부인 역시 프랑스인이다. 그녀는 다른 프랑스 여성들과 마찬가지로 사교 생활을 좋아하며, 살롱을 사랑하고, 궁정을 사랑하고, 마음을 터놓고 이야기하며 산책하는 아름다운 공원을 사랑한다. 허물없이 수다를 떠는 일, 계속해서 화제를 바꿔가며 대화를 즐기는 일, 상대방의 의표를 찌르는 대화를 주고받는 일, 자기 의견만 고집하지 않고 남의 말에 귀기울이는 일, 적당히 자신의 개성을 죽이고 기분 좋게 상대방의 개성을 살려주는 일, 명랑함과 기지, 이 얼마나 즐거운 일들인가! 프랑스인에게 이보다 감미로운 즐거움은 없다. 세귀르 부인도 그 사실을 잘 알고 있다. 그녀의 작품에는 왕정복고시대나 제2제정시대의 살롱을 연상시키는 사교계 인물들이 등장한다. 신사들은 난로 주변에 있고, 귀부인들은 안락의자에 앉아 환담을 즐기고 있다. 그런데 조금은 예상 밖이라고 할 수 있는 재미있는 사실이 하나 있다. 그것은 바로 세귀르 부인이 부잣집 어린이들뿐만 아니라 가난한 집 어린이들 사이에서도 상당히 인기가 있다는 사실이다. 파리 빈민가에 살고 있는 외국인들조차 《모범적인 소녀들 Les Petites Filles Modéles》이나 《여름방학 Les Vacances》 같은 책을 즐겨 읽는다. 왜 그럴까? 그것은 가난한 집 어린이들이 이제껏 본 적도 들은 적도 없는 세계가 그 안에 묘사되어 있기 때문이다. 책에 나오는 세계는 자신들이 살고 있는 세계와 전혀 다르다. 훌륭한 귀부인, 작위가 있는 신사, 예절바르고 말씨 고운 소녀들, 눈부시게 화려한 객실, 잔디밭에서 열리는 파티, 방문, 한가로운 산책, 만찬, 간식, 작은 양산과 부푼 치마, 프록 코트와 구레나룻. 이와 같은 귀족 사회에 대한 묘사는 오늘날에도 어린이들의 마음을 사로잡는다. 어린이들에게는 요정 이야기에 나오는 사랑스러운 왕자나 공주들과 마찬가지로 그런 것들이 신기하고 아름답게 여겨진다. 나는 그에 관한 아주 흥미로운 증거자료를 갖고 있다. 어떤 학교에서 선생님이 학생들에게 좋아하는 책 제목을 적어 보라고 했다. 그러자 아홉 살짜리 유대인 소녀 하나가 종이에 이렇게 적었다.

나는 엑토르 말로 Hector Malot의 《집 없는 아이 Sans famille》 이야기가 좋아서, 처음부터 끝까지 너무너무 재미있게 읽었습니다. 처음에는 무척 슬펐지만 마지막에 레미가 엄마를 찾아서 너무 기뻤습니다. 나는 세귀르 백작부인의 《장밋빛 총서 Bibliothèque rose》의 책들도 좋아합니다. 특히 《여름방학》, 《소피의 불행 Les Malheurs de Sophie》, 《마음씨 좋은 작은 악마 Un Bon Petit Diable》, 《모범적인 소녀들》을 좋아하지만 그 밖에도 좋아하는 책이 많습니다. 하지만 그 중에서 제일 마음에 드는 책은 《모범적인 소녀들》입니다. 그 책을 읽어보면 옛날 사람들이 어떻게 살았는지 알 수 있으니까요.

세귀르 백작부인의 책이 언제까지나 독자를 사로잡는 비결 가운데 하나는 그녀의 책 덕분에 옛날 사람들의 생활을 알 수 있다는 점이다.

나는 이런 이야기를 좀더 나누고 싶지만, 안타깝게도 우리는 이제 어린이들의 책에 관해서는 확실히 혜택을 받은 행복의 섬, 영국으로 떠나야 한다. 전세계 어디를 찾아보아도 영국만큼 어린이책 속에 불멸의 국민성을 훌륭하게 아로새긴 나라는 없다.

3. 영국

앞에서 한 말은 거짓이 아니다. 영국은 어린이책만으로도 다시 일어설 수 있기 때문이다. 영국 사람들은 기도를 하거나 교회에 가거나 심지어 신앙 문제로 깊은 고민에 빠지는 것을 결코 수치스러워하지 않는다. 그러한 증거는 얼마든지 있다. 19세기에 영국인들이 자녀에게 안겨 준 책들을 대충 훑어보기만 해도 그 사실을 충분히 확인할 수 있다. 보다 확실한 증거를 원한다면 시간을 좀더 거슬러 올라가 보도록 하자. 17세기 말과 18세기 초에는 경건한, 아니 좀더 정확하게 표현하면 경건주의적인 책이 인기를 끌었다. 말하자면 어린이를 위한 책이라곤 전혀 없던 시대에 영국에는 가장 비극적이면서도 가장 철저한 방법으로 어린이들에게 영혼의 구원 문제를 제시한 책이 있었다. 나는 성서를 말하는 것이 아니다. 물론 성서는 어린이들이 가장 먼저 읽는 책이며, 지금도 그 사실에는 변함이 없다. 그러나 지금 내가 여기에서 말하고자 하는 것은, 원래 어린이들을 위해 쓰여진 책은 아니지만 여느 때처럼 어린이들이 어른들에게서 빼앗아 자기네 것으로 만들어 버린, 풍부한 상상의 세계가 들어 있는 작품에 관한 이야기이다. 그것은 비밀스러운 상상력이 만들어 낸 작품으로 기독교인들의 생활 자체를 풍자적으로 묘사하고 있으며, 형식면에서는 소설에 가깝다고 할 수 있다.

이 작품은 한 나라와 한 영혼의 위기에서 태어났다. 1678년에 출간된 이 작품은 몇 해 전에 신앙 문제로 박해받던 존 버니언 John Bunyan이 감옥에서 쓴 글이다. 존 버니언은 가난한 양철공의 아들로 태어나, 처음에는 양철공 생활을 했지만 나중에 군인이 되었다. 그는 군대생활을 하면서 점차 자아에 눈을 떴다. 자신이 누구보다도 증오스러운 배교도임을 깨닫고, 다시 복음서를 읽으며 삶의 보람과 희망을 발견하였으며, 속죄를 위해 몸과 마음을 바치기로 결심한다. 존 버니언은 그 날로 여행을 떠나 객지를 돌아다니며 잠시도 쉬지 않고 사람들에게 설교를 하고 세례를 주다가 이윽고 박해를 받아 투옥된다. 그러나 자유를 찾기가 무섭게 영혼의 목자로서 자신의 사명을 계속하였고, 많은 비국교도들에게 《천로역정 The Pilgrim's Progress》이라는 책을 주어 하느님의 뜻을 전하는 예언자의 한 사람으로 존경받았다.

고달픈 순례! 신자로서 당연히 치러야 하는 위험한 순례! 그의 사상과 감정은 선명한 색채와 형태를 지니고 있었다. 그 결과 의혹에 대한 두려움, 신앙에 대한 갈망을 찬란하게 빛나는 이미지로 줄기차게 표현할 수 있었다. 모든 것들이 우리의 생이 유한하다는 사실을 보여 준다. 그러나 존 버니언은 거기에서 영원한 생명의 상징을 이끌어 내고 다음과 같이 말한다. 자신은 동포들과 마찬가지로 비참한 자아 상태를 깨닫지 못하고 파멸의 도시에서 살아가고 있었다. 그러던 어느 날, 여러 가지 죄의 무거운 짐이 어깨를 짓누르고 있음을 느꼈다. 그대로 있다가는 그 무게에 짓눌려 무덤은커녕 저 먼 지옥 밑바닥으로 떨어질지도 몰랐다. 마침내 그는 더 이상 견딜 수가 없어서 절망적으로 부르짖었다. "어떻게 하면 영혼을 구원받기에 합당한 인간이 될 수 있습니까?"

출발해야 한다. 설령 그 무게로 몸이 으스러진다 해도 떠나야만 한다. 아내, 자식, 친구, 고향 사람들. 그를 지상에 묶어 두려는 모든 사람들의 곁을 떠나지 않으면 안 된다. 복음자 그리스도가 가리키는 아득히 먼 하늘의 빛을 향하여, 성스로운 시온을 향하여 겸손하게 순례 여행을 떠나지 않으면 안 된다.

이렇게 시작된 긴 순례 여행은 고뇌와 과오, 새로운 시작, 절망, 재기에 대한 열정으로 충만했다. 악성 유행병이 창궐하는 늪지에 닿을 수도 있고 굴욕의 골짜기에 떨어질지도 모른다. 마왕 아폴런과도 대적하게 될 것이다. 아폴런은 온몸이 비늘로 덮여 있고, 용의 날개와 곰의 발을 가졌으며, 배에서는 연기와 불꽃을 내뿜고, 입은 사자 아가리처럼 생긴 괴물이다. 의혹의 성에서는 절망이라는 거인이 순례자를 붙잡고, 물도 빵도 주지 않으며 며칠이고 토굴 속에 가둬 놓을 것이다. 그는 끊임없이 덮쳐 오는 고난을 이겨내기는 하지만 또한 끊임없이 길을 잃을 위험에 처하기도 한다. 처세술, 위선, 아부 같은 것들이 잘못된 길로 인도하기 때문이다. 그는 연약한 인간에 불과하지만 그의 신앙은 천사에게 이어져 천사가 악마의 간계를 물리치러 하늘에서 날아올 것이다. 기독교도는 마침내 빛의 도시의 성문을 통과한다. 그러나 그곳에는 최후 최대의 위험이 기다리고 있다. 순례 여행이 거의 종반부에 이르러 빛의 도시를 바로 눈앞에 둔 지점에서 나락의 밑바닥이 입을 크게 벌리고 순례자를 기다리고 있다. 그때까지 쌓아온 공덕을 순식간에 허물어 버리고 지옥 구덩이로 굴러떨어질지도 모르는 상황이다.

이 책은 확실히 신앙의 책이다. 그러나 한편으론 공포의 책이기도 하다. 경건한 성지 참배도 여차하면 지옥 참배가 될 수 있으며, 끊임없이 인간을 위협하는 악의 힘을 음울한 기쁨을 갖고 묘사하고 있다. 물론 이 책에는 인간의 비참함을 어루만져 줄 수단이 나와 있다. 그러나 이에 앞서 마치 인간이 고통스러워하는 모습을 즐기는 듯한 수난의 장면이 수도 없이 나온다. 독자는 이 책을 다 읽고 나면 가슴을 쓸어내리며 마치 기적이 일어난 것처럼 영혼의 구원을 향해 정진하기 시작할지도 모른다. 그렇다 하더라도 이 책의 알레고리는 오랫동안 인간을 괴롭히고 불안하게 했을 것이다. 정신의 불꽃은 세찬 바람을 맞고 금방이라도 꺼질 것처럼 깜빡이지만 다시금 기운차게 타오르고자 몸을 추스르기 시작한다. 그의 마음은 항상 무언가에게 위협을 받고 그것과 싸워왔다. 그에게는 종교 문제가 인생에서 가장 중요한 문제일 뿐 아니라 유일한 문제였다.

순례자는 아내와 네 명의 자식을 버리고 떠났다. 첫 번째 여행으로는 미흡해서였을까? 아니면 첫 번째 여행에서 즐긴 마음의 동요와 격심한 공포를 처음부터 다시 경험하고 싶어서였을까? 존 버니언은 다시 이야기를 시작한다. 이번에는 여성 기독교도가 출발한다. 그녀가 가는 곳마다 전편에 못지않은 무서운 괴물들이 나타난다. 그러나 초자연적인 존재가 개입하여 사악한 자들을 제거해 주므로 여행은 한결 수월해지고 결국 천국에 다다른다. 그녀는 천국에서 불멸의 옷을 입고, 마침내 하느님을 뵙기에 이른다.

어린이들은 늘 강렬한 색채에 마음이 끌린다. 그들은 소박하고 진지한 이들의 이미지를 뚫어지게 바라볼 것이다. 그리고 이러한 이미지들이 청교도적인 마음의 신앙, 격렬하면서도 음울한 신앙을 지탱하고 있을 것이다.

그러나 복음서를 읽고 설교를 듣고 시편을 노래하고서 교회나 예배당을 나서는 영국인들은 다시 세속적인 현실 세계로 돌아간다. 그들은 현실을 얕보지 않는다. 자기 힘으로 현실을 변화시킬 수 없다면 적어도 유리하게끔 꾸미려고 한다. 영국인에게 인생이란 해협 맞은편에 있는 이웃 프랑스인과는 다른 의미를 지니고 있다. 영국인이 생각하는 인생은 답을 구해야 하는 방정식도 아니고 어려운 문제를 재치 있게 주무르는 논리도 아니다. 또 사물이나 인간의 주장을 입증하는 법도 아니다. 영국인에게 인생이란 드넓은 활동의 터전인 것이다.

영국인은 어린이들에게 "사실을 있는 그대로 받아들이자."고 말한다. 영국의 책은 이렇게 호소한다. "독자 여러분, 책 속에는 많은 문제가 나오지만 답은 하나도 적혀 있지 않으니 그렇게 아시기 바랍니다. 답이 없는 이유는 답을 만드는 것이 어렵기도 하지만 그보다는 무의미하기 때문입니다. 모든 것이 현실에 있는 그대로입니다. 왜, 어째서냐고 무턱대고 질문해서는 안 됩니다. 왜냐고 묻는 것은 아무 의미도 없습니다. 마음을 편하게 갖고 너무 많이 묻지 마세요. 자신이 직접 확인하고 읽고 경험하면 됩니다. 그것이 가장 좋은 방법이니까요." 그런데 여기에서 경험론의 창시자인 위대한 프랜시스 베이컨 Francis Bacon의 이름을 발견할 수 있으리라고 누가 예상이나 했겠는가. 여러 권의 책을 남긴 마리아 에지워스 부인은 저술 과정에서 교육자인 부친의 영향을 많이 받았다면서 다음과 같이 베이컨을 언급한다. "내 아버지의 공적은 베이컨 경이 주창한 경험론에 입각한 교육 방법을 최초로 실천한 점에 있다고 생각합니다." 물론 그녀도 자신의 저서에서 이 경험론을 앞장서서 실천하고 있다. 《해리와 루시 Harry and Lucy》에서도 그 사실을 확인할 수 있다.

    해리: "우리가 해봐요, 아빠."
    아버지: "좋아, 해리. 사물을 알기 위해서는 그게 가장 확실한 단 하나의 방법이지……."

19세기 영국에는 어린이들을 위한 신문이 발간되었다. 그 신문은 병사 하나가 죽으면 살아 있는 병사 둘이 되어 나타났다는 전설 속의 군대와 똑같은 방식으로 순식간에 독자를 확대해 나갔다. 그 신문에는 쓸데없는 기사라곤 하나도 실리지 않았다. 기사는 처음부터 끝까지 사실뿐이며, 신문에서 얻을 수 있는 지식도 진지하고 사실적인 것뿐이었다. 훌륭한 전기, 역사(특히 영국사), 지리(특히 영국과 그 식민지의 지리), 상품은 어떤 식으로 만들어지는가, 우편 제도와 초인종의 기능 따위가 내용의 주종을 이뤘다. 천박한 민족은 가공된 아름다운 이야기를 독자들에게 제공한다. 신문이 그런 이야기를 싣기 시작하면 구독자는 온갖 솜씨를 부려 능란하게 이야기를 완성한다. 그러나 진지한 민족은 그런 경박한 놀이를 싫어한다. 그들은 진실하고 견실한 것을 원한다. 예를 들어 〈소년 신문 The Boy's Own Paper〉은 '이번 새로운 시리즈에 일등상으로 추천할 논문의 테마는 면 재배와 제조법입니다.'라고 발표했다. 참 훌륭한 일이다. 〈소년의 초급 책 The Boy's Early Book〉에는 다음과 같은 안내문이 실렸다. '본지가 이번 대회에 출제할 테마는 다음과 같다. 1) 염가 우편 제도의 완전한 역사 2) 영국의 왕위 계승자 웨일즈 공 가문의 역사 3) 전신에 사용되는 전기 4) 승모근과 그것의 운동 효과 5) 벽시계와 회중시계의 제조 과정 6) 별명의 기원과 역사.' 이것을 보더라도 알 수 있듯이 지난날의 뛰어난 신문들은 한결같이 현명하고 실제적이며 공리적이었다. 또 이런 문제를 낸 신문사들은 훌륭한 모범답안을 기대하지 않았을 것이다. 그들의 진정한 의도는 선조로부터 물려받은 영국의 전통을 차분하고 엄격한 방법으로 독자들에게 가르치고자 하는 데 있었다. 그들은 나름대로 어린이들에게 재미있는 방법으로 반드시 알아야 할 것들을 가르쳐 주려고 했다. 그렇게 함으로써 어린이들은 리버풀의 훌륭한 상인이나 맨체스터의 훌륭한 제조업자, 그리고 세계의 곳곳에서 훌륭한 영국인으로 성장할 수 있었다.

　이 신문들은 대개의 경우 본질적으로 사업이나 영리에 목적을 두고 있었다. 따라서 그들은 은행이고 상점이었다. 다른 나라의 신문도 이런 것에 무관심하지 않았다. 다만 수치심 때문이었는지 아니면 위선이었는지, 가능한 한 돈에 관해서는 언급하지 않으려 했다. 그래서 발행인은 신문 사업을 취미로 시작한 것처럼 보이려 애썼고, 편집자는 대단한 희생을 치르며 일하는 것처럼 보이고 싶어했다. 그러나 영국 신문은 그렇지 않았다. 어떤 신문은 연차 총회를 열어 정식으로 주주를 불러놓고 대차대조표를 공개했다. 발행 부수가 10만 부를 넘는 신문도 있었다. 그들은 좀더 노력한다면 15만 부까지도 돌파할 수 있다고 말했다. 아무래도 옛날이니까 지금처럼 홍보도 적극적이지 않았을 것이고, 어린이들도 지식욕이 왕성하지 않았을 것이다. 그런 만큼 그들이 참으로 대단한 일을 해냈다고 감탄하게 된다.

 1863년에는 〈어린이 신문, 문학·과학·모험·오락 잡지 The Boy's Journal, a Magazine of Literature, Science, Adventure and Amusement〉가 판매 대리점을 모집하기에 이르렀다. 그 신문은 독자들에게 원가로 완구, 과학기기, 공작기구, 책, 제도용구, 화학제품, 판화에 이르기까지 런던에서 구할 수 있는 것이면 무엇이든 발송해 주었다. 신문이 발송을 맡았고, 가장 저렴한 가격으로 가장 좋은 상품을 사는 방법과 그것의 올바른 사용법을 독자들에게 알려 주었다. 1867년에는 〈영국 소년 Boys of England〉이 경품을 내걸었다. 경품은 은시계 10개, 손풍금 50개, 귀여운 토끼 50쌍, 셰익스피어 전집 100질, 독일제 플루트 100개, 도미노 100세트, 액자에 끼운 판화 1000점, 고급 넥타이핀 100개였다. 토끼와 플루트 틈바구니에서 셰익스피어의 작품은 조금 어색해 보인다. 그러나 제2회 경품에서는 월터 스콧의 작품도 똑같은 입장에 처한다. 경품을 살펴보면 다음과 같았다. 망아지 2마리, 은시계 30개, 크리켓 배트 50개, 낚싯대 50개, 검술용 장검 및 칼 30개, 깔끔하게 제본된 월터 스콧의 소설 200권, 액자에 끼운 판화 100점, 멋진 뉴펀들랜드 개 3마리. 경품은 그후에도 계속 이어졌다.

 그리고 나서 얼마 뒤, 아서 왕자는 플루트나 뉴펀들랜드 개를 경품으로 받고 싶어서인지 이 신문의 구독 신청을 했다. 신문사로서는 대단한 영광이었다. 덕분에 인심 좋은 이 신문의 평판은 단숨에 올라갔다. 비판이나 설명을 덧붙이지 않으면 사물은 그냥 사물 자체인 것처럼 왕자는 왕자, 사회적 계층은 사회적 계층인 것이다. 왕자에게 구독 신청을 받는다는 사실은 신문사로서는 대단한 명예이며 확실한 이득이었다. 영국 독자들은 보나마나 자신들이 구독하는 신문을 왕자님께서도 보고 계신다고 생각하며 기뻐했을 것이다. 프로이센 대사의 아들 빌헬름 베른슈토르프 백작이 그 신문을 구독한 것도 그런 이유에서가 아니었을까? 또 본국인 영국뿐 아니라 식민지에서도 귀족과 상류층 자제들이 그 신문을 가장 애독하게 된 까닭도 그런 이유에서가 아니었을까?

살바도르 데 마다리아가 Salvador de Madariaga는 영국인의 성격에 관한 연구 논문에서 "공작이 딸을 시집보내면 모든 영국인들은 자기 일처럼 기뻐한다."고 서술했다.

앨리스는 아무것도 하지 않고 잔디밭에 누워 있자니 따분해서 견딜 수가 없었다. 그런데 마침 눈이 빨간 토끼 한 마리가 지나갔다. 토끼는 조끼 주머니에서 시계를 꺼내더니 이렇게 외쳤다. "이런 세상에! 이러다가 지각하겠네." 앨리스는 토끼를 쫓아 토끼굴 속으로 기어들어갔다. 그러자 미끄러지며 끝없이 아래로 굴러떨어지기 시작했다. 어쩌면 지구의 중심으로 떨어졌을지도 모른다. 앨리스가 정신을 차려보니 넓은 홀에 와 있었다. 앞쪽에는 근사한 정원이 있었지만 정원으로 통하는 문이 너무 작았기 때문에 안타깝게도 갈 수가 없었다. 정말 이상한 곳이었다! '나를 마시세요'라고 적혀 있는 작은 병 속에 든 액체를 마시자 앨리스는 점점 작아져서 꼭 망원경의 몸통처럼 자기 몸 속으로 쏙쏙 들어가 버렸다. 이번에는 '나를 먹으세요'라고 쓰여 있는 과자를 먹자 점점 커져서 자기 발도 보이지 않을 정도가 되었다. 발에게 명령을 내려도 소리가 발에 전달될 가망이 없었다. 이 이상한 나라에서 앨리스는 언제나 적당한 크기가 되지 못한다. 너무 커서 작아지려고 마음먹으면 너무 작아져 버린다. 이상한 버섯 한쪽을 깨물자 무지무지 작아져 턱이 발등에 부딪힐 정도가 된다. 그런가 하면 엄청나게 커져서 머리끝이 나뭇가지에 닿는 일도 있다. 나무 꼭대기에서는 겁먹은 새가 앨리스를 알을 훔치러 온 뱀으로 착각한다. 그래서 앨리스는 새를 안심시키려고 "나는 작은 여자아이예요."라고 말한다. 이처럼 어떤 때는 키가 20m나 되는 거인이 되고, 어떤 때는 작디작은 난쟁이가 되는 망원경 같은 소녀. 도대체 어떤 미치광이 같은 환상이 이런 소녀를 창조해 낸 것일까?

《이상한 나라의 앨리스 Alice in Wonderland》에는 또 다른 이야기도 있다. 흰 토끼가 다시 나타나서는 "아, 공작부인, 공작부인! 이렇게 기다리시게 했으니 그분은 얼마나 화를 내고 계실까!" 하고 여전히 한탄한다. 앨리스가 자기가 흘린 눈물로 만들어진 연못에서 헤엄치는 대목도 있다. 부조화의 극치인 동물들도 그곳을 벗어나려고 발버둥치고 있다. 앨리스는 이 동물들과 친구가 되어 엉뚱한 놀이를 한다. 공작부인의 저택에 가보니 부인은 개구리와 물고기 하인의 시중을 받고 있다. 요리사가 수프에 후추를 너무 많이 넣어 다들 재채기를 연발한다. 그 성질이 못된 요리사는 난폭하게도 공작부인과 부인의 무릎에 앉은 아이에게 부삽과 부지깽이, 접시, 냄비를 마구 내던진다. 공작부인은 앨리스에게 아이를 맡긴다. 그런데 앨리스가 아이를 아무리 안전한 곳에 두려 해도 새끼돼지인 그 아이는 금세 촐랑촐랑 달아나 버린다. "우린 모두 미쳤어." 고양이가 그 북새통에 나타나서 말한다. 고양이도 이상한 등장인물임에 틀림없다. 마음대로 나타났다가 사라지는 재주를 가지고 있으니까. 모든 것이 이런 식이다. 아직은 우리 머리까지 이상해지지는 않았지만 이런 식으로 이야기가 계속된다면 우리도 돌아버릴지 모른다.

머리가 돌지 않으려면 어떻게 하면 좋을까? 우리 프랑스인도 한번 마음놓고 이 놀이에 푹 빠져보면 어떨까? 프랑스인의 지성을 지배하고 있지만 이웃 영국인에게는 찾아볼 수 없는 난폭한 무법자, 이성이라는 녀석을 이번 기회에 깨끗하게 쓸어 버리면 어떨까? 꿈을, 즐거운 꿈을 꾸게 되지는 않을까? 그건 불쾌한 일일까? 광대는 익살을 떨어 사람들을 웃기는데 그 웃음에는 나름대로의 매력이 있다. 그것은 우리의 마음을 부드럽게 하고 쉬게 해주며, 우리를 완전히 사로잡아 세상 시름을 잊게 해 준다. 마음 내키는 대로 해보지 않겠는가? 등장인물들에게 '똑바로 걸어라' 라든가, '옆길로 새지 말고 정해진 목적지를 향해 전진하라' 따위의 주문은 하지 말자. 그들이 이야기 중간에 제멋대로 모습을 감추고는 다시 나타나지 않아도 상관없다. 그들이 어디에 있든 그냥 내버려두자. 까다롭게 굴지 말고 모든 것을 기분 좋게 받아들이자. 재치나 착각, 소름끼치는 농담, 익살, 우스꽝스러운 대사, 익살맞은 말장난들을 모두 웃으면서 그대로 읽어 주자. 그런다고 해서 우리가 바보나 미치광이가 되겠는가. 아니, 어쩌면 현자가 될지도 모른다. 은행이나 사무실, 서재나 교실에서 완전히 지쳐 버린 정신을 편히 쉬게 할 수 있는 현자 말이다. 우리는 정신의 자유로움에 취하여 앨리스처럼 다시 젊어지는 것을 느낄 수 있다. 젊어진다고 해서 부끄러워할 이유가 없다. 이곳 영국은 늙은이들이 지배하는 나라가 아니니까.

때로는 엉뚱한 짓을 하며 즐겁게 살자. 그 또한 좋은 일이며 막간의 행복이 아니겠는가. 삼월 토끼, 동면쥐, 모자 장수, 앨리스가 모습을 보이는 그 유명한 티파티에 참석해 보지 않겠는가? 동면쥐는 겨울잠을 자고 있어 시럽 이야기를 할 때를 제외하고는 눈을 뜨지 않는다. 그래서 차주전자 속에 빠지기도 한다. 삼월 토끼는 시계를 완전히 분해하여 비싼 버터로 청소했는데도 그다지 상태가 좋지 않자 의아해한다. 모자 장수가 모습을 나타낸다. 굳이 말하자면 그는 참석자들 가운데 가장 완고한 성격으로 참으로 터무니없는 짓을 한다. 가령 수수께끼를 냈는데 아무도 대답하지 못하는 걸 보고는 의기양양해한다. 하지만 그 수수께끼에는 원래 정답이 없으므로 당연히 아무도 대답하지 못한다. 시간은 흐름을 멈추고 있어 언제까지나 티파티 시간이다. 달리 쓸 시간이 없으니 찻잔도 닦을 여유가 없어 서로 자리를 바꾸는 수밖에 없다. 그래서 이제 끝나는가 싶으면 곧바로 처음부터 다시 시작된다.

여왕의 크로케 경기는 찻잔 장면보다 뛰어나다. 앨리스는 마침내 이야기 첫머리에서 들여다본 정원으로 들어간다. 그녀는 카드놀이 왕국에 와 있다. 먼저 스페이드 2와 5와 7의 세 정원사가 백장미를 빨간색으로 열심히 칠하는 모습을 보고 앨리스는 눈이 휘둥그레진다. 그들은 색을 잘못 알고 있는 것이다. 그러니 여왕이 그 사실을 알아차리면 목이 날아갈 판이다. 물론 장미는 다시 칠하지 않으면 안 된다. 흰 토끼도 섞여 있는 수행 행렬에 둘러싸여 하트의 왕과 여왕이 도착한다. 여왕은 크로케 경기를 시작하라고 명령한다.

> 앨리스는 지금까지 이렇게 별스런 크로케 경기장을 본 적이 없었습니다. 경기장은 도랑과 밭이랑 투성이였습니다. 더구나 크로케 공이란 게 살아 있는 고슴도치였고, 배트는 살아 있는 홍학이었습니다. 병사들은 몸을 기역자로 굽히고 손끝을 땅바닥에 대어, 아치 모양을 만들고 있어야 했습니다……

모두들 한꺼번에 경기를 벌이는 바람에 정신없이 도망치는 고슴도치를 붙잡으려고 부딪쳐 싸운다. 배트가 된 홍학은 공을 치려고 하는 순간 고개를 돌리고, 아치 모양으로 서 있던 병사들은 지쳐서 원래의 자연스러운 자세로 몸을 펴고 제멋대로 돌아다닌다. 이루 말할 수 없을 정도로 혼란스러운 상황이다. 여왕의 목소리가 쉴새없이 들려온다. "저자의 목을 날려 버려라!" 이리하여 모든 경기자를 사형에 처하라는 명령이 내려지고 마지막에는 왕과 여왕, 앨리스만 남는다. 그렇지만 걱정하지 않아도 된다. 죄인들은 결국 사면을 받게 되니까.

　유머는 가장 영국적인 것으로, 어떤 사람이 실제로 말하는 것과 말할 것 같은 것 사이에 모순을 두는 일이다. 그것은 우스꽝스러운 것을 자못 진지한 것으로 만들기도 하고, 또한 진지한 것을 우스꽝스러운 것으로 만들기도 한다. 여기서 나는 아직까지 한 번도 크로케라는 무시무시한 놀이에 열중해 본 적이 없는 사람들에게 크로케 경기가 하트 여왕의 게임과 아주 흡사하다는 말을 하고 싶다. "저자의 목을 날려 버려라!"라는 말은 누구나 시합에 너무 열중한 나머지 화가 나면 마음 속으로 외치는 말이 아닐까? 게다가 크로케 경기에서는 잠시 시합을 중단할 수밖에 없는 대혼란이 발생하는 경우가 종종 있다. 그러니까《이상한 나라의 앨리스》에 나오는 크로케 경기는 진짜 경기와 아주 흡사한 분위기를 잘 전달해 주고 있는 셈이다. 한 잔의 차를 마주하고 주고받는 대화도 마찬가지다. 빈말이라도 그것이 풍부한 내용을 담고 있다고는 말할 수 없다. 그러나 세상에는 이 대화의 주인공인 동면쥐나 모자 장수와 꼭 닮은 사람들이 있다. 살아가면서 10년이나 20년, 또는 30년이라는 긴 세월 동안 매일 2시간씩 그런 연습을 하는 사람들은 이렇게 될 위험성이 많다. 이제 다시 이야기로 돌아가서 마지막 부분을 읽어보자. 앞에서 언급했던 '자장가'에도 나오는 이야기로, 작은 과일 파이를 훔친 하트 잭의 재판 부분이다. 차례차례 증언대에 선 증인들의 엉터리 진술 가운데 앨리스의 진술만은 귀를 기울일 가치가 있다.

　　왕이 앨리스에게 물었습니다. "이 사건에 대하여 너는 무엇을 알고 있지?"
　　앨리스가 대답했습니다. "아무것도 모릅니다."
　　그러자 왕이 되물었습니다. "아무것도 모른다고?"
　　"아무것도 모릅니다." 앨리스가 대답했습니다.
　　왕이 배심원들을 향해 말했습니다. "이것은 대단히 중대한 일이다."
　　배심원들은 재빨리 그 말을 석판에 적으려고 했습니다. 그때 흰 토끼가 나서서 가로막으며 지극히 공손한 말투로, 그러나 눈썹을 찌푸리고 얼굴을 찡그린 채 말했습니다.
"물론 전하의 말씀은 '중대하지 않은 일이다' 라는 의미겠지요?"
"그야 물론 내 말은 '중대하지 않은 일이다' 라는 뜻이었지."
왕은 황급히 대답하고는 소리를 낮추어 "중대한, 중대하지 않은, 중대하지 않은, 중대한……." 하고 계속 중얼거렸습니다. 마치 이 두 말 중 어느 것이 듣기 좋은지 시험해 보는 것 같았습니다.
어떤 배심원은 '중대한' 이라고 썼고, 또 어떤 배심원은 '중대하지 않은' 이라고 썼습니다.

이것은 일종의 익살스러운 즉흥극이다. 그러나 아무 근거 없이 꾸며낸 것이라고만 할 수는 없다. 실제로 세상에는 이런 식으로 처리지는 재판이 있으니까. 우리가 웃는 것은 웃음을 자아낼 만한 깊은 이유가 있기 때문이다. 물론 우리는 평소에는 인식하지 못하지만 언제나 마음 속에서 그것을 찾고 있다. 표면적으로는 희화적이지만 전적으로 거짓은 아니다. 오히려 반대로 거기에 내포되어 있는 진실로 인하여 우리는 감동을 받는다.

영국인은 냉정하고 침착한 국민이다. 그러나 일단 정열의 포로가 되면 걷잡을 수 없이, 보는 사람이 질려 버릴 만큼 사나운 기질을 발휘한다. 단 하루라도 그들이 하고 싶은 대로 하게 내버려두라. 평소에 억제해 왔던 탓일까? 그들의 호기심은 병적으로 높아져 우리를 깜짝 놀라게 한다. 웃음도 마찬가지다. 그들은 흥이 나면 기이한 방법으로 세상을 희롱한다. 사물의 형태를 일그러지게 비추는 거울에 세상을 비추어 그 모습을 일그러뜨린다. 그리고는 그 놀이를 멈추려 하지 않는다. 영국인들은 겉으로는 아주 사소한 일로 웃는 것처럼 보이지만 자세히 보면 그 웃음에는 복잡하고 풍부한 내용이 담겨 있으며, 교묘하게 유머를 섞기도 한다. 다른 나라 사람들도 《이상한 나라의 앨리스》를 읽고 웃는다. 그러나 영국인이 아니고서는 이 놀라운 이야기의 재미를 완벽하게 이해하고 감상하지 못한다. 옥스퍼드의 수학자 찰스 러트위지 도지슨 Charles Lutwidge Dodgson은 머리는 좋지만 내성적이었다. 그는 또 빈정거리기를 좋아하는 반면에 인정이 많았고, 어른보다는 어린이와 함께 있는 것을 좋아했다. 그런 그가 어느 날 산책을 하다가 이야기를 무척이나 좋아하는 어린 앨리스를 위하여 들려 준 이야기가 바로《이상한 나라의 앨리스》이다. 그는 1865년에 루이스 캐럴 Lewis Carroll이라는 이름으로 이 이야기를 출판했다. 그때부터 영국 어린이 왕국의 하늘에는 흰 토끼와 모자 장수, 가짜 바다거북, 거만한 하트 여왕 등이 어린이들에게 찬미를 받으며 밤하늘의 별처럼 아름답게 빛나고 있다.

영국인은 아주 대담하고 강한 민족이다. 그들은 강인한 육체와 불굴의 의지를 사랑한다. 고향을 떠나 여행을 하고, 정복하고, 멀리 바다 건너에 식민지를 건설하면서 정열을 불태운다. 땅을 일구는 일은 그다지 좋아하지 않지만 바다는 그들의 왕국이다. 영국인들은 배를 타고 갈 수 있는 곳이라면 어디든 가고 싶어한다.

따라서 어린이를 위한 책에서도 스포츠를 사랑하는 마음을 길러 주려고 애쓴다. 특히 개인적인 승패에 연연하지 않고 팀 전체의 승리를 생각하는 정신을 심어 주려고 노력한다. 가장 중요한 것은 팀의 승리이다. 또한 이 훌륭한 인간 기계를 능률적으로 움직이기 위하여 필요한 첫째 조건은 자발적인 자기 희생과 헌신이다. 그들은 말한다. "애들아, 항해가의 생활을 사랑하는 마음을 배워라. 자유로이 공상의 나래를 펼쳐 배에 올라타고 모험을 찾아 대양을 돌아다녀라. 결코 어떤 것도 두려워하지 말아라. 난파를 당해도 화재가 발생해도 해적과 싸우더라도 황인종이나 흑인종의 나라에서 식인종을 정복할 경우에도, 용기와 냉정함을 잃지 않고 난관을 헤쳐 나갔던 영국인들의 태도를 배우라. 영국인은 사막을 헤매다 포로가 되어 기둥에 묶이더라도 결코 두려움에 떨지 않는다. 영국인은 강인한 성격을 지니고 있으면 운명의 일격 따위는 조금도 두려워할 바가 안 된다는 사실을 알고 있다. 요컨대 사나이답게 죽는 일이 그다지 나쁘지 않다고 생각한다. 웅장한 이야기, 용맹스러운 서사시, 여행, 육지와 바다의 모험—얘들아, 너희들의 정신에 걸맞는 양식은 이런 것들이다. 영웅, 군인, 항해가, 여행가—너희들은 이런 사람들을 본받아야 한다. 너희들의 조국을 사랑하라. 영국의 힘과 위대함을 유지하도록 노력하라. 우리 영국이 절대적인 우월성을 지닌 세계 최고의 나라라는 사실은 새삼 거론할 필요도 없다. 이 우월성을 확고부동한 교리로 인정하고 너희들의 아버지나 할아버지, 모든 선조들을 본받아 그 교리의 사도가 되어야 한다. 이 교리를 부정하는 무리와는 논쟁을 벌일 필요조차 없다. 그렇게 한들 헛되이 시간만 낭비할 뿐이다. 정신이 똑바로 박힌 사람이라면 이 교리를 부정하지 못할 것이다. 무엇보다도 먼저 행동하라."

프랑스 제1제정의 온갖 전쟁이 끝난 후, 귀향한 트라팔가 해전의 용사들은 지난날 조국이 위기에 처했을 때를 회상하며 여전히 격분하고 있었다. 그런 그들이 어린이들에게 무엇을 가르쳐 주었겠는가? 1818년 어린이들에게 전쟁의 교훈을 가르쳐 주기 위하여 《소년의 즐거움 The Youth's Amusement》이란 책이 발간되었다. 이 책을 펼쳐보면 투구를 덮어쓴 전사의 그림 밑에 이런 말이 쓰여 있다.

> 프랑스인을 비롯한 대영제국의 어떤 적이든 우리 집, 우리 나라를 점령하겠다는 교만한 생각을 한다면 그때야말로 총을 들 수 있는 사람은 모두 박차고 일어나 의용병이 되어 부모, 재산, 정부를 지켜야 한다.

의용병에 지원하여 무기를 들려면 반드시 나이가 많아야 하는 것은 아니다. 당시 영국인들은 그들이 말하는 소위 음흉한 프랑스인들을 적으로 여기고 온갖 도발적인 언사로 악담을 퍼부었다. 마치 프랑스인들이 불로뉴에서 침략군을 재편성하려고 획책하고 있기라도 한 것처럼. 그후 영국은 전유럽에서 가장 번성한 최강국이 되어 긍지를 드높였다. 당시 영국은 신문을 통해 어린이들에게 무슨 말을 했을까? 1863년에 발간된 〈대영제국의 청년들 Young Men of Great Britain〉에 나오는 훈계를 인용해 보자.

> 오늘날에 대영제국의 청년이라는 이름은 전세계에 통용되는 여권이 되었다. 그러나 우리는 결코 자만하지 않는다. 이 간결하면서도 의미심장한 말 속에는 인간이 지닌 용맹성, 관대함, 고귀함, 기사도 정신이 함축되어 있다. 겁쟁이나 야심 없는 인간은 논외로 하고, 이 말은 지금까지 영국의 뛰어난 정치가, 웅변가, 군인, 항해가, 과학자를 배출시킨 용감하고 총명한 사람들의 계층을 상징하는 것으로 여겨진다. 이 계층에서 우리의 법률을 만드는 사람들, 가정을 지켜 주는 사람들이 탄생했다. 또한 위험을 두려워하지 않고 해양을 누비며 북극에서 남극까지, 세계 곳곳에 영국의 이름을 명예롭게 빛낸 숭고한 영혼의 소유자들을 탄생시킨 것도 바로 이 계층이었다.

최근에는 제국주의라는 거대한 파도가 사람들을 집어삼키고 있는데 그 파도는 어린이들마저 휩쓸어 가려 한다. 그러다 보니 이제는 "대영제국의 청년들"이란 타이틀로는 부족하다. "대영제국의 소년들 Boys of the Empire"이라는 이름이야말로 이 나라가 갖고 있는 견해를 한층 잘 표현하고 있다고 하겠다. 1901년 영국의 견해는 이렇게 나타나고 있다.

> 앞으로 〈대영제국의 소년들〉이라 불리게 될 이 신문은 조국애와 조국에 대한 충성심을 유지, 강화하는 일을 목적으로 한다. 우리는 영국 민족의 영광된 전통을 지킬 사명을 띠고 태어난 사람들이 전 대영제국의 동맹에 의하여 하나의 동포애로 결속되는 중대한 사업을 이룩하기를 희망한다. '대영제국의 어

린이 동맹' 회원은 이를 위해 시간을 빼앗기거나 봉사를 강요당하지 않을 것이다. 그들에게 많은 의무를 부과하는 일도 없을 것이며 다만 제각기 꾸준한 노력을 계속해 나가면 된다. 대영제국의 아들이라는 영광스러운 신분에 합당하며, 어느 모로 보나 부끄럽지 않은 훌륭한 인물이 되도록 자신을 연마해 나가기 바란다.

이것이 예나 지금이나, 그리고 앞으로도 항상 영국의 젊은이들에게 고취시키고자 하는 감정이다. 그렇다면 내일의 영국은 어떠한 모습일까?

그것을 알기 위해 영국 내각의 특색과 구성을 연구해 보는 것도 좋고, 파운드 화의 시세를 산출해 보는 것도 좋고, 현지에서 나타나는 모든 기후를 조사해 보는 것도 좋다. 그러나 어린이들을 위한 책이나 신문을 결코 무시해서는 안 된다! 영국의 어린이들이 지금도 여전히 넬슨이나 웰링턴이 소년 시절에 읽던 책들을 읽고 사랑하고 있다면, 영국은 앞으로도 결코 변하지 않을 것이다.

4. 모든 나라들

프랑스인이 조국에 대한 사랑을 어떻게 갖게 되었는지 조사해 보면 우리에게 처음으로 프랑스라는 나라를 보여 준 책과 그림에 대한 기억을 꼽지 않을 사람은 없을 것이다.[39]

이것은 어느 나라에서나 마찬가지다. 그렇다고 해서 조국의 영광스러운 특색을 의도적으로 강조한 책이 반드시 어린이들에게 가장 깊은 영향을 미친다고 할 수는 없다. 오히려 그렇지 않은 작품이 다분히 환상도 담고 있고, 구태여 무얼 가르치려 하지 않았는데도 의외로 국가라는 집단의 가장 미묘하고도 강렬한 특색을 전해 주는 경우가 많다. 애국심을

---

39) 조브 Job의 삽화가 들어 있는 조르주 몽토르게유 Georges Montorgueil의 책에 관하여 에밀 앙리오 Emile Henriot는 다음과 같이 기술했다. "어렸을 때 처음 읽은 책이나 처음 본 그림으로 자기 나라의 역사나 전통을 알게 되면 강한 애국심을 갖게 된다. 그리고 그 책이나 그림에 대한 기억은 가슴 속 깊이 새겨져 평생 지워지지 않는다. 물론 이것은 프랑스인만 경험하는 것은 아니다. 어느 나라 사람이나 이런 기억을 가슴에 간직하고 있다. 이 책도 마찬가지다. 과연 이 책을 펼쳐 읽은 사람 가운데 책 속에 등장하는 다양한 프랑스의 모습을 잊어버린 사람이 있을까? 기다란 속눈썹과 맑은 눈을 가진 귀여운 소녀 프랑스. 이제 막 갈리아의 요람기를 벗어나 카이사르 군대의 끝없는 행진을 목격한 프랑스. 자크리 농민 폭동에 몸을 떨고, 잔 다르크의 불행을 한탄하고, 루이 14세의 영화에 감탄하고, 트리아농 성을 덮친 폭풍을 노래에 나오는 양떼와 함께 피해 간 소녀 프랑스. 시대가 흐름에 따라 점점 성장해 가는 프랑스. "프랑스는 한 사람의 인간이다." 이는 위대한 시인이자 위대한 해설자이기도 했던 미슐레 Michelet가 한 말이다. 몽토르게유의 문장과 조브의 삽화가 지닌 멋진 상상력. 그들은 천재적인 역사가의 너무나 인간적인 역사관에 기초하여 프랑스의 역사를 적고, 프랑스 소년소녀들의 마음을 사로잡았다."

기르기 위해서는 긴밀하고도 부단한 협동 작업이 필요하다. 어린이들은 어른들이 지닌 잠재적인 특색을 숨김없이 보여 주기를 소망한다. 이에 부응하여 어른들은 자기 나라가 갖고 있는 특질을 어린이들에게 가르쳐 준다. 도대체 언제부터 그런 특질을 지니게 되었는지 알 수 없으며 그것은 절대 없어지지도 않을 것이다. 한 나라의 근본 요인은 국민의 피와 정신 속에서 세대에서 세대로 이어져, 현재의 국가와 국민을 만들어내고 있다.

그러나 그것으로 그쳐서는 안 된다. 어린이들의 책은 조국애와 인류애를 하나로 결합시킴으로써 대립이나 증오 같은 것과는 근본적으로 양립할 수 없는 요소를 지니고 있기 때문이다.

제5장
인류 의식

1. 어린이들의 세계 연방

어린 시절, 온 세상이 내 눈앞에 펼쳐져 있었다. 지금도 나는 그 광경을 기억한다. 하루는 단조로운 우리 마을을 빠져나가 아름다운 책의 책장을 넘기면서 같은 또래의 두 소년 앙드레, 줄리앙과 함께 프랑스 전역을 여행했다. 어떤 날은 돈 키호테와 산초에게 이끌려 뜨거운 햇빛이 이글거리는 카스티야 평원과 먼지가 피어오르는 거리, 온갖 모험이 펼쳐지는 여관을 내 눈으로 보았다. 또 시에라 모레나 산맥의 코르크 참나무와 야생 관목 덤불도 보았으며, 상상 속에서 무인도와 북극해의 오로라도 보았다. 아프리카에서는 피그미족의 나라를 방문하기도 했는데, 이미 릴리펏을 읽은 뒤라 그 난쟁이들의 나라가 별로 이상해 보이지 않았다. 나는 톰 아저씨의 오두막에 살며 검둥이 노예들 틈에 끼어 사탕수수를 재배했다. 뮌히하우젠 남작처럼 초승달의 낫에 그물을 매어 그것을 타고 땅으로 내려가려고도 했다. 하지만 그물이 너무 짧았기 때문에 윗부분을 싹둑 잘라 끄트머리에 이어야 했다. 나는 쥘 베른을 따라 여기저기로 바다 밑바닥까지 나아갔다. 그리고 보았다.

……창백하고 꿈꾸는 듯한 부유물이 떠돌아다니는 청록색의 드넓은 바다,
때로는 물에 빠진 사람이 깊은 생각에 잠긴 듯 아래로 아래로 가라앉는다……

어린이책에는 확실히 민족 정서가 스며 있다. 그러나 한편으로는 인류 의식도 녹아 있다. 그러므로 어린이책은 자신이 태어난 나라에 대해 애정을 기울여 그려냄과 동시에 미지의 동포들이 살고 있는 머나먼 나라에 대해서도 그리고 있다. 어린이책은 자기 민족의 정수를 표현하면서, 산을 넘고 강을 지나고 바다를 건너 지구끝까지 새로운 우정을 찾아가는 전령이다. 모든 나라가 전령을 보내고, 또 모든 나라가 그 전령들을 환영한다. 이렇게 하여 감수성이 예민한 유년 시절에 어린이들의 세계 연방이 탄생하게 된다.

얼마나 많은 사람들이, 한가한 여유를 얼마든지 즐길 수 있는 행복한 유년 시절을 흘려 보내고, 책도 읽지 못한 채 연장과 작업대에 얽매여 작업실이나 광산에 처박혀 있는가! 그들은 오로지 사고나 자살, 범죄, 전쟁에 대한 기사가 실린 신문밖에 읽지 않는다. 어린 시절은 결코 그렇지 않았다. 세계 각국의 가장 뛰어난 대표 작가들이 어린이들을 위해 쓴 책을 읽었다. 그 무렵에는 고작 그림이나 색채의 아름다움을 겨루는 일이 경쟁의 전부였다. 아름다운 이야기는 서로에게 상처주는 일 없이 끝을 맺었다. 부족한 부분은 서로 채워 주고 한데 섞여 조화를 이루었으며 모든 것이 평화롭고 화합을 이루었다. 그들이 이 아름다운 추억을 언제까지나 간직하기를!

이웃의 책장을 주의 깊게 살펴보거나, 몇몇 학교를 조사해 보거나, 어린이 도서관에 가서, 어린이 문학의 고전으로 꼽히는 책들의 저자를 살펴보라. 그럼 틀림없이 독일인, 영국인, 미국인, 러시아인, 덴마크인, 스웨덴인, 이탈리아인, 프랑스인들이 사이좋은 이웃처럼 나란히 있을 것이다. 물론 남의 나라 책밖에 읽을 수 없는 나라도 있을 것이다. 그러나 세계 곳곳에서 찾아온 책들을 그 나라에게 가장 뛰어난 책과 대등하게, 때로는 그보다 더 멋진 책으로 평가하지 않는 배타적인 나라는 한 곳도 없을 것이다. 어린이들의 사회는 관용적이며 국경이 없다. 그곳에는 어른 사회에서 볼 수 있는 편견이 없으므로, 걸작인 줄 알면서도 일부러 헐뜯고 평판을 끌어내리거나, 어차피 언젠가는 걸작임을 인정할 수밖에 없다 해도 되도록이면 그 시기를 늦추려는 음흉한 행동은 찾아볼 수 없다. 그리고 이미 재능을 인정받은 사람을 단번에 추락시키는 경쟁도 없다. 어른 사회에서는 오늘 입을 모아 칭찬한 작가를 내일이면 벌써 멸시하고 심지어 그런 사람을 전혀 모른다고 거리낌없이 말하는 무리가 있지만, 어린이들의 사회는 그렇지 않다. 어린이들은 자신의 선택에 충실하며 그들의 인식은 어른보다 한결 민첩하고 민감하다. 어린이들의 인식은 이론에 치우친 비평이 아니라 본능에 의해 이루어지기 때문이다. 이러한 어린이들의 사회에는 인종 차별이나 인간의 우열 따위에서 오는 자만심도 없다. 어린이들은 작가들이 살아온 내막 따위는 알지 못해도 전혀 개의치 않는다. 그들이 코가 낮은지, 안경을 끼고 있는지 따위는 전혀 안중에도 없다. 어린이들이 무엇 때문에 작가들의 태생이나 고향에 신경을 쓰겠는가. "보스턴의 책방에는 어린이들을 위해서 일본책까지 구비하고 있다. 우리 나라의 젊은 출판인들은 번역할 만한 책을 찾으러 담당자들을 세계 곳곳으로 보낸다. 아일랜드나 아프리카, 이탈리아, 러시아 출신의 작가들이 뉴욕으로 건너와 거주한다……."[40]

어린이에게 즐거움을 주는 책들은 미소를 띠며 세계 각국의 국경을 넘나든다. 그 책들에는 정신의 세관 따윈 존재하지 않는다.

베르켕은 힌두스탄까지 건너가서 그 나라의 고유 의상을 걸치고 돌아다닌다. 《피노키오 Pinocchio》는 미국에서 장난치며 돌아다닌다. 나는 멕시코와 브라질, 아르헨티나, 칠레에서 우리의 귀여운 《빨간 모자 Little Red Riding Hood》를 만났다. 안데르센은 전세계 어디에서나 만날 수 있다. 한번 《로빈슨 크루소 Robinson Crusoe》의 뒤를 쫓아가 보

---

40) 에르네스틴 에번스 Ernestine Evans의 《어린이책의 경향 Trends in Children's Books》에서 인용.

자. 정말이지 그가 생전에 한 여행은 사후에 한 여행과 비교해 보면 여행이라고 할 것도 없다! 그는 먼저 영국 전역을 돌아다녔는데 물론 그 정도야 쉬운 일이다. 그 다음에는 영국의 영향력 아래 있던 나라들을 돌아다녔다. 이리하여 로빈슨은 아라비아어, 마오리어, 벵골어, 시리아어, 히브리어, 이디시어, 아르메니아어, 페르시아어로 번역되었다. '마침내 대영제국의 자치령 사람들이 자신들의 생활과 문학을 가지게 된 뒤, 로빈슨 크루소의 오스트레일리아 판, 남아프리카 판, 캐나다 판들이 수없이 재판을 거듭 찍었고, 전세계 모든 학교에서 고전 명작이 되었다. 이리하여 디포의 천재성이 발휘된 이 작품은 해외의 영국령 어린이들에게까지 읽히게 되었다. 그들은 노대륙의 서쪽 끝에 위치한, 안개에 싸여 있는 조그마한 영국인의 나라와 자신들의 혈연관계를 새삼 깨닫게 되었다.'[41)]

이 책은 용기, 모험 정신, 신앙심, 실질적 성격, 생활을 즐기고자 하는 영국인들의 기질을 잘 보여 준다. 또한 세계 각지에 흩어져 있는 영국의 영토를 하나의 대영제국으로 통합하는 막대한 역할을 완수한 애국적인 책이기도 하다. 이 책의 가치를 확실히 인식하기 위해 영국인 조지 바로 George Borrow의 말에 귀기울여 보자. "이것은 현대 영국인의 정신에 가장 큰 영향을 미친 책이며, 나아가 전세계 사람들에게 널리 전해져 글을 제대로 읽을 줄 모르는 사람들마저 '아, 그 책이구나!' 하고 감탄할 정도로 잘 알려진 책이다. 우리 나라에서 가장 상상력이 풍부하고 활발하게 활동하는 현대 작가들조차 이 책에서 영감을 얻는다. 로빈슨 크루소의 대담한 활약, 주인공을 통해 인간의 영혼에 직접 전해지는 신비하고 낭만적인 모험 정신은, 영국이 바다와 육지에서 놀랄 만한 발견을 이룩하고, 해양국으로서 영광스러운 지위에 오르는 데 기여한 바가 크다

---

41) 폴 도틴 Paul Dottin의 《다니엘 디포와 그의 소설 Daniel Defoe et ses romans》에서 인용.

고 하겠다……"

《로빈슨 크루소》는 프랑스를 정복한다. 루소는 큰소리로《에밀 Emile》에 필적할 만한 책은《로빈슨 크루소》하나밖에 없다고 지적했다. 이 책은 마치 행복의 나라로 이주한 족장의 후손이 순식간에 헤아릴 수 없을 정도로 불어난 것처럼 가족을 늘려갔다. 독일에서도 대성공을 거두었다. 18세기 독일에는 《로빈소나드 Robinsonnade》라는 새로운 문학 장르가 탄생하여 로빈슨 크루소 류의 소설이 쏟아져 나왔다. 뿐만 아니라 로빈슨은 독일로부터 귀화 허가를 얻어 1779년에는 캄페 Campe의 펜 끝에서《로빈슨 데어 윙게레 Robinso der Jüngere》라는 독일인 로빈슨으로 다시 태어난다. 또 1813년에는 《스위스의 로빈슨 Robinson Suisse》이 나타난다. 이 로빈슨은 술통으로 만든 배를 타고 해안에 도착해, 아내와 네 아이를 위해 바오밥나무 속에 집을 짓는다. 이처럼 로빈슨은 서서히 그러나 승승장구 성공을 거두면서 유럽을 정복해 갔다. 라틴계 제국과 스칸디나비아 제국, 게다가 슬라브계마저 정복했다. 슬라브 민족은 로빈슨을 완전히 이해하지는 못했지만 아무튼 자리를 마련해 주었다. 로빈슨은 남아메리카도 정복했는데 그곳에서는 다음과 같은 노래부르는 것 같은 음조를 띤 이름을 획득한다. "O Robinson da lnfancia, El Robinsoncito."

이 책은 모든 나라의 어린이들에게 환영을 받으면서도 자신의 출생지만큼은 고집스럽게 지켜, 기본 골격에는 절대 손대지 못하게 했다. 그래서 아무리 겉모습을 바꾸어도 여전히 노장 디포의 흔적이 남아 있다. 인류의 새로운 조류 속에서도 늘 새로운 모습으로 나타나는 책. 실로 놀라운 생명력이다! 그리고 놀라운 혼혈이 이루어진다! 이번에는 스위스의 로빈슨, 독일의 로빈슨이 번역될 차례이다.《신 로빈슨 Nouveau Robinson》은 외국에서도 곧바로 호평을 받았다. 캄페는 제7판 서문에서, 이 책은 이미 스페인의 카디스에서 모스크바, 콘스탄티노플에 이르는 유럽의 갖가지 언어, 심지어 러시아어, 근대 그리스어, 옛 체코어로도 번역되어 있으므로 새삼스레 수정할 것도 없다고 자랑스럽게 말했다."[42] 이 말은 허풍이 아니다. 이미 1800년 이전에 《신 로빈슨》은 프랑스어, 네덜란드어, 이탈리아어, 덴마크어, 그리스어, 크로아티아어, 체코어, 심지어 라틴어로까지 번역되었으며 1853년에는 터키에서 번안물이 나왔다. 이 독일인 로빈슨과 스위스인 로빈슨은 이윽고 영국에 상륙하여 선조가 태어난 고향에서 새로운 삶을 시작했다. 스위스인 로빈슨은 독일인 로빈슨에게서 몇 가지 특징을 빌렸으며, 독일인 로빈슨의 아류작 중에서도 스위스인 로빈슨에게서 빌려온 특징이 발견되기도 한다. 몽톨리외 부인 Madame de Montolieu은 《스위스의 로빈슨》의 우아하고 아름다운 번역본을 출간하여 그 작품의 속편을 써 달라는 부탁을 받고는 실제로 쓰기도 했다. 《스위스의 로빈슨》의 원작자인 위스 J. R. Wyss는 이번에는 자신이 몽톨리외 부인의 작품을 모방하여 속편을 썼다. 영어판을 번역한 불어판을 텍스트로 하여 번역된 네덜란드의 로빈슨, 독일어판의 아류작을 번역한 로빈슨, 그런가 하면 작센의 로빈슨, 실레지아의 로빈슨, 브란덴부르크의 로빈슨……이 정도에서 멈추기로 하자. 영국 태생의 주인공과 아들, 손자, 증손자, 조카, 조카의 아들, 조카 아들의 아들, 친인척들과 서자들로 이루어진 대가족의 계통수는 삼나무보다 더 높이 자라고, 자손들은 갈라진 가지 끝에서 재차 혼인한다.

　설령 주변의 숲이 절멸되어 사라지더라도 마지막까지 살아남을 특권을 가지고 있는 이 아름다운 나무들. 영원히 젊음을 유지하고 화합의 열매를 맺어 희망의 씨앗을 뿌리는 이 유명한 책들. 이들은 다른 사람들을 이해하게 하고 모르는 이들을 받아들이게 하며, 경애의 씨앗을 뿌려 깊은 우정으로 지구촌 사람들의 마음과 정신을 하나로 융합시킨다. 싱가

---

42) 폴 도틴 Paul Dottin의 《다니엘 디포와 그의 소설 Daniel Defoe et ses romans》에서 인용.

포르나 캘커타에 사는 구릿빛 피부의 어린이들 손에 《닐스의 이상한 모험》이 들어간다. 그들은 너도밤나무와 참나무, 보리수, 나무열매, 꽃을 비롯한 활기찬 태양 일행이 어떻게 북쪽으로 여행했는지를 보여 주는 아름다운 이야기를 읽는다. 태양이 외친다. "앞으로! 내가 여기 있으니 걱정할 것 없다. 자, 앞으로!" 그러나 행진하던 일행 가운데 몇 명이 꽁무니를 빼기 시작한다. 숫사슴과 밀이 동시에 걸음을 멈춘다. 그리하여 검은딸기 덩굴과 작고 노란 미나리아재비, 밤나무, 들꿩도 걸음을 멈춘다. 태양은 여전히 걸어가지만 아무리 소리쳐 불러도 웃어 보여도 소용이 없다. 이탈자가 자꾸만 늘어서 버드나무, 흰올빼미, 푸른 여우, 순록과 토끼 등 새로운 무리가 그 뒤를 쫓지 않았다면 태양은 동물, 식물, 인간 등 모두로부터 버림받을 뻔했다. 태양은 앞을 가로막는 산을 기어올라 마침내 북쪽의 신과 대결을 벌인다. 그는 잠과 죽음을 내뿜는 겨울잠의 신이다. 온몸은 얼음 덩어리로 되어 있고 눈의 망토를 걸친 나이 많은 요정이다. 태양이 미소지으며 빛을 내뿜고 요정은 몸부림치며 탄식한다. 그러나 갑자기 태양이 외친다. "나의 시간은 끝났다." 그는 적에게 등을 보이며 되돌아간다. 매서운 바람과 추위, 암흑이 그의 뒤를 쫓는다. 태양이 패배한 것이다.

이러한 이야기를 읽은 인도의 어린 독자는 얼마나 놀랐을까! 지금까지 본 적도 들은 적도 없는 기이한 이야기를 읽고 전적인 변화를 겪을 것이다. 그의 영혼 속으로 파고든 새로운 관념이 그를 성장시키고 교화시킨다. 그러나 그곳에서 아득히 멀리 떨어진 라플란드의 산골에서는 모피를 두른 채 불가에 바싹 다가앉은 어린이가 어린이용으로 개작된 《천일야화 The Arabian Nights》를 읽고 있다. 그 어린이의 머릿속에는 아라비아의 궁전이 떠오를 것이다. 또한 미풍에 살랑거리는 열매 달린 나무들, 목덜미가 시원스레 뻗은 말, 사람을 바보 취급하는 듯한 웃는 얼굴의 낙타. 상상조차 할 수 없는 동물들을 비롯하여 자신과는 매우 다른 인간들이 떠오를 것이다. 완전히 새로운 세계가 영혼 속으로 들어와 그를 성장시키고 감화시킨다. 세계의 끝까지 여행하는 모든 책들에 눈에 보이지 않는 실을 연결해 보자. 그것은 자꾸자꾸 불어나 온갖 양식으로 교차한다. 인류의 연대감은 커다란 하나의 흐름이 되어 지구 위를 끝없이 돌아다닌다.

2. 그림 형제와 민화

19세기 초 독일에는 아주 색다른 작업에 열중한 두 형제가 있었다. '색다른'이라고 말했지만 많은 사람들은 그 일을 굳이 성실한 작가가 해야 한다고 생각하지 않았다. 세심한 연구가이자 박식한 인물로서, 문헌학자 겸 역사가, 철학자이기도 했던 야코프 그림 Jacob Grimm과 빌헬름 그림 Wilhelm Grimm 형제는 전설과 민화를 수집했는데, 그 모습은 마치 나비의 뒤를 쫓는 것처럼 보였다. 두 사람은 살아 있는 이야기를 채집하는 데 관심을 집중했다. 그들은 친구들에게 끊임없이 질문을 하면서 여덟 살 때쯤 들었던 이야기들을 기억을 되살려서 들려 달라고 부탁했다. 그리고는 친구들이 들려 주는 이야기를 곧바로 받아적었다. 그림 형제는 자신들이 살던 카셀 근방의 농민들을 자주 찾아갔다. 농민들에게 그 지방의 고유한 색깔이 묻어나는 이야기를 들으면, 이번에는 이웃에 사는 농민들을 만나 처음부터 그 이야기를 한 번 더 들었다. 그들은 두 이야기에서 다른 부분이 있으면 이본이라 부르며 매우 중시했다.

우리는 운좋게도 카셀 근처 츠벨판 마을에서 한 농부의 아내를 알게 되었다. 여기에 기록한 이야기는 그녀에게서 들은 것이다. 쉰 살을 조금 넘겼지만 아직 활기에 가득 찬 이 부인의 이름은 피메넌이라고 했다. 씩씩하고 호감이 가는 얼굴에 눈빛이 예리하고 맑아 젊은 시절에는 퍽 아름다웠을 것 같았다. 그녀는 오래된 전설을 잘 기억하고 있었는데, 선천적으로 상당히 기억력이 좋은 사람이 아니고서는 도저히 기억할 수 없는 것이라고 했다. 그녀는 무척이나 즐거운 듯 침착하고 확실하게, 생생한 묘사를 곁들여 물 흐르듯 자연스럽게 이야기해 주었다. 조금만 천천히 이야기해 달라고 부탁하자 천천히 반복해서 들려 주었으므로 좀 익숙해지기만 하면 그대로 받아적을 수도 있었다. 이런 방법으로 많은 이야기를 한 구절도 빠뜨리지 않고 기록했다. 이처럼 신중을 다했으므로 실수한 일은 없을 것이다.[43]

그림 형제는 하녀들에게도 사투리로 이야기해 달라고 부탁해서 그들을 깜짝 놀라게 만들었다. 여러 지방에서 사람들이 마치 선물이라도 보내듯이 이야기를 보내왔다. 이렇게 해서 모은 전설들은 1812년에 《어린이와 가정의 동화 Kinder-und Hausmärchen》 제1권으로 출판되었다. 이 작품은 오늘날 전세계에 모르는 사람이 없을 정도로 널리 알려져 있다.

그렇지만 그림 형제는 자신들의 의도를 완전히 실현하지는 못했다. 그들의 생각이 가장 훌륭하고 아름답기는 했지만 가장 정확하다고는 할 수 없기 때문이다. 그들은 창의력도 타고난 재능도 없으면서 단지 잔재주만으로 만들어지는 현대의 기교적인 시보다 한결 뛰어난 민중의 시를 재발견하고 싶어했다. 민중의 시야말로 진정한 시라고 생각했기 때문이다. 시는 민족혼에서 탄생한다. 시를 사랑하고 이해하고 원형 그대로 순수하게 보존할 수 있는 민족이 있다면 그건 바로 독일 민족이다. 민족은 시의 영감을 자연에서 얻는다. 그리고 시의 영감을 자연에 불어넣은 이는 신이 아니면 누구겠는가? 그러므로 시는 신으로부터 유래한다. 인류가 신에게서 멀어질수록—인류는 문명 신봉자들이 생각하고 있듯이 진보하는 것이 아니라 쇠퇴해가고 있다—시를 짓기가 어려워지고 점점

---

43) 토늘라 E. Tonnelat의 《그림 형제 Les Frères Grimm》에서 인용.

그 자격을 상실해간다. 오래된 옛이야기를 재발견하는 일, 과거의 순수한 시정신이 낳은 결과물을 여기저기에서 찾는 일은 민족 정신을 원래의 고귀한 것으로, 신의 숨결이 스며든 신성한 것으로 되돌리는 작업을 의미한다. 그림 형제는 이렇게 생각하고 그 생각을 하나씩 진행해갔다. 물론 그들의 추론이 늘 옳은 것은 아니었다. 그러나 낭만주의자이며 신비주의자이기도 한 그들이 증명할 수 없는 것을 증명하려 했고, '민화란 민중의 사상이며 민중이 가지고 있는 신성하고 영적인 것을 길이 후세에 전하는 것이다. 또한 태고의 신앙이자 종교적인 교리로 민중의 역사와 함께 펼쳐진 서사시 속에 깊이 파고드는 것으로 생명력 있는 형식을 갖게 된다.'라는 생각을 실제로 증명하지 못했다 하더라도 그들의 노력은 결코 헛되지 않았다.

어린이들은 노릇노릇 잘 구워진 빵처럼 입맛 당기는 맛, 감칠스러운 맛을 그림 동화집에서 맛볼 수 있었다. 그림 동화집은 어린이들이 독일의 두 작가에게서 받은 멋진 선물이었다. 그러나 어린이들이란 선물을 받으면 반드시 보답을 하는 법이다. 어린이들은 남에게 친절을 요구하여 뜻한 대로 이루어지면, 그에 대한 보답으로써 자기도 남에게 친절을 베푼다. 어린이들은 이 진실이 살아 있는 초상화를 인류라는 액자에 넣어 언제까지나 소중히 보존하는 일을 떠맡았다. 그들도 그것을 사랑하고 다른 사람들도 사랑하게 하는 일을 맡은 것이다. 그리고 어린이들은 이렇게 기원한다. 중심이 되는 인물은 반드시 나무꾼이나 농부, 전쟁이 끝나 마을로 돌아온 군인, 농부의 딸, 실잣는 여인, 장인—그것도 토끼를 쫓아가면서 털을 깎을 수 있다든가 달리는 말에 징을 박을 수 있을 정도로 솜씨 좋은 장인이기를 바란다. 중심이 되는 인물은 두려움을 모르는 호걸, 산 사람이든 죽은 사람이든 어느 누구와 마주쳐도 겁에 질려 본 적이 없는 호걸, 평소에는 점잖고 선량하지만 여차하면 주먹 한 방으로 바위를 가르는 일쯤은 식은 죽 먹기로 해치우는 사나이 중의 사나이,

그러한 사람이기를 바란다. 헨젤과 그레텔, 이 가련한 소년과 소녀도 왕자나 공주와 마찬가지로 어린이들의 흥미를 자아낸다. 또 이야기 속에 등장하는 임금님은 올바르고 선량하며 평화를 사랑하는 사람이 아니면 안 된다. 백성들로부터 사랑받는 임금님이 되고 싶다면 반드시 약속을 지켜야 한다. 임금님도 때로는 고통과 죽음 앞에서는 모든 인간이 평등하다는 사실을 절실히 깨달아야 한다.

어린이들은 별것도 아닌 일에 즐거워한다. 브레멘의 악사들 이야기를 들으면 틀림없이 폭소를 터뜨릴 것이다. 해고당한 당나귀와 주인 손에 죽을 뻔한 사냥개, 털이 빠진 고양이, 꽁지 빠진 닭이 서로의 불행한 처지를 동정하고 친구가 되어, 좋은 가수를 구하는 마을로 떠난다. 길을 가다 보니 도둑들이 한창 잔치 준비에 열심인 곳에 이르른다. 네 친구들은 꾀를 내어, 당나귀 위에 개가 올라타고 개 위에 고양이가 올라타고 그 위에 닭이 올라탄 뒤, 갑자기 도둑들이 있는 방 창문에 모습을 드러내고 일제히 고래고래 고함을 지른다. 도둑들은 기겁을 하여 쏜살같이 도망쳐 버린다. 네 친구들이 잘 차린 진수성찬을 차지한 것은 두말할 필요도 없다. 인간은 누구나 먹지 않고 살 수는 없다. 맛있는 음식을 배불리 먹고 싶어하며 향기로운 술을 마시고 싶어한다. 그래서 처음에는 맥주를 조금만 마시게 해 달라고 신에게 빌다가, 잠시 후에는 기분 좋게 취할 만큼만 맥주를 마시고 싶다고 조르고, 결국 맥주 한 통을 더 달라고 비는 바이에른의 농부 이야기를 읽고도 별로 그 농부를 탓할 마음이 생기지 않는다. 수탉, 집오리, 숫염소 등 헛간에 있는 동물들에게도 따뜻한 동정을 기울인다. 그들에게도 동정받을 권리가 있기 때문이다. 거만하고 무례한 자는 콧대를 꺾어놓고, 온화한 사람은 소중히 다루므로 세상은 조금 살기 좋아질 것이다.

예수가 아직 이 세상을 돌아다니고 있을 때 어느 부잣집에 들러 하룻밤 묵고 가기를 청했다. 하지만 부자는 고개를 저으며 곡물이 가득 찬

헛간의 한쪽 구석조차 내주려 하지 않았다. 마침내 예수는 가난한 사람의 대문을 두드렸다. 가난한 사람은 예수에게 잠자리를 양보하고, 다음 날에는 아침식사까지 마련해 주었다. 예수는 그에게 세 가지 소원을 들어 주겠다고 약속했다. 그러자 가난한 사람은 영혼의 영원한 구원과 변변치 못한 것이라도 좋으니 평생 먹을 음식을 달라고 부탁했다. 그리고 굳이 세 가지 소원을 말해야 한다면 세 번째로는 새 집을 원한다고 말했다. 부자는 이 소식을 듣고 예수를 쫓아갔다. 예수는 그에게도 세 가지 소원을 들어 주겠다고 약속했다. 부자란 현명하지 못한 법이다. 게다가 고약한 부자라면 벌을 받아도 마땅하다. 화가 나 있던 부자는 자기 말의 등뼈가 부러져 버렸으면 좋겠다고 말한다. 그러자 그 소원은 즉시 이루어졌다. 말은 죽었지만 안장을 버리기는 아까웠다. 부자는 안장을 둘러메고 집으로 향했다. 뙤약볕 아래에서 어깨를 짓누르는 무거운 안장을 메고 가느라 땀이 비오듯 흘렀다. 부자가 씩씩거리며 집에 돌아와 보니 세상에! 마누라는 기분 좋게 바람을 쐬고 있는 게 아닌가. 순간 화가 치민 부자는 "이 마누라쟁이, 영원히 말 안장 위에나 앉아 있으라"고 소리친다. 그러자 그 소원 역시 곧바로 이루어졌다. 이제 소원은 하나밖에 남지 않았다. 부자는 하는 수 없이 아내가 저 지긋지긋한 안장에서 해방되어 자유롭게 움직일 수 있게 해 달라고 빌었다. 결국 부자가 얻은 것이라고는 분노와 고통, 헛수고, 욕설뿐이었고 게다가 말은 죽었다. 한편 가난한 사람은 영원한 행복이 약속된 천국으로 가는 임종의 날까지 행복하고 평화로우며 경건하게 살았다. 그림 형제의 이야기는 가난한 사람들을 위한 최후의 성채 가운데 하나이다. 그들은 이곳에서 부자를 상대로 용감하게 싸워 승리를 거둔다. 그리고 그 성을 지키고 있는 것은 바로 어린이들이다.

그것은 어린이들의 본능이다. 그들은 누구에게 듣지 않아도 '부'가 모든 것에 우선한다는 생각 따위는 꿈에도 하지 않는다. 이런 것이 과연 좋은 일인지 어떤지는 모르겠지만 아무튼 부잣집 아이라 해도 돈을 문제삼지 않는다. 부잣집 아이들 역시 미천한 신분의 사람들을 만나기 위해 살롱을 뛰쳐나간다. 운전기사, 기계공, 하인, 요리사를 비롯하여 자연과 밀착된 생활을 하는 신비한 사람들이 부잣집 아이들의 마음을 사로잡는다. 부잣집 아이들은 방학을 이용하여 농부나 파수꾼, 어부의 아이들과 친구가 된다. 그림 형제와 마찬가지로 부잣집 아이들도 민중에게 마음이 끌린다. 오랜 옛날부터 어린이들은 글을 읽을 수 있게 되면 민중들에게 자신이 읽을 첫 책을 달라고 조르곤 했다. 등짐 장수가 돌아다니며 책을 팔던 시절에도, 파란색 표지에 영웅담이 실린 《청색 총서 Bibliothèque Bleue》 시대에도 그랬다. 어린이들은 글쓰는 일에 정신이 팔려 있던 사람들에게 귀중한 교훈을 안겨 주었다. 그들은 자신의 기분을 맞추려 드는 책은 읽지 않는다. 하고 싶은 말을 명확하게 말하면 그것으로 충분하다. 진부하고 거짓투성이인 문장에는 눈길조차 주지 않으며, 아름답고 정직한 문장에 마음이 끌린다. 쉽고 이해가 잘 되는 것이라면 문체가 어떻든 전혀 개의치 않는다. 요컨대 어린이들은 영원한 예술의 순수한 힘과 영혼의 소박한 가치를 어른들에게 재인식시키는 것이다.

우리의 형제인 인류는 항상 가까이에 있다. 그런데도 일부러 멀리 떨어진 곳으로 찾으러 가는 건 잘못이다. 발꿈치를 들고 바라본들 먼 데 있는 것은 아무것도 보이지 않는다. 자칫 그 진리를 잊어버리기 쉬운 어른들을 향하여 어린이책은 이렇게 말한다. "어른 여러분, 조심하세요. 당신들은 잘난 척하고 있어요. 성실이나 소박함, 자연스러움이라는 미덕을 잊고, 인위적인 것에만 정신을 빼앗기고 있어요. 하지만 다행스럽게도 우리가 있잖아요. 우리는 인간이 대지에서 태어났으며 흙과 접함으로써 살아가는 힘과 활기를 되찾을 수 있다는 사실을 당신들에게 일깨워 줍니다."

3. 동화, 아름다운 거울

　동화, 그것은 참으로 맑고 깊고 아름다운 거울이다! 이 거울 속에는 수천 년에 걸친 경험이 숨겨져 있다. 그 깊이를 더듬어 가다보면 인류의 초기 시대까지, 이탈리아의 철학자 비코 Vico가 이야기하는 전설의 시대까지 거슬러 올라간다. 그 시대에 인간은 스스로의 힘으로 유일한 표현 형식이었던 우화와 상징을 창조해 냈다. 오랜 세월에 걸쳐 형성되어 온 어린이를 위한 이야기의 기원을 찾아서 시간이란 강을 거슬러 올라가보면, 자못 새롭게 보이는 이야기일지라도 실은 아주 오랜 옛날부터 전해져 내려오는 것이라는 사실을 발견하게 된다. 학자들은 그 이야기가 18세기, 심지어 17세기의 것이라는 사실을 증명할 것이다. 그리고 인간이 낳은 모든 문예 형식을 집대성하기 위해 르네상스 시대에 열심히 만들어낸 목록 속에도 이미 그것이 포함되어 있다는 사실을 증명할 것이다. 게다가 그 이야기는 중세의 이야기에서도 발견할 수 있으므로 르네상스가 중세로부터 빌려온 것이라 할 수 있다. 그렇다면 중세가 그것을 만들었느냐 하면 그렇지도 않다. 중세는 그보다 훨씬 이전인 고대 그리스·로마로부터 이어받았고, 그리스·로마는 오리엔트에서 얻어왔다.
　우리는 또한 그 이야기가 같은 시대에 모든 나라에 거의 비슷한 형태로 전해지고 있다는 사실을 알 수 있다. 이야기는 각각 그 나라의 말로 되어 있다. 이탈리아어, 프랑스어, 스페인어, 영어, 독일어, 스칸디나비아어 등 모든 언어의 판본이 존재하고 있다. 이들 판본은 무슨 목, 무슨 속이라는 식으로 분류할 수 있으며, 구성 요소를 분석하여 추려 보면 각각의 상호관계도 알 수 있다. 또한 널리 알려져 민간 전승 속에서 일찍부터 예상되었던 지위를 차지하고 있다. 이 꽃은 광대한 지역에 걸쳐 만발해 있다. 이것을 자연 발생적이라고 보는 사람도 있으며 친자 관계로 설명하려는 사람도 있다.

아무튼 우리가 알고 있는 한 어린이들을 즐겁게 해주고, 어른들도 즐거움을 얻게 하는 이 아름다운 이야기에는 실로 많은 변종이 있다. 시대에 따라 그 씨앗이 뿌려진 토양에 따라, 곧 시간과 공간에 따라 변종이 거듭 생산되어 갔다. 우리는 그 이야기를 들으면서 아득히 먼 선조의 피가 우리 몸 속에 흐르고 있음을 느낀다. 옛날 옛날에…… 그 말 그대로, 옛날 상상조차 할 수 없는 먼 옛날에 똑같은 이야기가 있었다. 《잠자는 숲 속의 미녀 La Belle au Bois Dormant》를 다시 읽어보기로 하자. 왕자는 공주 곁에 오랫동안 머무는 바람에 어느덧 시간이 많이 지나 버렸다. 왕자는 왕에게 늦은 이유를 설명해야 했으므로 사냥을 하다가 숲에서 길을 잃어, 친절한 숯장수네 오두막에서 하룻밤 묵으며 빵과 치즈도 얻어먹었다고 거짓말했다.

> 왕은 선량한 사람이었으므로 왕자의 말을 그대로 믿었습니다. 하지만 왕비는 선뜻 믿을 수가 없었습니다. 왕비는 왕자가 거의 매일 사냥을 나가 이틀 혹은 사흘 밤을 바깥에서 묵고 돌아와, 언제나 그럴듯한 핑계를 대는 것을 보고는 아무래도 왕자가 사랑에 빠진 게 틀림없다고 생각했습니다. 왕자가 그렇게 자주 왕궁을 비우는 데는 다 이유가 있었습니다. 왕자는 벌써 만 2년이 넘게 공주와 살면서 자식을 둘이나 두었습니다. 첫째는 여자아이로 이름이 '오로르(새벽빛)'이고, 둘째는 사내아이였지만 누나보다도 아름다워서 '주르(낮

의 빛)'라고 불렀습니다. 왕비는 젊었을 때는 하고 싶은 일은 무엇이든 해보는 게 좋다며 왕자에게 몇 번씩이나 진짜 이유를 들으려고 했습니다. 하지만 왕자는 도무지 비밀을 털어놓지 않았습니다. 어머니를 사랑하기는 했지만 식인귀의 피를 물려받은 어머니가 무서웠기 때문입니다. 왕은 단지 왕비가 갖고 있는 재산을 보고 왕비와 결혼했습니다. 궁전 안의 사람들도 쑤군거렸습니다. 왕비는 아직도 사람을 잡아먹는 습성이 남아 있어서 어린아이를 보면 덤벼들고 싶은 충동을 느끼지만 이를 악물고 참는 거라고 말이죠. 그런 까닭에 왕자는 절대로 비밀을 털어놓지 않겠다고 결심한 것입니다.

오랫동안 잠들어 있던 아름다운 공주가 잠에서 깨어난다. 그것은 봄이 깨우는 소리에 자연이 눈뜨는 모습을 상징하는 것일까? 오로르와 주르를 잡아먹고 싶어하는 식인귀는 밤을 의미하는 것일까? 아니면 이 등장인물들은 이야기 속에서 영원히 숨을 집을 찾기 위해 사육제에서 빠져나왔을까? 우리는 희희낙락 뛰어다니는 거인과 난쟁이들의 모습을 바라보면서, 원시인들이 무한대에서 무한소에 이르는 천지 창조를 이루어 낸 신의 웅대한 힘을 보고 느낀 경탄을 동감하지 않을 수 없다. 선한 요정과 사악한 마법사의 싸움 이야기는 유치한 형식이기는 하지만 선조 시대의 선과 악, 삶과 죽음이 대결하는 영원한 모습을 절실히 깨닫게 해주는 것은 아닐까? 여기에서 우화의 기원을 탐구하는 것이 우리의 목적은 아니다. 그러나 전문가가 아닌 사람들도 조금만 생각해 보면 우화가 인류의 오랜 역사를 담고 있다는 사실을 쉽게 깨달을 수 있다.

영국에서 독일에서 어린이들이 되풀이하여 노래 부르고, 세대에서 세대로 전해지는 시에는 단순히 역사의 단편만 들어 있는 것은 아니다. 거기에는 결혼, 세례, 죽음에 수반되어 행해진 의식, 머나먼 옛날의 제사 의식이 역사의 이면에서, 역사를 초월한 아득한 저편에서 메아리쳐 오는 소리가 들릴 것이다. 기독교도의 풍습, 이교도의 풍습, 그리고도 몇 세대 전인지조차 알 수 없는 까마득히 먼 옛날의, 지금은 흔적도 없이 사라진 고대 문명의 풍습이 메아리가 되어 한 편의 시 속에서 울리고 있다. 많은 사람들은 이 이야기들을 읽고 너무 단순하다고 생각할지도 모른다. 그러나 그 속에는 학자들도 지적하듯이 시적인 신화의 일체가 들어 있고, 인간의 상상력에 관한 최초의 서광이 반영되어 있다. 그 중 어느 하나를 취해 보더라도 이 이야기들은 수천 년에 걸쳐 복잡하게 뒤얽히는 바람에 해독할 수 없게 된 많은 테마를 간직하고 있다. 우리는 그것을 읽으면서 동물도 풀도 나무도 이야기를 하던 시대, 밤이 되면 영혼이 육체를 떠나 홀로 숱한 모험을 하던 시대, 영혼이 삼림이나 평지의 꽃 · 나무 · 동물 속에 깃들여 있던 시대, 그것이 연기였고 그림자였고 거울이었던 시대로 되돌아간다. 마법사는 마력을 되찾는다. 가느다란 지팡이를 휘둘러 마음대로 사물의 형태를 바꾸고, 주문을 외워 강한 것을 약하게, 약한 것을 강하게 변화시키며, 죽은 사람을 소생시킨다. 다시 육체에 극도의 쾌락이 찾아온다. 매일 먹을 양식이나 휴식을 얻기 위해 끊임없이 전쟁을 치르고, 악전 고투를 거듭해 온 육체가 이제는 기쁨에 겨워 몸을 떤다. 산해진미가 수북하게 쌓인 식탁, 영원히 비워지지 않는 술잔, 상쾌한 잠. 자연 속에서 다시 유령이 날뛰기 시작하며 신비로운 힘으로 인간을 돕기도 하고 해를 끼치기도 한다. 날이 밝으면 살았다는 생각에 한숨 돌리며, 칠흑같이 어두운 밤과 하늘에 떠 있는 태양과 달과 별에 두려움을 품는다.[44)]

시대를 더욱 거슬러 올라가보자. 영혼이 겨우 눈을 떠 자아와 비자아를 구별하지 못하고, 꿈과 현실을 분리하지 못하던 머나먼 시대로. 이야기가 이끄는 대로 몸을 맡기고, 상상력조차 닿지 못하는 아득히 먼 옛날로 가보자. 어린이들도 그 이야기를 통하여 인류의 역사를 복습하고 인류의 정신이 걸어온 길을 다시 한 번 더듬어보게 된다. 협박이나 추적,

---

44) 쾨스터 H. L. Koester의 《독일 청소년 문학사 Geschichte der deutschen Jugendliteratur》에서 인용.

도저히 오를 수 없는 산, 도저히 건널 수 없는 강, 우리가 꿈꾸는 모든 것들이 어린이들이 좋아하는 옛날 이야기 속에 등장한다. 어린이들이 잠이 들면 이야기 나라의 생활이 시작되고, 계속 꿈을 꾸면서 그 속으로 깊이 들어간다. 그곳에서 어린이들이 좋아하는 주인공들은 뛰어오르고 미끄러지며 창공을 날기도 하고 한 걸음에 30km를 가기도 한다. 또한 그곳에서는 가능한 일과 불가능한 일이 뒤섞이고, 의식과 잠재의식이 구분되지 않는다. 우주는 아직 이성의 법칙에 따라 체계가 잡혀 있지 않고 개인을 통해 모습을 드러낼 따름이다. 우주가 곧 각 개인인 것이다. 물질은 살아 있다. 모든 것이 현실적이며 또한 현실적이지 않다. 진실로 모든 것이 혼란스럽다. 그러나 어린 독자들은 여기에 놀라지 않고, 오히려 자연스럽게 받아들인다. 마치 그들 자신이 수만 년 전에 혼란스러웠던 세계를 거쳐온 것을 기억하기라도 하는 것처럼.

4. 피터 팬

　인류 의식을 갖는다는 것은 때로는 폭력으로부터 인류를 지키는 일이며, 인류의 손에 닿는 일체의 것이 단단한 황금으로 변하는 사태를 막는 일이기도 하다. 그것은 마치 주택지나 공장 지대의 침략으로부터 지켜온 미국의 삼림처럼 인류를 위해 아직 개간되지 않은 영역을 소중히 보존하는 일이며, 질병이나 노쇠가 엄습하지 않도록 가능한 한 오랫동안 인류를 젊게 지키는 일이다. 프라이데이나 눈의 여왕, 피노키오, 두라킨 장군이나 그 밖의 유명한 망령들이 신들의 불로주를 마시고 있는 올림포스. 로시난테, 플라테로, 카디숑 같은 말과 당나귀가 영원히 풀을 뜯는 올림포스. 저 올림포스에 새로운 주인공들이 또다시 찾아온다. 가장 최근에 찾아온 자의 이름은 피터 팬으로 크리스마스가 그를 데려왔다. 그가 런던의 한 극장에 최초로 모습을 나타낸 때가 1904년 12월 26일이었기 때문이다. 다음 해부터는 매년 런던 · 에딘버러 · 글래스고 · 더블린에서, 지방의 마을에서, 또한 통역 없이도 이야기가 통하는 전세계 곳곳의 마을에서, 마침내 나머지 모든 마을에서도 크리스마스가 다가오면 반드시 그의 모습을 볼 수 있게 되었다. 크리스마스는 꿈을 꾸기에 더없이 좋은 때이다.

　막이 오른다. 그러자 일상 생활은 자취를 감추고 더없이 아름다운 제2

의 현실이 나타난다. 빛나는 조명과 무대 장치, 발레, 노래가 극장 밖의 진창과 비를 잊게 해준다. 관객들은 어느새 넋을 잃고 아름다운 꿈을 꾸기 시작한다. 그들은 피터 팬을 따라나선다. 피터 팬은 더 이상 자라지 않고 어린이다운 육체와 영혼을 지켜나갈 방법을 발견했다. 어느 날 밤, 피터 팬은 집을 뛰쳐나왔다. 유모도 경찰관 아저씨도 없었고 아무에게도 들키지 않았으므로, 멀리 나뭇가지 끝이 흔들리는 것이 보이는 켄싱턴 공원의 숲을 향해 날아간다. 아! 피터 팬처럼 하늘을 날 수 있다면! 저 낙원으로 날아가 영원히 살 수 있다면! 관객들은 더 이상 비참한 인류에 속하지 않고, 현실과 꿈의 중간에 자리잡게 될 것이다. 또한 서펜타인 한가운데 떠 있는 비밀의 섬에서 새를 벗삼아 생활할 것이다. 새들은 물에 뜨는 둥지를 짓는 일을 도와 준다. 그것은 밤에 강을 건너 맞은 편 기슭까지 산책하기 위해서이다. 그러나 낮에는 아늑한 섬으로 돌아갈 것이다. 그곳에서 고요히 생활하는 것은 얼마나 즐거운 일인가! 사악함도 이기심도 질투도 없는 생활. 그들은 나이든 솔로몬과 현명하고 진지한 까마귀와 이야기를 나눌 것이다. 까치와 개똥지빠귀, 다른 신사 숙녀 새들의 말에 귀기울일 것이다. 그런 고귀한 새들이 그들을 자신과 대등한 존재로 인정하지는 않겠지만 새들의 풍습대로 음식을 부리로 쪼아 먹는 대신 손으로 먹도록 허락해 줄 것이다. 새들은 관대하고 자애로우니까. 그들은 온종일 일에 쫓길 것이다. 아무것도 할 일이 없다는 일에. 그들은 갈대피리를 만들 것이다. 즐거운 시간을 보내기 위해 나뭇잎을 스치는 바람 소리, 풀숲을 진동시키는 벌레 소리, 물 속으로 뛰어드는 개구리 소리 등 온갖 소리를 흉내낼 것이다. 때로는 석양이 질 무렵 그들이 연주하는 꾸밈없는 피리 소리는 나이팅게일의 세레나데처럼 들릴 것이다.

그리고 마침내 요정을 잘 모르는 자들이 떠올리는 그런 요정이 아니라 진짜 요정을 알게 될 것이다. 살아 있다는 기쁨만으로 사는 진정한 요정들. 잘 잊어버리고 변덕스러운 요정들. 뛰어오르며 까불다가도 금세 구멍 속으로 숨어 버리는 요정들. 토끼처럼 겁 많은 요정들. 무분별하고 속이 좁으면서도 한편으론 착한 마음과 감사할 줄 아는 마음도 지닌 요정들. 꽃으로 착각할 만큼 가냘픈 몸을 가진 요정들. 하긴 꽃으로 착각하는 것도 무리는 아니다. 요정들은 요정인 동시에 꽃이기도 하니까. 밤이면 뜰에 울짱이 닫힌다. 그것으로 이제 안심이다. 방해하러 오는 자가 아무도 없을 테니까. 드디어 축제가 시작된다. 나무들은 한곳에 꼼짝 않고 서 있는 것이 갑갑했는지 잡담을 길게 나누며 산책을 시작한다. 요정들은 여럿이 모여서 병아리처럼 종알거리기도 하고, 나비처럼 이리저리 날아다닌다. 그리고 피터 팬의 피리 소리에 맞춰서 춤을 춘다.

피터 팬은 인간의 마음을 가진 인간일 뿐이다. 피터 팬도 다른 피조물과 마찬가지로 사랑하고 괴로워할 특권을 갖고 있다. 꽃인 요정들도 괴로움과 사랑을 알고 있다. 자신을 열렬히 사랑하는 상대를 경멸하는 무정한 꽃도 있는데 어떤 심경의 변화에서인지 갑자기 사랑을 시작하는 일도 있다. 하지만 피터 팬의 감정은 위에서 기술한 중간자, 곧 꿈과 현실의 중간에 존재하는 것들의 천성대로 흐릿하고 혼란스러우며 모호하다. 그의 가장 깊은 슬픔은 향수병이다. 피터 팬에게도 많은 소원이 있으며, 그것이 충족되지 않으리라는 사실을 잘 알고 있다. 그러나 그런 것에 별로 마음을 쓰지 않는다. 그는 명랑하지만 시끄러운 소리를 내거나 큰 소리로 웃지 않는다. 어느 날 피터 팬은 큰맘 먹고 그리운 집을 향해 날아간다. 창문으로 집 안을 들여다보니 어머니는 그가 사라진 뒤의 쓸쓸함을 다른 아이로 달래고 있었다. 그가 느낀 절망이 섬에 가까워질수록 점점 약해지지 않았다면 그 상태에서 어떻게 되었을지 알 수 없다. 그는 절망에 빠진다. 그러나 그의 슬픔은 감미로우며, 기쁨 역시 마찬가지다.

그는 좁은 길에서 우연히 말괄량이 소녀 메이미를 만난다. 메이미는 밤에 켄싱턴 공원에 가보고 싶어서 울짱이 막 닫히려는 순간에 보모의 손에서 도망쳐 나왔다. 피터 팬은 그때까지 어린 여자아이와 친하게 지낸 적이 없지만, 메이미가 새끼새처럼 귀엽다고 생각한다. 메이미 곁에 있으면서 친절하고 용감하며 강한 사람으로 보인다면 얼마나 기쁠까! 그녀의 뺨에 키스하면 얼마나 기분이 좋을까! 가능하다면 인간 세계에서 내려온 이 귀여운 소녀를 밀짚과 새털로 만든 배에 태우고, 서펜타인을 건너 아무도 접근할 수 없는 저 섬으로 데려가고 싶었다. 어쩌면 메이미는 어머니도 오빠도 집도 잊고, 자기와 함께 그 섬에서 살겠다고 할지도 모른다. 실제로 메이미는 피터 팬의 말에 넘어가 강기슭까지 와 있었다. 그러나 안타깝게도 울짱이 다시 열리는 소리를 듣더니 그곳을 빠져나간다. 그러면서 피터 팬을 위로하기 위해 내일 밤 다시 오겠다고 약속한다. 다음날 밤 피터 팬은 기다리지만 메이미는 다시는 찾아오지 않는다.[45]

  어른들은 어린이에게 착한 일을 한 대가로 피터 팬 연극을 보여 준다. 하지만 그것은 구실일 뿐 사실은 자신들이 꿈을 꾸고 싶어서 간다. 어른들이란 으레 이런 구실을 만들어서 본심을 숨기려고 한다. 또한 어린이 책을 읽는 모습을 들키면 역시 이와 같은 수법으로 창피를 모면하려 한다. 무슨 책이든 읽고 싶은데 마땅한 책이 없었다거나, 아들이나 딸이 너무 재미있게 읽으니까 부모로서 교육상 한번 읽어봐야겠다고 생각했다는 식의 핑계를 둘러댄다.

  그런 핑계 따위는 던져 버리는 것이 어떨까? 그렇게 부끄러워할 필요가 없다. 행복의 섬으로 가면 그들은 틀림없이 신선함과 젊음을 되찾을 것이다. 피터 팬의 아름다운 이야기는 전세계 사람들에게 사랑을 받아 몇 번이고 거듭해서 출간되고 있다. 그 책은 이렇게 말한다. 피터 팬은

---

45) J. M. 베리의 《켄싱턴 공원의 피터 팬》에서.

언제든 켄싱턴 공원에 있다. 그는 요정들이 메이미의 소원을 듣고 선사해 준 산양을 타고 밤 산책을 즐긴다. 피터 팬이 부는 피리 소리는 너무나도 황홀하다. 그는 산책을 하지 않을 때에는 더할 나위 없는 행복감에 싸여 풀밭을 뒹굴며 작은 발을 동동거린다. 그는 배와 피리, 산양, 요정들과 함께 즐겁고 행복한 나날을 보내고 있다. 무엇보다도 부러운 것은 그 생활이 영원히 계속되리라는 사실이다. 피터 팬은 이제 더 이상 자라지 않을 테니까. 커다란 공원의 울짱을 살며시 지날 때 피터 팬을 기억하고, 새들의 세레나데와 비슷한 밤의 감미로운 노랫소리를 듣기 위해 귀를 기울이며, 그것을 들을 수 있는 사람이라면 언제까지나 늙지 않고 젊음을 유지할 수 있을 것이다.

5. 어린이가 바라는 이야기

 우리는 어린이들에게 이끌려 깨끗한 물이 솟아나는 샘물로 함께 간다. 우리의 감각은 너무나도 기이한 것들만 보아왔기 때문에 완전히 무뎌졌다. 단순하고 소박한 것이야말로 강한 이미지를 갖고 있다. 어린이들은 우리에게 그것을 보라고 권하며, 사랑하라고 유혹한다. 게다가 그것은 단순히 활자로 주어지는 이미지가 아니라, 대담한 선과 풍부한 색채로 그려진 그림에서도 얻을 수 있다. 지상을 달리거나 하늘을 나는 동물들을 딱딱한 나무에 새긴 토머스 뷰익 Thomas Bewick에서부터 동물들의 복잡하고 천진난만하며 가련한 영혼의 비밀을 데생이나 그림으로 그려낸 아서 래컴 Arthur Rackham[46]에 이르기까지, 많은 삽화가들이 그 일을 위해 힘을 쏟아왔다. 나는 새로운 것에 열중하며 비속한 정신에 반대하고, 그것을 일소하기 위해 혁명을 일으키기까지 하는 탐구자들을 사랑한다. 그러나 어린이들의 눈으로 세계를 다시 한 번 보는 것도 즐겁다는 사실을 인정한다.
 어린이들은 공허한 관념에는 도통 흥미가 없으며, 오히려 그런 것에 구애받는 어른들을 반성하게 만든다. 사실을 추상화하는 일이 어른들에

---

46) 영국의 삽화가로《피터 팬》,《이상한 나라의 앨리스》,《그림 동화집》등의 삽화를 그린 것으로 유명하다.

게는 대단한 놀이지만 어린이들에게는 대수롭지 않은 일이다. 그렇지만 처음부터 끝까지 관념투성이인 이야기가 오히려 어린이들에게 쉽사리 먹혀들 수도 있다. 사실 그런 일이 가끔 벌어지기도 한다. 그런 경우 어린이들은 이미 몇 번씩이나 인생을 살았고, 그에 대해 혼란스러운 기억을 갖고 있는 것처럼 보인다. 또는 이야기의 결말을 이미 훤히 알고 있는 것처럼 보이기도 하고, 그들의 직관력이 기적을 낳아 과정을 전부 생략하고 한달음에 결말에 도달하는 것처럼 보이기도 한다. 그러나 그런 어린 독자들은 거의 예외적인 존재이므로 과장해서는 안 된다. 어린이들에게 너무 많은 것을 바라는 건 잘못이다. 그들로서는 아직 어려운 관념을 즐기는 것은 무리이며, 그들이 지니고 있는 것만으로도 충분하다.

　어린이들은 명쾌한 감정을 지니고 있다. 그들에게는 어두운 쾌락도 타락도 없다. 어린이들은 슬픔 속에 느끼는 즐거움, 일부러 고통스러워하며 이를 천천히 즐기는 즐거움 따위는 알지 못한다. 또 묘하게 거드름을 피우며 영혼의 불안을 자랑스럽게 내보이거나, 각자의 인상이 어떤 식으로 변해가는지 가만히 엿보거나, 여러 갈래로 뻗은 생활 감정을 선악의 문제 이상으로 성가시게 캐고 드는 어리석은 짓은 하지 않는다. 어린이들은 건강하다. 앞에서도 주의를 촉구했듯이 그들에게 필요한 작가는 외면적인 세계를 있는 그대로 받아들이는 작가이다. 사물 그 자체에 흥미를 갖고, 거기서 어린이들이 어떤 느낌을 받을 것인지에 대해서는 일일이 이러쿵저러쿵 언급하지 않는 작가를 필요로 한다. 어린이들에게 호사가나 회의론자 따위는 필요하지 않다. 물론 이 세상에 태어난 사람이면 누구나 어떤 의미에서든 이기심을 갖고 있다. 누가 그것을 부정할 수 있겠는가? 인간은 천성적으로 선하다고 믿거나 그렇게 주장할 수 있는 사람은 한 사람도 없다. 어린이에게도 이기심은 있지만 그것을 악용하여 우쭐대지는 않는다. 그들에게는 이기주의를 체계화하거나 행동의 규범으로 만들 힘이 없다. 이기주의를 자기중심주의로 가장하는 것은 어린이가 아니라 어른의 소행이다. 어린이들은 본능적으로 생명에 마음이 끌린다. 그들은 생명을 소중히 여기고 키워가려 한다. 세상에는 생명에 의의를 부여하는 다양한 가치가 있다. 어린이들은 생명에 마음이 끌렸을 때와 똑같은 충동에 사로잡혀서, 그것들의 도덕적 가치나 수백 년에 걸친 경험을 통하여 생명의 최고 보호자임이 입증한 사회적 가치에 이끌려 간다.

> 어린이들에게는 먼저 극히 초보적인 감정이 찾아온다. 함께 있고 싶다는 바람, 남에게 도움이 되고 싶다는 배려, 동정, 상냥함, 친근함을 담은 신뢰감. 이것들은 행복하고 따뜻한 가정의 분위기에 싸여 일찍부터 길러지는 감정이다. 12세까지의 어린이들은 이상적인 인물이나 안전, 행복에 관심을 갖는다. 그들도 이 정도의 감정은 가질 수 있다. 남들이 관대하게 대해 주기를 바라지만 사실 관대함에 대해서는 그들 자신도 잘 알고 있다. 어린이들은 용기나 명예심도 갖고 있다. 이는 천성적으로 타고난 공포나 남에게 칭찬받고 싶어하는 욕구에서 자연스럽게 배어나온 감정들이다. 또 어린이들은 남에게 의지하지 않으면 살아갈 수 없으므로 성실함이나 희생 정신도 잘 알고 있다. 게다가 가족에 대한 감정은 그들의 이기심과 부모를 공경하는 본능을 충족시켜 준다. 그들은 약한 존재인 만큼 더욱 정의를 사랑하고 존경하는 감정을 지닌다. 그 밖에 자유를 사랑하는 마음이 있다. 부모의 예절 교육이나 엄격한 교육에서 자유에 대한 사랑을 품게 된다. 이런 감정들은 12세까지의 어린이들이 강하게 느끼는 것들이다.[47]

소녀들은 모성적 감정이 나타나 있는 책을 읽고 싶어하며, 여주인공에게 깊은 공감을 느낀다. 여주인공들은 고통받는 사람에게는 친절을, 가난한 사람에게는 깊은 동정을, 병자에게는 헌신적인 간호를 베푼다. 또한 갸륵하게도 모든 가사일을 척척 처리하고, 사랑하는 사람들에게

---

47) 셰드 Scheid의 《어린이의 문학적 감각의 발달 L'évolution du sens littéraire chez l'enfant》에서 인용.

확고한 애정을 표현할 뿐만 아니라, 편안하고 아무 부족함 없이 행복하게 살 수 있도록 해준다. 소년들은 용감한 이야기를 읽고 싶어한다. 그들은 비겁한 자가 벌을 받고, 거짓말쟁이들은 가면이 벗겨져 죄값을 치르고, 자만하는 자가 사람들에게 비웃음을 사는 이야기, 가장 훌륭한 사람이 승리를 거두는 무용담, 인간을 일으켜 세워 그 힘을 배가시키는 모험담, 파란만장한 이야기를 원한다. 모든 소년 소녀들은 결국에는 진리와 정의가 승리를 거두는 책을 원한다. 그러므로 어린이들에게 인기를 얻을 만한 참신한 의적이라도 창조해 낸다면, 악한이 동정을 받도록 이야기를 꾸며도 상관없지만, 그런 의도가 없는 이상 반드시 경찰관이 이기게 해야 한다. 소년 소녀들도 일시적인 불화나 삐걱거림은 너그럽게 봐준다. 다만 결말에는 반드시 악수나 포옹으로 화해해야 한다. 또 마지막이 해피 엔딩이라면 도중에 불행이나 재난이 닥치더라도 견뎌낼 것이다. 마음이 비뚤어져 있어서 보기만 해도 기분이 우울해지는 인물이나 웃는 얼굴 한번 보이지 않는 요부, 어두운 참사 등은 있어서는 안 된다. 마지막에는 항상 '둘은 축복 속에 결혼하여, 아이들을 많이 낳고 행복하게 살았습니다.' 하고 끝나야 한다.

　소년 소녀들은 아주 최근에 발명된 탈것 이야기가 듣고 싶어 안달이다. 높은 분들이 자동차를 타고 돌아다니는 것을 보고, "뭐야, 아직도 자동차야?"라고 외치며 그들을 앞지르고 싶어하기 때문이다. 비행기! 그건 대단한 발명이다! 어린이들은 문명 사회의 모순 따위는 느끼지도 않고 별로 놀라지도 않는다. 신발명에 대해 놀라기는커녕 당연하게 여기고 반갑게 받아들인다. 그들은 잠수함이 없던 시절에 이미 해저 2만 리를 태연하게 여행했다. 우리는 녹슬어가는 문명에 속해 있다. 우리는 스스로를 타락했다고 생각하지만 그건 어제 오늘의 일이 아니다. 미각은 하도 여러 가지 먹거리에 식상해 있어서 무엇을 먹든 제맛을 느낄 수 없다. 맛있다는 생각이 들려면 손이 많이 간 복잡한 요리가 아니면 안 된다. 그것이 설령 우리의 의지에 반하는 것이라 해도, 작가가 인간의 영혼 밑바닥까지 들어가 열매를 맺지 않는 신비한 꽃을 따오기를 바라며 그런 내용의 책을 찬미한다. 어린이들에게 지지를 받으며 그들을 위해 부활의 기적을 이룩한 작가들이 있다. 그 작가들에게 감사하는 마음을 갖도록 하자. 안데르센처럼 고운 마음씨나 신선함, 천진난만한 마음의 비밀을 다시 찾아내는 사람들에 대해 생각해 보기로 하자. 새로운 세대가 이 세상에 태어난다. 그들은 답답한 인간 사회의 분위기 속에서 질식할 것만 같다. 그때 이러한 작가들의 작품을 읽으면 주위의 공기가 청량해지고 호흡이 편해지는 것을 느낀다. 한 동화에서 금발의 미녀가 이렇게 말한다. "여기서 아주 가까운 곳에 둘레가 25km는 너끈히 되는 깊은 동굴이 있습니다. 두 마리 용이 입구에 앉아 아무도 안으로 들어가지 못하도록 파수를 보고 있습니다. 그 용들은 입과 눈에서 불을 내뿜고 있습니다. 또 동굴 안에 들어가면 커다란 구멍이 있는데 그 속으로 내려가야 합니다. 거기에는 독사와 두꺼비가 우글거립니다. 그 구멍의 바닥에는 작은 지하실이 있는데 아름다움과 건강의 샘이 흐르고 있습니다. 내가 간절히 바라는 것은 그 물입니다. 그 물로 씻으면 무엇이나 다 이루어진답니다."

어린이들이 좋아하는 이야기는 대부분 사랑에 관한 이야기이다. 못생긴 괴물이 감히 절세의 미녀를 사랑한다. 괴물이 조심스럽게 미녀를 돌봐주며 한결같은 사랑을 바치는 동안에 어느새 미녀도 괴물을 사랑하게 된다. 한 왕자는 파랑새로 변하면서까지 사랑하는 공주에게 충실하려 한다. 카이 없이는 살아갈 수 없는 소녀 겔다는 카이를 쫓아 눈의 여왕의 궁전까지 찾아간다. 인어 공주는 육지의 왕자를 사랑한 탓에 육신은 죽음에 이르지만 이윽고 불멸의 영혼을 얻는다. 이 모든 사랑의 이야기들을 읽으면서 어린이들은 어떤 생각을 할까? 과연 어린이들이 사랑이라는 것을 이해할 수 있을까? 아니다. 그들도 피터 팬처럼 사랑에 관해서는 아무것도 모른다. 그러나 사랑이란 가장 숭고하고 훌륭한 감정이라는 사실을 예감하고 있다. 그것은 어떠한 희생도 마다하지 않는 동경의 감정이며, 어떠한 압박도 물리치고 마는 예정된 조화이며, 완벽을 추구하는 마음이며, 이 세계를 떠받치는 이상의 힘이다. 플라톤은 사랑이란 영혼의 원리이고, 완전한 형태를 낳기 위해 서로를 원하는 두 영혼의 정열이며, 최고의 통일을 상징하는 것이라고 말했다. 그런데 어린이들 입장에서 플라톤의 말은 지극히 당연한 이야기일 뿐이다.

6. 영웅들

　세대를 이어가며 젊디젊은 영혼들이 민족의 서사시를 소생시키지 않는다면 늙어가는 이 지구상에서 도대체 누가 저 영웅적 행위를 지킬 것인가. 그 서사시는 가장 아름답고 고귀한 작품의 결정체로써 어린이들 앞에 놓인다. 이윽고 그것은 자신을 희생하여 인간에게 구원을 가져다주는 사람들에게 영감을 불어넣는다.

　찰스 킹즐리 Charles Kingsley는 그의 자녀인 로즈와 모리스, 메리를 위해 작품을 쓰고, 《영웅들 Heroes》이라는 제목을 붙였다. 그는 투명한 햇빛을 받아 아름답게 빛나는 지중해를 배경으로 인류 은인들의 살아 있는 상을 세웠다. 그는 그리스 서사시에서 작품 속의 등장인물들을 빌어왔다. 어떻게 이아손이 제아무리 용감하더라도 뒷걸음칠 수밖에 없을 만큼 무서운 위험 속에서 금으로 된 양가죽을 손에 넣었는지, 헬라스를 짓밟던 괴물들을 처치한 테세우스가 어떻게 겁을 내는 기색도 없이 저 무시무시한 미노타우로스와 맞서 싸웠는지, 페르세우스는 어떻게 고르곤의 메두사로부터 하늘과 땅을 해방시켰는지에 대해 이야기하고 있다. 제우스의 아들이라고 불릴 만큼 아름다웠던 페르세우스는 15세에 이미 모든 면에서 섬의 어느 누구보다도 뛰어났다. 남보다 머리 하나만큼 키가 컸으며 힘겨루기를 해도, 달리기를 해도, 창던지기를 해도 누구한테도 지지 않았다. 그는 명예로운 대모험을 시작하기 전에 몸과 마음을 단련시켜 두었다. 영웅은 평범한 생활에 만족하거나 자기 만족에 빠지거나 인생을 포기하지 않기 때문이다. 평범한 인간이라면 그저 형식적으로 신에게 어린 양을 제물로 바치고 의무를 다했다고 생각하며, 결코 자신을 산 제물로 바치려 하지 않는 법이지만, 영웅은 평범한 인간과는 다르다. 어느 날 아테나가 그 앞에 나타난다.

> 나는 팔라스 아테나이다. 나는 인간들이 무슨 생각을 하는지 알기 때문에, 어떤 인간이 용감하고 어떤 인간이 비겁한지 곧 알 수 있다. 나는 영혼이 점토로 만들어진 듯한 인간은 상대하지 않는다. 그들은 목장의 가축처럼 그저 편안히 살만 찌우고, 외양간의 소처럼 자기가 씨를 뿌리지도 않은 것들을 먹으며 살아가고 있다. 그들은 땅 위의 호박처럼 자라고 뻗어나가지만, 호박과 마찬가지로 나그네가 쉬어갈 그늘조차 만들어 주지 못한다. 그들은 그런 채로 익기를 기다리다 허망하게 죽어간다. 또한 누구에게도 사랑받지 못하고 지옥으로 떨어져, 그 이름은 지상에서 영원히 사라진다. 그러나 나는 불꽃 같은 영혼을 가진 사람의 정열은 한층 불태워 주고, 늠름한 영혼에는 초월적인 힘을 부여한다. 그들이야말로 진정한 영웅이며 신의 아들이므로. 페르세우스여, 나는 그들이 인간과 신들의 적인 타이탄이나 괴물들과 맞서 싸울 수 있도록 일부러 좁고 힘든 길로 향하게 한다. 그들 앞에는 의혹과 곤궁, 위험과 전쟁이 기다리고 있다. 그 결과 그들 가운데 어떤 이는 젊은 나이에 죽음을 맞이하지만 언제 어디서 죽었는지는 아무도 모른다. 어떤 이는 공을 세우고 이름을 떨쳐 노년에 이르기까지 기품 있고 건강하게 살아갈 것이다. 그러나 앞으로 어떠한 운명을 걷게 될지 알 수 없다. 인간과 신의 아버지 제우스를 제외하고는 아무도 모른다. 자, 페르세우스여. 말해 보아라. 이 두 가지 인간 중에 어느 쪽을 택할 것인지.

페르세우스는 목장의 살찐 가축과 닮기를 원하지 않고, 영광과 사랑에 둘러싸여 죽기를 바란다. 그는 날개 달린 신발과 무적의 검, 고르곤의 얼굴을 비추기 위한 방패를 가지고 바다 위로 날아간다. 그리고는 괴물을 쓰러뜨린다. 그런 다음, 모든 영웅들이 그러하듯 신들을 향하여 감사를 드린다. 신들의 가호가 없었더라면 그만큼의 힘도 지혜도 지닐 수 없었기 때문이다. 그후 페르세우스는 아르고스를 평화롭게 통치했다. 승리를 거둔 후에도 우쭐대거나 교만하게 굴지 않고 방심하지도 않으며 전과 다름없는 인간으로 지낸다는 것은 극히 어려운 일이다. 그러나 페르세우스는 그 일을 해낸다. 이윽고 그는 죽는다. 그러나 죽었다기보다는 죽은 것처럼 보인다는 표현이 옳을 것이다. 죽어서도 여전히 살아 있기 때문이다. 그는 낮에는 바람 한 점 없는 구름 위로 솟은 올림포스산에서 신들과 함께 지낸다. 그러다 밤이 되면 길을 잃은 어부들을 인도하기 위해 빛나는 별이 되어 밤새도록 하늘에서 반짝이고 있다.

옮긴이의 말

과연 어떤 책이 좋은 어린이책인가?

아마도 어린이책을 연구하거나 출판하는 사람들이 가장 많이 고민하는 질문이자, 가장 대답하기 어려운 질문일 것이다. 이런 질문에 부딪칠 때마다 우리 햇살과 나무꾼은 폴 아자르의 《책·어린이·어른》을 떠올리게 된다. 이 책에는 어린이를 어떻게 이해할 것인가, 과연 좋은 어린이책이란 무엇인가를 비롯하여 어린이 문학의 역사, 세계 여러 나라의 어린이 문학에 이르기까지 폴 아자르 특유의 예리한 통찰력으로 제시된 답이 있기 때문이다. 그런 점에서 이 책은 우리에게 스승이자 친구와 같은 존재라 할 수 있다.

폴 아자르는 명쾌하게 말한다. "어린이란 자유로운 상상력을 지닌 창조적인 존재이며, 좋은 어린이책이란 자유로운 상상의 세계를 펼쳐 놓은 책이다."

아울러 그는 놀이와 공상, 상상의 즐거움이 어린이들에게 얼마나 중요한가를 이 책 전반에 걸쳐서 역설하고 있다. 따라서 그는 어리석은 지식인이나 고지식한 어른이 어린이에게 아무런 재미도 꿈도 없는, 교훈투성이의 책을 안겨 주려는 시도에 대해 가차없는 비판을 가한다. 요컨대 그 모든 시도는 '선을 가장한 악'이라는 것이다.

그렇지만 이 어린 영혼들은 그들의 본성을 억누르는 그와 같은 책들은 던져 버리고, 본성에 맞는 책들을 어른들의 손에서 야금야금 빼앗아 왔다. 어린이들은 무자비하게 쏟아지는 죽은 교훈의 비를 피해, 더없이 자유롭고 생기 발랄한 본성을 발휘하여 '상상의 세계'를 살찌웠던 것이다.

그러나 이 엄연한 인격체들은 어른에 대해 몹시 수동적이며 불리한 위치에 놓여 있다. 그들의 저항은 어른들이 휘두르는 정신적 폭력에 비해 보잘 것없다. 어린이들이 힘들게 쟁취해 내는 책에 비해, 그들에게 억지로 강요되고 있는 '가짜 읽을거리'는 헤아릴 수 없을 정도로 많다. 그런데도 그 모든 것이 '어린이를 위하여'라는 명분 아래 주어지고 있고, 버젓이 기획, 출간되어 추천까지 받고 있다. 정작 책을 읽는 주체인 어린이들은 소외된 채 어른들에 의해 일방적으로 어린이책의 운명이 결정되고 있는 것이다. 불행 중 다행이라면, 몇몇 의식 있는 어른들과 출판사에서 어린이가 직접 참여하여 책을 평가하는 '어린이책 모니터 제도'를 실시하고 있는 점이다.

폴 아자르는 어린이의 아군으로서, 어린이의 충실한 대변자로서 말한다. "어린이는 독립된 가치를 지닌 존재이다. 이제 막 인생의 희열에 눈뜨는 이들에게 잔인한 교훈의 비를 쏟아붓지 말라. 어린 영혼의 싹을 짓뭉개지 말라. 어린 영혼들을 일그러뜨리는 가짜 읽을거리를 가차없이 추방하라."

시인과 같은 통찰력으로 써내려간 이 책은 60년이라는 세월을 뛰어넘어 오늘날까지 가장 걸출한 어린이 문학론이자 어린이 문학서로서 평가받고 있다. 어린이와 어린이책에 대한 인식이 아직도 부족한 우리 사회에서, 이 걸출한 고전의 출간은 그 동안 '어린이란 어떤 존재인가?' '좋은 어린이책이란 무엇인가?' '어린이들을 어떻게 교육시킬 것인가?'에 대해 고민해 온 많은 사람들의 갈증을 풀어 줄 수 있을 것이다.

이 책이 우리에게 좋은 스승이자 친구가 되어 주었던 것과 같이, 어린이에게 깊은 관심과 애정을 가진 사람들에게 훌륭한 길잡이가 되기를 바란다.

햇살과 나무꾼

참고 문헌

이 글의 일부는 〈양세계평론 Revue des Deux Mondes〉에 발표했던 세 개의 논문을 다시 실은 것이다. 그 논문 제목은 다음과 같다.

이탈리아의 아동 문학 La littérature enfantine en Italie(1914년 2월 15일자)
어린이의 독서법 Comment lisent les enfants(1927년 12월 15일자)
안데르센의 매력 Le charme d'Andersen(1930년 6월 12일자)

이렇게 하여 이 글은 서서히 완성되어 갔다. 그 밖에 〈누벨 리테레르 Nouvelles littéraires〉지와 〈피가로 Figaro〉지에 이 글이 부분적으로 실린 적이 있다. 이 글들을 발표할 기회를 주신 분들께 이 자리를 빌어 진심으로 감사드린다.

또 프랑스 국내외에서 많은 의견, 증언, 회고담 등을 보내 주신 분들과 더불어 어린이들에 관한 앙케트와 책에 관한 앙케트를 책임지고 맡아 주신 분들의 이름을 모두 들어야 옳겠지만 지면 관계상 생략하고, 이 기회를 빌어 깊은 감사를 드린다. 부디, 필자의 이런 감사의 뜻을 헤아려 주시기를 간절히 바란다.

이 연구의 주제에 관한 참고 문헌을 나열할 필요도 없다고 생각한다. 그 범위가 방대하기도 하지만, 그것을 모두 명기하는 것이 이 책의 성격이나 목적에 어울리지 않기 때문이다. 다만 특히 유익한 저술만 간략하게 밝혀 두기로 한다.

제1장

A. C. Moore, *Roads to Childhood*. New York, S. H. Doran, 1920. *La Nouvelle Education,* revue mensuelle, 1921~1931.

André Hallays, *Les Perrault*. Paris, Perrin, 1926.

Andrew W. Tuer, *History of the Hornbook*. London, The Ledenhall Press, 1897.

C. Burnite, *The beginning of a literature for Children* (*The Library Journal,* 1906).

Ch. Welsh, *A bookseller of the last century*. Printed for Griffith, Farran, Okeden and Welsh, successors to Newbery and Harris, at the Sign of the Bible and Sun, West Corner of St Paul's Churchyard, London ; and E. P. Dutton and Co., New York, 1885.

Constance Hill, *Mary Edgeworth and her circle in the days of Buonaparte and Bourbons*. London, John Lane ; New York, John Lane Co, 1909.

G. Fanciulli e E. Monaci, *La letteratura per l'infanzia*. Società editrice internazionale, Torino, s. d.(1926).

Gesiena Andrece, *The Dawn of juvenile literature in England,* Amsterdam, H. J., Paris, 1925.

Herm. L. Koester, *Geschichte der deutschen Jugendliteratur*. Braunschweig, Berlin, Hamburg, G. Westermann, 1927 (4e Auflage).

Jean Harmand, *Madame de Genlis. Sa vie intime et politique,* 1746~1830. Paris, Perrin, 1912.

Jeanne Roche-Mazon, *En marge de l'Oiseau Bleu (Cahiers de la Quinzaine,* dixseptième cahier de la dix-neuvième série, 1930).

John Ashton, *The chapbook of the eighteenth Century*. London, Chatto and Windus, 1882.

M. Labry-Hollebecque, *Les Origines de La littérature enfantine* (*Cahiers de l'Etoile,* troisième année, n° 17, septembre-octobre 1930).

M. T. Latzarus, *La littérature enfantine en France dans la seconde moitié du dixneuvième siècle*. Paris, Presses Universitaires, 1923, in-8°.

Mary-Elizabeth Storer, *La mode des Contes de fées* (1635~1700). Paris,

Champion, 1928.

제2장

A. Dupuy, *Un personnage nouveau du roman français: l'enfant*. Paris, Hachette. 1930.

Anatole France, *Le livre de mon ami,* Paris.

Arthur Groom, *Writing for Children. A Manual of Juvenile fiction*. London, A. and C. Black, 1929.

C. M. Hewins, *Books for the Young*. New York, Leypoldt, 1883.

C. M. Hewins, *Report on lists of children's Books with children's annotations* (*Library Journal,* vol. 27, 1902).

Calvet, Abbé J., *L'enfant dans la littérature française*. Paris, Lanore, 1932, 2 vol. in-12.

Charles Welsh, *Children's books that have lived (dans The Library. A quarterly review of bibliograhy* ···New series, vol. I, London, 1900 et dans le Library Journal, vol. 27, 1902).

Emile Pons, *La jeunesse de Swift et le Conte du Tonneau*. Strasbourg, Imprimerie alsacienne, 1925.

Paul Dottin, Daniel *Defoe et ses romans*. Paris, Les Presses Universitaires, 1924.

S. Goulding, *Swift en France au dix-huitième siècle*. Paris, Champion, 1924.

W. C. Berwick Sayers, *The Children's Library,* London, Routledge, 1912.

제3장

André Balsen, *Les illustrés pour enfants*. Tourcoing, Duvivier, 1920.

Bertha E. Mahony and Elinor Whitney, *Realms of Gold in Children's Books*. New York, Doubleday, Doran and Co, 1929.

C. Burnite, *The beginnings of a literature for Children* (*The Library Journal,* 1906).

Charles Schmidt, *Bibliothèques pour enfants (Revue de Paris,* 1er juin 1931).

Children's Books from twelve Countries. Chicago, American Library Association, 1930.

Children's Books in the United States, Prepared for the World Federation of Education Associations. Chicago, American Library Association, 1929.

Children's Library Yearbook, Number Two. Chicago, American Library Association, 1930.

Floris Delattre, *La littérature enfantine en Angleterre* (*Revue pédagogique*, 15 août 1907).

Katherine Elwes Thomas, *The real personages of Mother Goose*. Lothrop, 1930.

Madeleine Cazamian, *L'autre Amérique*. Paris, Champion, 1931.

Marcelle Tinayre, *Introduction à Hans Christian Andersen. Contes choisis.* Traduction et notes par Pierre Mélèze. Paris, La Renaissance du livre, s. d.

P. Lelièvre, *John bunyan et le Voyage du Pèlerin*. Paris, 1896.

제4장

Emile Henriot, *Sur un imagier* (*Le Temps,* 28 septembre 1931).

G. Fanciulli e E. Monaci, 제1장 저작.

Jacques Zeiller, *Madame de Ségur et les enfants*. Fribourg (Suisse), Imprimerie de l'oeuvre de Saint-Paul, 1911.

M. Messo, *Le origini e le vicende del Cuore di Edmondo de Amicis* (*L'Illustrazione italiana,* 1er octobre 1922).

M. Popp, *Julius Verne und sein Werk*. Wien, Hartleben, 1909.

M. Sully, *Madame de Ségur*. Paris, Lethielleux, 1913.

제5장

A. M. Jordan, *Children's Interest in Reading*. The University of Carolina Press, 1926.

E. Evans, *Trends in Children's Books* (*The New Republic,* 10 novembre 1926).

E. Tonnelat, *Les frères Grimm*. Paris, Colin, 1912.

Floris Delattre, *Le Peter Pan de J. M. Barrie (Revue pédagogique,* 15 décembre 1908).

G. Strem, *Les contes populaires et les aspirations humaines (La Revue mondiale,* 15 mai 1931).

Gédéon Huet, *Les contes populaires.* Paris, Flammarion, 1923.

M. Gibb, *Le roman de Bas de Cuir.* Paris, Champion, 1927.

M. Labry-Hollebecque, *Les charmeurs d'enfants,* Préface de M. Edouard Herriot, Paris, Baudinière, 1927.

Mannhardt, *Wald-und Feldkulte.* Berlin, Borntraeger, 1875~1877, 2 vol. in-8°.

Mlle Huchet, *Les livres pour les enfants (La Nouvelle Education,* mars 1927).

Paul Dottin, 제2장 저작.

Scheid, *L'évolution du sens littéraire chez l'enfant (Revue pédagogique,* janvier 1912).

찾아보기

ㄱ

가정의 저녁 53
거위 아줌마 이야기 19
걸리버 여행기 85, 87
고골리, 니콜라이 140
고대어 향합 55
골드스미스, 올리버 140
괴테, 요한 볼프강 폰 55
교훈을 동반한 옛날 이야기, 또는 짧은 이야기집 19
구디 투 슈즈 48~49
그뢰즈, 장 바티스트 40
그룸, 아서 98
그리젤리디스의 인내 19
그림, 빌헬름 199
그림, 야코프 199
그림 형제 59, 199~204

ㄴ

난쟁이 나라의 잡지 47
노디에, 샤를 107
노발리스 106
눈의 여왕 129~130, 210, 219
뉴베리, 존 45~50, 124
닌네 난네 106
닐스의 이상한 모험 79, 197

ㄷ

다눈치오, 가브리엘레 107
단테, 알리기에리 107
당나귀 가죽 19
대영제국의 소년들 184
대영제국의 청년들 184
데 마다리아가, 살바도르 176
데 아미치스, 에드몬도 158, 160
데이, 토머스 52, 58
도지슨, 찰스 러트위지 182
독일 청소년 문학사 56, 208
돈 키호테 92~94, 106, 191
드 오느와 부인 18, 26, 32
디킨스, 찰스 140
디포, 다니엘 72, 74

ㄹ

라게를뢰브, 셀마 79
라 퐁텐, 장 드 116
래컴, 아서 215
램, 메리 49, 140
램, 찰스 49, 53, 140
랭보, 아르튀르 108, 134
러스킨, 존 140
럭비 저널 117
로렌지니, 카를로 155
로빈소나드 195
로빈슨 데어 윙게레 195
로빈슨 크루소 27, 56, 74~79,

193~195
로크, 존 50
루소, 장 자크 27~29, 50
르 노트르 28
르 시드 97

ㅁ

마음씨 좋은 작은 악마 168
마저리 투 슈즈 49
마키아벨리, 니콜로 107
만조니, 알레산드로 107, 138
말로, 엑토르 168
말하는 떡갈나무 107
메리안 55
메타스타시오, 피에트로 153
모범적인 소녀들 167, 168
모어, 한나 54
뮈세, 폴 드 107
뮌히하우젠 남작 92, 191
미녀와 야수 24
밀른, A. A. 117

ㅂ

바로, 조지 194
바보 같은 소원 19
바볼드 부인 49, 54
바이세, 크리스티안 펠릭스 57~58
바제도, 요한 베른하르트 57~58
발덴스페르제, 페르낭 161
버니언, 존 170, 172
베가, 로페 데 105

베르길리우스 18
베르켕, 아르망 37~43, 58, 68, 107, 193
베른, 쥘 105, 108, 165, 191
베리, J. M. 213
베이컨, 프랜시스 173
변형 55
보몽 부인 22~26, 58
보카치오, 조반니 107
부알로, 니콜라 19
부이, 장 니콜라스 37
뷔르거, 고트프리드 아우거스트 92
뷔피에 신부 30
뷰익, 토머스 215
브레멘의 음악대 202
비교 문학 평론 161
비용, 프랑수아 122
비코, 조반니 바티스타 205
빨간 모자 193

ㅅ

사랑의 요정 17
사우샘프턴의 베비스 46
살가리, 에밀리오 105
상드, 조르주 107
샌드포드와 머턴 53
생트뵈브, 샤를 오귀스탱 21
선량한 마음을 갖고 있으면 실수를 해도 너그러이 봐줄 수 있다 42
성서와 태양 47, 48
성에서 지샌 밤 33, 36, 58

세귀르 부인 108, 165~167
세르반테스 사아베드라, 미겔 데 92~94
셰퍼드, E. H. 117
소년소녀용 희곡집 31
소년 신문 174
소년의 즐거움 183
소년의 초급 책 174
소시지 코 여자 이야기 19
소피의 불행 168
수호천사의 처소 165
술래잡기 41
숲 속의 아기들 46
쉬잔과 태평양 82
쉽게 배우기 51
슈미트, 찰스 124
슈트라스부르크, 고트프리트 본 55
스위스의 로빈슨 195, 196
스위프트, 조나단 83~91
스콧, 월터 140
스타티우스 18
스테파니 펠리시테 뒤 크레스트 29
스티븐슨, 로버트 루이스 140
시와 진실 55
신 로빈슨 195, 196
신 엘로이즈 28

ㅇ

아델과 테오도르, 또는 교육에 대한 서간집 31
아름다운 멜루지네 56
아리오스토, 루도비코 107

안데르센, 한스 크리스티안 59, 125~139
어린이들을 위해 쓰려면 98
어린이들의 잡지 23
어린이 신문, 문학·과학·모험·오락 잡지 175
어린이 신문 155
어린이와 가정의 동화 200
어린이의 벗 37, 57~58
어린이의 벗 가족의 왕복 서간 57
어린이책 속의 황금나라 120
어빙, 워싱턴 140
엄지동자 19~20, 61
에르크망-샤트리앙 108
에밀 27
에지워스, 마리아 54, 58, 173
여름방학 167, 168
여행기 56
연대기 30, 55
영웅들 221
영원히 시들지 않는 꽃다발 42
오비디우스 18, 55
오비스 픽투스 55
오일렌슈피겔 56
옥타비아누스 황제 56
우리가 아주 어렸을 때 117
울새 이야기 53
울스턴크라프트, 메리 54
위고, 빅토르 70
위스, 요한 루돌프 196
유랑하는 유태인 56
이상한 나라의 앨리스 177, 180~182

ㅈ

진저브레드, 자일스 48
잠자는 숲 속의 미녀 61, 206
장리스 부인 29~36, 50, 58, 68, 107
장밋빛 총서 168
장화 신은 고양이 61
지로두, 장 82
집 없는 아이 168

ㅊ

챕북 46
천로역정 170
천일야화 32, 197
청년의 벗 37
청색 총서 204
체호프, 안톤 140

ㅋ

카르두치, 조제 107
칼데론 데 라 바르카, 페드로 105
캄페, J. H. 195
캐럴, 루이스 182
켄싱턴 공원의 피터 팬 211~214
코메니우스, 존 아모스 55
콜로디, 카를로 155
콜리지, D. H. 49
쾨스터, H. L. 56, 208
쿠오레 106, 158, 159
크리스트 전설집 79
클레리 30

키가 1미터인 어린이를 위한 귀여운 시 47
키플링, 러드야드 140
킹즐리, 찰스 221

ㅌ

타소, 토르쿠아토 107
털북숭이 리케 163
텔레마크의 모험 56
템플, 윌리엄 84
토머스 히커스레프트 전 46
토미 트립과 애견 줄러의 모험 48
톰 브라운의 학창 시절 116
톰 아저씨의 오두막 191
통속 문고 56
통속 총서 56
트리머, 사라 49, 58
트웨인, 마크 140

ㅍ

페늘롱, 프랑수아 56
페로, 샤를 19~20, 26, 61~62, 107, 161, 162
페르낭 발덴스페르제 161
페르시네 왕자와 그라시외즈 공주 35
페트라르카, 프란체스코 107
포르투나투스 56
푸시킨, 알렉산드르 140
플라테로와 나 106
플라톤 220
피노키오 106, 149~157, 193, 210

피코 델라 미란돌라, 조반니 67
피터 팬 210~214

ㅎ
하이몬의 네 아들 56

해리와 루시 51, 173
허풍 남작의 모험 92
헨젤과 그레텔 202
호손, 나사니엘 140
히메네스, 후안 라몽 106